广东省国学教育促进会　广东省文化传播学会

广东省社会科学院国学研究中心审定　广东华文国学研

柯可主编《中华国学经典教育丛书》

雄辯聖哲

柯　可◎编

中国出版集团

世界图书出版公司

图书在版编目（CIP）数据

雄辩圣哲/柯可编. —广州：世界图书出版广东有限公司，2015.5
ISBN 978-7-5100-9605-1

Ⅰ. ①雄… Ⅱ. ①柯… Ⅲ. ①辩论—语言艺术 Ⅳ. ①H019

中国版本图书馆 CIP 数据核字（2015）第 105903 号

雄辩圣哲

策划编辑：陈名港
责任编辑：韩海霞
责任技编：刘上锦
出版发行：世界图书出版广东有限公司
（广州市新港西路大江冲 25 号　邮编：510300）
电　　话：（020）84451013
http：//www. gdst. com. cn.　　E-mail：pub@ gdst. com. cn
经　　销：各地新华书店
印　　刷：虎彩印艺股份有限公司
版　　次：2015 年 7 月第 1 版
印　　次：2016 年 7 月第 2 次印刷
开　　本：787mm×1092mm　1/16
字　　数：310 千
印　　张：17.5
ISBN 978-7-5100-9605-1
定　　价：50.00 元

导　论

中华民族，志在文化复兴，实干兴邦；根在国学教育，培德育才。

“国学”是以中华传统思想为指针，有利于中国发展的中国特色的理论。它以自强不息、厚德载物、阴阳和谐、天人合一、道法自然、利乐有情为魂，以易学、道学、儒学和中国化佛学为核，以文学、史学、中医学、兵学、艺学、农学、生态国学等为用，引领中华民族创造了灿烂辉煌的古代文明，建构包括国德、国魂、国法、国学、国艺、国俗、国技在内的中华文化传承体系，是一个博大精深而与时俱进的开放性理论系统。

习近平主席2013年底考察山东孔子学院时指出：“一个国家、一个民族的强盛，总是以文化兴盛为支撑的，中华民族伟大复兴需要以中华文化发展繁荣为条件。对历史文化特别是先人传承下来的道德规范，要坚持古为今用、推陈出新，有鉴别地加以对待，有扬弃地予以继承。国无德不兴，人无德不立。必须加强全社会的思想道德建设，激发人们形成善良的道德意愿、道德情感，培育正确的道德判断和道德责任，提高道德实践能力尤其是自觉践行能力，引导人们向往和追求讲道德、尊道德、守道德的生活，形成向上的力量、向善的力量。只要中华民族一代接着一代追求美好崇高的道德境界，我们的民族就永远充满希望。”

此后，中共中央办公厅印发了《关于培育和践行社会主义核心价值观的意见》，根据党的十八大精神，申明“培育和践行社会主义核心价值观，是推进中国特色社会主义伟大事业、实现中华民族伟大复兴中国梦的战略任务。”“这与中国特色社会主义发展要求相契合，与中华优秀传统文化和人类文明优秀成果相承接，是我们党凝聚全党全社会价值共识作出的重要论断。”并依据“中华优秀传统文化积淀着中华民族最深沉的精神追求，包含着中华民族最根本的精神基因，代表着中华民族独特的精神标识，是中华民族生生不息、发展壮大的丰厚滋养”的价值判断，明确提出了要“发挥优秀传统文化怡情养志、涵育文明的重要作用。”加紧“建设优秀传统文化传承体系，加大文物保护和非物质文化遗产保护力度，加强对优秀传统文化思想价值的挖掘，梳理和萃取中华文化中的思想精华，作出通俗易懂的当代表达，赋予新的时代内涵，使之与中国特色社会主义相适应，让优秀传统文化在新的时代条件下不断发扬光大”的要求。

从党中央这一重要文件与国学的关系看，“富强、民主、文明、和谐”这一国家层面的价值目标，“自由、平等、公正、法治”这一社会层面的价值取向，“爱国、敬业、诚信、友善”这一公民个人层面的价值准则，既是五四运动以来中国人善于吸纳西方先进文化的表现，更是继承中华传统易学的和谐思想，包括道家、儒家、佛家、法家的道德、爱国、仁义、慈悲、法治思想的升华。为此，国学促教，引经化西，文化上开民智，铸国魂；经济上创新意，强国本，济民生；政治上扬国威，坚国基，和万邦；社会上修身齐家，和谐小康；生态上天人合一，美丽中国，将不仅为构建中国社会主义核心价值观寻来源头活水，还能伴随着时代进步不断吸收人类先进文化成果，为炎黄子孙奉献从孙中山的“三民主义”、毛泽东思想、邓小平理论、科学发展观直到中国复兴梦的“新国学”。

“国学”为政府、社会、校企所提出的“智力运动强省”、“绿道生态文明”、“佛禅文化传播”、“环保再生资源”等战略决策服务的实践，充分说明了“面对世界范围思想文化交流交融交锋形势下价值观较量的新态势，面对改革开放和发展社会主义市场经济条件下思想意识多元多样多变的新特点”，以学校、社会、自我教育相结合的方式推进国学教育，培养德智体美全面发展的优秀人才，大力弘扬中华优秀传统文化，所具有的增强文化软实力、复兴中华的不可估量的重大战略意义。故唯有同心同德，因势利导，颂读精研圣哲经典，完善中华文化传承体系，方可造就国之栋梁，达致民族伟大复兴，实现亿万人民建构精神文明、物质文明、政治文明、社会文明、生态文明的伟大中国梦。

然我中华文库满箱盈架，皓首穷经也难读尽，究竟如何才能依循现代育才规律，学以致用？这是社会各界不得不深思的。本丛书在回顾汉唐盛世，宋明文功，康乾武治的天朝气象，检讨自鸦片战争、五四运动直到文化大革命的历史教训，总结改革开放以来的各地经验和学术成果后，以《国学教纲》提出“易为学纲，儒为理纲，佛为心纲，道为总纲”，以《中华颂经》、《周易德经》、《老子道经》解经释义，以《国是策论》、《珠江新语》、《创意兴国》、《国德立企》、《生态国学》、《雄辩圣哲》综述国学兴邦理念，以《大学》和历代著名的启蒙读物《弟子规》、《三字经》、《百家姓》和《千字文》等传经诵典，将黄帝的天机奥义、圣贤的超绝智慧、儒释道之真知灼见，发扬光大，以循正道，索真理，兴中华。

为此，丛书一方面努力恢复《易经》作为“修身学道妙典，审时通变明鉴，为人处世指南，精神文明规范，知往察来神卷，明哲保身真经”的中华文化百科全书崇高地位，全面阐析老子的恒道、玄德、清静、真知、无为、贵身、安民、用兵、治国诸观组成的哲学体系，及其炳耀千古的东方智慧的伟大现实意义，以推进马克思主义中国化；一方面以生态国学、孔子“六艺”、珠江文化等濡染先贤悠然自怡的生活艺术，以人类理想筑金塔，中华国艺修玉阶，循道培德，弘毅精进，养花格物，品茶致知，绘画正心，习书诚意，练武修身，抚琴齐家，诗教治国，博弈天下，鼓动民族正能量和雄辩风，培养青少年静思善谋，自信亲和的良好品质。

展望未来，国学教育将以修身治国平天下之优良传统与优美国艺，启发国人放眼世界，胸怀祖国，立足当下，安邦济世，为社会主义核心价值观之推行，复兴强国之实践，创意文化之星光，民族奋进之生命力，为人类文明的伟大进程，做出更伟大的贡献。

张磊　柯可

2014 年 3 月 13 日

目录

CONTENTS

导论 …………………………………………………… 张 磊 柯 可

绪言 ………………………………………………………… 1

第一章 圣哲论道 百家争鸣 雄风永在 ……………………… 5

第二章 马恩经典 横空出世 雄辩无敌 ……………………… 10

第三章 丰厚素质 雄才大略 精思雄辩 ……………………… 18
一、雄心——树立你为捍卫真理而论争的雄心壮志 ……………… 18
二、雄才——培养你达理善辩的雄才大略 ………………………… 21
三、雄思——锻炼你敏捷善断的雄辩思维 ………………………… 26
四、雄视——敞开你心灵之窗坦露火热情怀 ……………………… 30
五、雄姿——展示你健美英姿倾诉真诚愿望 ……………………… 32
六、雄辩——开启你雄辩滔滔的语言河流 ………………………… 35
七、雄文——挖掘你雄辩书面化的丰厚潜质 ……………………… 38
八、雄风——形成你刚健劲秀的雄辩风格 ………………………… 42

第四章 雄辩演说 因地制宜 妙用传媒 ……………………… 46
一、不同目的的雄辩演说 …………………………………………… 46
竞选就职演说 外交军事演说 鼓动宣传演说
学术报告演说 公关社交演说 庆贺凭吊演说
控辩判决演说 教育答辩演说 宗教布道演说
二、不同方式的雄辩演说 …………………………………………… 55
对话式 谋划式 讲演式 论辩式 问答式 答辩式

三、不同传媒与场合的雄辩演说 …………………………………………… 57
公众演说　文艺演说　书面演说　广播演说　电视演说
网络演说　议会演说　校园演说　法庭演说　宴会演说
集会演说　演播室演说　墓地演说　教堂庙观演说

第五章　无敌雄辩　因势利导　斗智巧胜 ………………………………… 65
一、逻辑类 ……………………………………………………………………… 65
造势法　正名法　归谬法　选推法　连环法　两分法　举证法　类比法
剩余法　演绎法　归纳法　求同法　求异法　共变法　结语法
二、修辞类 ……………………………………………………………………… 78
典型法　拟物法　拟人法　排比法　反语法　寓言法　俗谚法　笑话法
辨析法　故事法　对仗法　妙喻法　情境法　警语法　注释法　诗词法
三、斗智类 ……………………………………………………………………… 100
棒喝法　易位法　比较法　避锋法　罪状法　动情法　史鉴法　自鉴法
双簧法　复述法　幽默法　嘲讽法　博引法　激赏法　同化法　婉言法
四、巧胜类 ……………………………………………………………………… 116
侦破术　攻心术　侧击术　模拟术　纵擒术　应变术　借箭术　入瓮术
捣虚术　产婆术　巧辩术　抽薪术　镇定术　控场术　穿插术　纳言术

第六章　雄辩术与改革家 ………………………………………………… 129

第七章　雄辩术与诡辩术 ………………………………………………… 136

第八章　雄辩格言　妙语赏析　融会贯通 ……………………………… 144
一、人类与社会 ………………………………………………………………… 144
人与动物　人与他人　人与神灵　人与历史　青年与未来　自强与自爱
庸人与蠢才　妇女与家庭　爱情与性　科学与真理　实践与理论
革命与主义　民族与独立　空虚与欺骗　贪欲与良心
二、激赏与嘲讽 ………………………………………………………………… 183
三、忠告与辩驳 ………………………………………………………………… 201
四、幽默与博引 ………………………………………………………………… 220
五、美艺与妙喻 ………………………………………………………………… 240

后记 ……………………………………………………………………………… 269

绪　言

一

国学重经典，文化赖传播。遍览世界大势，审视今古未来，唯中西经典薪传，人类理想圆融，和谐世界构建，中华民族复兴才能实现，世界大同之梦方可功成。故当务之急，既要承袭儒学治国、佛学治心、道学治身的中华优秀文化传统，重构中华道德价值观；更要精研雄辩圣哲的经论，包括马恩经典，以促进马克思主义中国化，奠定中华邦基国本。

雄辩圣哲是时代的思想精英。中国百家争鸣的时代和人类文明史早已证明，雄辩术是征服人心的伟大艺术，雄辩是真理内容与鲜明形式的完美统一，雄辩格言是雄辩家的智慧珍珠。培育出色雄辩家，是辩明真理，建设和谐世界的需要，是中华民族重振雄风，自立于世界民族之林的需要。所以我们可以说——

真理得雄辩而增辉。雄辩靠真理而添威。

无真理不足以克敌，无雄辩不足以服众。

察真理可以行万里，善雄辩可以传真理。

二

雄辩《马恩》，洋洋大观，实为鼎革宝典。

中华诸经，经天纬地，烛照千古；西哲马恩，精思雄辩，革故鼎新。我神州子民，披荆斩棘，千年百载，历辛磨难，耕读传家，博览群经，融贯中西，赖经典而自强厚德，通变精易；赖经典而真知清静，贵身明道；赖经典而正心诚意，修身齐家，治国平天下；赖经典而禅修守戒，顿悟向佛；赖经典而继绝学拓荒原，创文明益万世。

《马克思恩格斯全集》，雄文百卷，揭示真理，雄辩滔滔，势若破竹，高屋建瓴，指导实践，雄风永在，名垂史册。

故在这一意义上我们可以说，集马克思主义全部理论成果和高度智慧之大成的《马克思恩格斯全集》，堪为近现代以来说服力最大、战斗力最强、雄辩力最劲，深深影响了一代民族精英，前赴后继，推动了世界文明进程的雄辩真经。

回顾人类轴心时代，圣哲布道，百家争鸣的雄辩史以及全球革命风云录，采撷《马克思恩格斯全集》的雄辩格言，领略其雄辩风采，探讨《马克思恩格斯全集》的无敌雄辩术，以帮助我们全面深入地研究马克思主义中国化的努力方向，与中国改革开放实践更好地相结合，为中华文化复兴而呐喊。

这也正是著者在20世纪八、九十年代广受欢迎，由新世纪社出版的《雄辩术撷英》与广西民族出版社出版的《无敌雄辩术》这两部著作的基础上，重新修订补充，配合国学教育，在新世纪编辑出版《雄辩圣哲》之宗旨。

有鉴于此，精选《马恩》雄辩格言，归类罗列，撷英提要，注释点评，当可让有心的读者在阅读中外名经精典时，不仅可以品味百经之首《易经》的超绝智慧，洞察天人合一的黄帝天机，通晓道祖宝典的济世伟略，重温儒圣名篇的人伦规范，探析千卷佛经的心髓妙要，还可以精研析马恩经典的雄韬伟略，帮助消化中华经典以及国学著名普及读物的真知灼见，学习中外民族思想精英的挚爱人类，追寻理想，发奋勤学的各类事迹，以获得中华历史文化丰富深厚的启蒙智慧。

这无疑会有助于我们建构理想，追索真理，为中国五四新文化运动之后，规模最大，影响最深，正遍及海内外的国学热，添薪燃火，满足大众建设美丽中国与和谐世界的强烈需求。

三

雄辩圣哲，无敌雄辩。其奥义有三：

其一，“无敌”的真正含义并非是“目中无人”。人多以自视甚高，雄辩滔滔为荣，老子却说“大辩如讷”。人多以目中无人，天下无敌而自负，老子却认为“祸莫大于无敌”。这就是常言所说的“空壶响哐当，满壶静无声，骄傲轻敌亡”的道理。故“无敌”并非其表层含义，以为恃强凌弱，妄自尊大，就能依靠有形力量，强大武器实现天下“无敌”的梦想，无敌天下。

从守恒道、修玄德，以柔克刚，无坚不摧的恒道哲学体系出发，老子极其深刻地指出：“灾祸没有比号称无敌更大的了，企图天下无敌几乎失去我的宝贝呀！所以举兵力量相等时，悲愤同仇的哀兵必胜！”这就是说，无敌的前提是掌握真理，保住恒道之宝，如果背离真理而企图天下无敌，那就要招来大祸！

其二，“无敌”的深层含义是“爱人类”，包括以人道主义来对待敌人。老子很早就说过，“是以圣人常善救人，故无弃人。常善救物，故无弃物，是谓袭明。故善人，善人之师。不善人，善人之资。不贵其师，不爱其资，虽智大迷！是谓妙要。”［老子廿七章］只有爱惜大自然和社会上的一切宝贵资源，把善人眼中的不善人即敌人，也作为宝贵的资源加以善待利用，才是道法自然的真正善人。

老子这种思想，与当代的人道主义思想，与马克思主义的把敌人同样视为人，而不是非我族类，必从肉体上彻底剿杀消灭而后快的牲口，只有解放全人类，才能彻底解放自己道理，是一致的。用马克思主义的话来说，那就是：无产阶级要想获得自由的解放，就必须团结起来，进行革命，以消灭包括无产阶级和资产阶级的旧有价值，消灭阶级，也即消灭敌人的同时消灭自身，最终消灭剥削，迈入无阶级的共产主义社会。

其三，“无敌”的最高境界是“没有敌人”。在老子看来，这是掌握真理，以德服人，从善如流的最高境界。而在战争和论战中如何才能“没有敌人”呢？老子用他深奥而富于想象力的哲理性语言说：“我不敢采取主动，宁可被动防守。我不主动前进半寸，而宁愿后退一尺。这就叫做采取无形的行动，举起无形的臂膀，拿起无形的兵器。于是就不会树敌了。”

这就是说，在任何不必要的场合，都千万不要自以为是，自以为强地主动挑起战斗和论战。要牢记：积德无不克，得道必多助。真理在握，美名在外，成竹在胸，德高望重，这无形的力量，才是最大的力量，这无形的行动，才是最有效的行动，这无形的武器，才是最厉害的武器，这无言的雄辩，才是最有说服力的雄辩。这也就是老子所说的“恒道”、“玄德”，以及“行无行，攘无臂，执无兵，乃无敌矣”的真意所在。

总而言之，无敌雄辩家是雄辩术的创新者和出色运用者，是为保护真理而无畏斗争的勇士，是推动时代进步的改革家；雄辩术是征服人心的伟大艺术，雄辩是真理内容与鲜明形式的完美统一，雄辩格言是雄辩家的智慧珍珠。

故培育出色雄辩家，是辩明真理，建设和谐世界的需要，是中华民族重振雄风，自立于世界民族之林的需要。《雄辩圣哲》从雄心、雄思、雄姿、雄视、雄才、雄文、雄辩、雄风八方面，论析雄辩家之素质，展现雄辩家之风采，探讨雄辩术之妙法，收集雄辩术之名言，将有助于广大青年培养演讲口才，善辩能力，塑造自信、亲和、敏捷、良好的自我形象。

从这个意义上说，任何想学习经典，精通经典，掌握经典的无敌雄辩术，成为无敌雄辩家的青年朋友，都首先必须有为真理献身的精神和勇气，而不要希图以雄辩术作为压人一头，称王称霸的秘器。只有这样，才不会变成固执己见，自负轻敌，盲人瞎马的空头雄辩家，只学到雄辩术的皮毛而丢掉了根本。这也正是本书以《雄辩圣哲》为书名，以雄辩术的训练和雄辩家的培养为内容之一，以“无敌”命名、以“无敌”自期而绝不以“无敌”自诩的深旨。

是为绪言。

著　者

2013.11.7

第一章　圣哲论道 百家争鸣 雄风永在

雄辩术，是雄辩家以逻辑力量展现真理说服受众的艺术方法。它是雄辩家运用逻辑学、语言学、修辞学、美学、文学、社会学、心理学、传播学、口才学、演讲学的基本原理，对人类的争辩论证行为及其有效方法进行综合研究的理论概括。

论辩是通向真理的桥梁。无论是为了论证事理的争辩，还是为了争辩是非的论证；也无论是个人与个人、个人与多人的论辩，还是个人头脑中的自我论辩，只要能遵循科学的思维规律，就都是剔除谬误，发现真理的过程。所有的论辩方法都可称为论辩术，但严格地说，只有正确的、审美的、有力的论辩才称得上雄辩，只有有助于雄辩的方法才称得起雄辩术，只有掌握了雄辩术并善于灵活运用的热爱真理并捍卫之的思想家、科学家、演讲家、改革家才称得上雄辩家。反之，那些狡诈的、谬误的、虚伪丑恶及单纯为了私利而违背真理的论辩不过是诡辩，其论者充其量不过是诡辩家，其方法不过是诡辩术而已！至于那些诉诸武力或强权、颠倒黑白、践踏真理之辈，则不过是些强辩狡辩之徒，与雄辩家相比，有着霄壤之别！

人类运用雄辩术的历史由来已久。因为雄辩术不是只有智者哲人才能通晓的论辩秘法，它实际上是一种人人皆可运用的技能，一种人们在日常论辩的实际过程中逐步成熟的表达能力。早在公元前五世纪至三世纪之间，世界四大文明古国——古埃及、古印度、古希腊与古中国的论辩术（含雄辩术）就得到了高度的发展。主持各种仪式的祭司、巫祝、首领、官员，都是最早运用论辩术的演讲家。

在古希腊，有关哲学、伦理学、文学、逻辑学、美学、语法学与自然科学的学术问题得到广泛研究，社会物质文化与精神文化迅速发展的时代，由于“长辈诡辩学者”的努力，发展了口头论战的批判和应变性，涌现了一大批集社会活动家与演讲家于一身的学者，如普罗塔哥拉（公元前481—前411年）、狄摩西尼（公元前384—前322年）等等。

与此同时，诡辩学派力图将哲学与论辩术结合为一体，建立了判断推理体系，发展了论辩术。但他们只重视概念的巧妙替换和华丽词藻的倾向，却违背了事物的发展规律，为后世反动的诡辩学者所利用，使“诡辩术”堕落为唯心主义的概念游戏。

古希腊的雄辩术在苏格拉底（公元前469—前399年）与柏拉图（公元前427—前347年）手中得到进一步完善。苏格拉底以“产婆术”的娓娓而谈的对话形式，把自己的思想灌输给对方。柏拉图在他的对话体名著里，借老师苏格拉底之口阐述了有关雄辩术的各种看法，他以鲜明的伦理道德色彩斥责了参加“有酬辨论”的人，把雄辩术看作是服从于真理而不是私利的艺术——“智慧巨人的艺术”。他的观点集中在《捷艾杰物篇》、《高尔吉亚篇》与《诡辩学者》这三篇论文里。

苏格拉底与柏拉图虽然均属唯心主义思想家，但他们对雄辩术的发展还是做出了一些贡献的。为多门学科奠定了理论基础的伟大哲学家亚里士多德（公元前384—前322年），在他关于逻辑学的著作（尤其是《工具篇》、《修辞学》）中，对诡辩学派进行了批判，对演讲理论和论辩术进行了深入研究。他把演讲视为一种面对群众的思维活动，把雄辩术的根本任务规定为唤起正当的社会舆论以及获取一定的知识，并提出了演讲风格应以适宜听众为美的观点。

古印度的佛教祖师释迦牟尼（公元前629—前543年），悟道后不辞辛劳，四处传播佛家学说，机敏善辩，口若悬河而言辞简练，很有慑服力。如在被佛界奉为经典的《金刚般若波罗密经》里，就记载了他和弟子须菩提的这么一段对话。佛祖如来问：“须菩提，如果有恒河之沙那么多的恒河，你会怎么想？而这无数恒河中的沙子，你会觉得多吗？”须菩提答：“啊呀，我的佛祖，像恒河之沙那么多的恒河，已经是数不清了，何况是这么多恒河中的沙子呢！”佛祖道：“须菩提，我今天如实告诉你，如果有善男信女用珍珠、玛瑙、琥珀等七种宝贝装潢了像恒河之沙那样多的大千世界，用以布施救济天下的话，他们得到的福德多不多呢？”须菩提答：“那可太多了，我的佛祖！”佛祖启示说：“可是，你要明白，如果有善男信女，能领会牢记我的《金刚经》，哪怕只是其中的四句偈句，并向人传讲，那他得到的福德，将比前边所说的布施七宝的人还多得多呢！”由此可见佛祖善用巧喻，循循善诱，弘扬佛法的雄辩之风。

与此大致同时，在这一被人称赞为思想活跃，成就辉煌的人类文化轴心时代，雄辩术在活跃于中国春秋战国时期的“士”这一知识分子阶层中，也得到了长足的发展。在这奴隶制社会走向崩溃，新兴地主阶级登上历史舞台的社会大动荡、大分化时期，统治者礼贤下士，争相延揽供养“士人”的风气盛行，为儒家、墨家、道家、法家、名家、兵家、杂家、纵横家、阴阳家、小说家的流派争鸣和学术发展创造了极好条件。

老子（公元前570？—前?）的身世不详，约长孔子20多岁，曾在开导性的论辩中使他心悦诚服。作为世界最早形成体系的伟大哲学家，也作为后来道家的祖师，老子对论辩有非常独到的见解。他认为，高人在阐述和通达真理的时候，往往论证极其正直却迂回婉转，手法极其巧妙却看似质朴笨拙，学识极其丰富完满却好似贫乏空洞，论说极其雄辩有力却貌似木讷迟钝（“大直如诎，大巧如拙，大赢如绌，大辩如讷，《老子》第四十五章），这真是石破天惊之论，也可视为对《老子》一书雄辩风格的精练概括，道出了五千言《老子》一书至今所具有的强大生命力之奥秘！

孔子（公元前551—前479年）是儒家的开山鼻祖。他的议论由弟子以语录体收入《论语》，孔子的说理言简意远，举一反三，循循善诱，温和而不迁就，含蓄而不晦涩，立论坚实，成为后世儒学的经典之作。孟子（公元前370—前289年?）是孔门高足，最善雄辩，他的论辩大气磅礴，锋芒毕露，锐不可当，善设机巧，妙用比喻，欲擒故纵，引人入彀，防不胜防。荀子（公元前330？—前230年?）发展了与孟子不同的教义，使儒学分为八派。他学问博通，擅长雄辩，洋洋洒洒，淋漓尽致，论点精当，畅所欲言。其代表作《劝学篇》多用排偶句法来重叠譬喻，令人目不暇接，心折理服。

庄子（公元前360—前280年?）是老子之后的道家代表人物。他苟全性命于乱世，不求闻达于诸侯，逍遥自在，姿意纵情，文章独具浪漫的想象和奇物的比喻，无拘无束，放荡不羁，巧用寓言，深于比兴，声调铿锵，雄辩色彩极浓。韩非（公元前280？—前233年）是荀子学生，法家集大成者。他倡导严刑峻法的法治，其推理严密，论辩透彻，善用历史材料和寓言故事做论据，驳难离析，鞭辟入里，具有很强的雄辩力。

墨子（公元前468？—前376年?）是墨家创始人，他行文质析而富有逻辑性，善于由具体而抽象的进行概括性论辩。他创立的“辩学”，实际上是中国最早开始研究雄辩术的学说，其中的“辟”指譬喻法，“侔”指比辞法，“援”指类比法，“推”指归纳法，对雄辩术的完善作出了杰出贡献。

主张合纵连横的雄辩家苏秦、张仪的教师鬼谷子所著的《鬼谷子》一书，系统论述了有关雄辩和说服的方法及命题，内容包括雄辩说服的对象（上层决策者）、雄辩说服的内容（国家大计）、雄辩说服的起点和依托，等等。他认为，雄辩和说服也要因人而异，“与智者言依于博，与拙者言依于辩，与贵者言依于势，与富者言依于高，与贫者言依于利，与贱者言依于谦，与勇者言依于敢，与过者言依于锐，此其术也。”（大意为“与智慧的人交谈要知识广博，与笨拙的人交谈要善于辨析，与高贵的人交谈要依托情势，与富有的人交谈要气度高贵，与贫困的人交谈要讲明利害，与卑贱的人交谈要谦和，与勇敢的人交谈要大胆果敢，与过分的人交谈要尖锐，这是雄辩术。”）这就使雄辩家与对象处于一种互为主体，双向交流的融洽处境，为雄辩家说服的成功创造了有利条件。

世界历史进入中世纪以来，“雄辩术”曾一度变成了神学家传经布道的工具，成为基督教、伊斯兰教、佛教广招信徒的“传道术”。当然，这段时期也出现过像中国的范缜（公元450年—515年?）这样的坚持无神论的伟大唯物主义者，以其娴熟的雄辩术在《形神论》一文中驳斥了佛教“形神相离”的唯心主义两元论，论证了“形神相即”的唯物主义一元论。

始于1640年的英国资产阶级革命，结束于1917年的俄国十月社会主义革命的世界近代史，是资本主义的生产关系从产生到发展的时期，在这一腐朽的封建制度逐步崩溃，新兴的资产阶级领导了文艺复兴运动、启蒙运动以及18世纪席卷全欧的民主革命时期，科学与文化挣脱了中世纪的愚昧枷锁，获得了高度繁荣，有关演讲学、论辩术的学说与书籍也应运而生，适应了当时激烈的阶级装斗争和议会论辩的需要。

但是，真正在演讲学、雄辩术的发展上做出了划时代意义的伟大贡献的，则是科学社会主义的奠基人马克思和恩格斯。无论是在资产阶级的议会里，或是在无产阶级的集会上，无论是在体现了资产阶级统治意志的法庭上，或是在驳斥党内机会主义谬论的代表大会上，不论是用唇枪还是笔剑，他们都出色地创造性地使用了雄辩术的武器，予形形色色的论敌以致命的打击，予革命人民以巨大的鼓舞和亲切的抚慰，为建立和发展推进时代进步的雄辩家风格作出了伟大的贡献。

中国近现代史以降，雄辩术与演讲的作用日益突出。以“百日维新”猛烈冲击了封建维旧营垒的维新派领袖梁启超，就专门为集会演讲作了专文《传播文明三利器》，指出“日本维新以来，文明普及法有三，一曰学校，二曰报纸，三曰演说。大抵国民识字多者，当利用报纸，国民识字少者，当利用演说。”事实上，梁启超本人及其战友马良等，也确是当时屈指可数的善于利用集会演说，大力普及民主改良思潮的雄辩家。

进入新世纪全球化时代以来，民主与科学的呼声日益强烈，社会主义建设者正寻求着具有本国特色的社会主义的发展道路，资本主义国家也在文化冲突、邪教猖獗和恐怖主义的冲击下重新审视着世界。改革开放，一球两制，和平共处，稳步发展已成为全世界不可逆转的潮流。一个跨国网络，信息爆炸，学派林立，众说纷纭，竞争就职，论争辩驳的时代已经开始，这是个磨砺意志、锻炼思维、匡正驱邪、雄辩阔论、大力发展人文与科学理论，为人类的根本幸福披荆斩棘，寻途探路的时代，客观上为雄辩术的发展和运用提供了便利条件。

近年来国内演讲学的勃兴，实用雄辩术训练法，论辩致胜术，乃至诡辩术的专著纷纷问世，校园辩论赛和电视辩论赛的不断举办，以及海外、港台演讲术、论辩术专著的大量涌入，都是有力的证明。

为了满足广大青年读者领略马克思主义经典作家的雄辩之风，掌握真理，锻炼口才，提高写作能力，发挥论辩潜质，塑造完美的自身形象的需要，我根据当前形势的变化，结合在广州图书馆讲授雄辩术的课堂教学，将曾铅印数万，一度再版，广为传播的自著《无敌雄辩术》与《雄辩术撷英》两书加以扩充融合，增补修改，以通俗而实用的手法，写成这本内容包括雄辩家素质，雄辩术方法，雄辩术演讲，雄辩术与诡辩，雄辩术与改革的小册子，并精选了四百余则名人雄辩格言，分类辑录，略作赏析，以作为广大雄辩术爱好者实战演练，学以致用的参考。

第二章　马恩经典 横空出世 雄辩无敌

马克思主义，以树立共产主义的美好理想，建立团结一致的国际联盟，组织无产者的先锋队伍著称，并以十月革命的一声炮响，传入中国，指导中国共产党人，推翻腐朽旧制度，建立生气新中国，为中华民族的伟大复兴，为中华传统文化的浴火重生，打开了透气窗，搬开了拦路石，铺垫了阳关道，从而奠定了自己由共和国宪法保障的指导性理论的坚实地位。这不能不说是东西方文化跨世纪跨国际的一次惊天动地的大碰撞、大实验与大融合，其杂交优生引发的文化嬗变，伴随改革开放后的经济增长，引发了全球对马克思主义中国化和最终命运的强烈关注、惊诧赞叹与多元期盼。

而所有这些已知或未知的为人类解放所做的新努力与新愿景，都与马克思主义的经典作家卡尔·马克思（1818—1883）与弗雷德里希·恩格斯（1820—1895）这两个响亮的名字有关，与他们那洋洋洒洒上百卷千万言，充满睿智理论、革命锐气、斗争锋芒和雄辩色彩的哲学、政治经济学、科学社会主义的理论体系有关。作为影响世界的西方经典，它使不论站在哪一阵营的人们，都牢牢地记住了这两位全世界科学社会主义的创始人、伟大的政治家、哲学家、经济学家、革命理论家的不朽英名，为他们的的纯真友谊和理论建树所震撼。1999 年英国广播公司（BBC）评选“千年第一思想家”，在全球互联网上公开征询投票一个月后，马克思位居第一，爱因斯坦第二。2005 年英国广播公司再度以古今最伟大的哲学家为题，调查了 3 万名听众，马克思得票率仍是第一。可见，马克思和恩格斯共同创立的科学社会主义理论，对世界的影响是多么深远，已成为指引世界人民为实现社会主义和共产主义伟大理想而进行斗争的行动指南。

不过，乍看起来，这两位伟人却有太多的不同，马克思是埋头书斋，览书穷理，著述等身的大学者，虽说娶的是德国男爵家庭的贵族小姐燕妮·冯·威斯特法伦，却依旧一生穷困潦倒，饥寒交迫，以致于痛失爱子，悲伤欲绝，65 岁就离世而去。恩格斯则是长袖善贾，比马克思更长寿的交易所襄理，多活了近十岁，他妻子虽是与燕妮地位悬殊的穷女工玛丽，但自家赚的钱却足以让马恩两家人温饱，甚至晚年还能留下数万英镑家产，过着有管家、厨子、护士，高朋满座，饮酒唱歌，逊于大资产阶级，却优于小资产阶级的“中资产阶级”生活。那么，究竟是什么力量，什么追求，能把这两位伟人紧紧团结在一起，生死与共，相濡以沫，互敬互信，以致于连马克思的女儿，都亲切地称呼恩格斯为“第二父亲”呢？

据史料，马克思出身德国律师家庭，祖父是一名犹太人律法学家，他转学到柏林大学，学的也是法律，但他最大的兴趣和博士论文，却是哲学。早熟的他，18 岁就与年华似锦的燕妮，乡人公认为是当地最美丽的贵族姑娘和“舞会皇后”私定终身，苦恋七年后，终于成为马克思不可缺少的生活伴侣与工作秘书，历经艰辛，患难与共，不离不弃，直到生命尽头即将永别时，他们在旁人的眼中，还好似一对正在开始共同生活的热恋着的青年男女，而不像一个病魔缠身的老翁和一个弥留的老妇。尽管穷得一贫如洗，四个孩子中有三个先后死亡，马克思还是咬牙写出了他的最重要著作《资本论》第一卷。他在经济上是贫困户，思想上却是富有者，终身从事着理论著述和国际共运的领导工作。他的辩证唯物论与历史唯物论宣称，人类必将完成从必然王国到自由王国的飞越，全人类必将进入“各尽所能、各取所需”的共产主义社会。

“全世界无产者，联合起来！”这是马恩在《共产党宣言》里带头喊出的响亮口号。马克思发现，资本家是靠占有剩余价值致富的，而资本主义虽然是历史上最具生产力的社会结构，却因为投资科技研发反使劳工的价值贬低。要改变它只有让劳动阶级成为主角，在消灭敌人的同时消灭自身，消灭剥削，最终迈入无阶级的共产主义社会。马恩大师这一鞭辟入里的理论，得益于他们严谨的治学精神，得益于他们以欧洲十几种文字阅读所积累起来，包括了哲学、经济学、法学、宗教学、逻辑学、美学、政治学、文学、史学、语言学、数学、军事学、自然科学等方面的渊博知识。它见于中文版有 60 多卷，国际版高达 160 多卷的《马克思恩格斯全集》，这是他们以毕生心血所建起的一座思想理论的宝库。其理论成果，是批判继承伟人成果加以理论创新的结晶。它在既批判黑格尔哲学的唯心主义，又吸取其辩证法的“合理内核”；既批判了唯物主义者费尔巴哈的唯心史观，又吸收其唯物主义的“基本内核”之后，创立了马克思主义哲学，在批判地继承黑格尔、费尔巴哈、亚当·斯密、大卫·李嘉图、圣西门、傅立叶、欧文这些权威理论家的优秀成果基础上，创立了马克思主义的政治经济学和科学社会主义，显示出马克思、恩格斯敢于“站在巨人的肩膀上”创新的勇气。

为马克思的学术研究竭尽心力的恩格斯，父亲是有普鲁士贵族血统的工厂主。但恩格斯背叛了他原来的阶级，一心从事革命事业。在工厂调研时，他与染色工的女儿——纯朴的爱尔兰纺织女工玛丽·白恩士相恋并结合。她去世后，又与其妹莉希同居。恩格斯一直不愿办理结婚手续，他在所著《家庭、婚姻与私有制》一书里认为，那些在教堂举行的结婚仪式是多余的。但恩格斯并非固执己见的书呆子，当病危的莉希请求他履行结婚手续时，他还是答应了，让临终的妻子在自己的怀抱里安然去世。他深深地怀念莉希说，“这种感情给我的支持，比起‘有教养的’，‘多愁善感的’资产阶级小姐的细腻和小聪明可能给予的总要多些。”

自从1844年会见马克思，1848年共同起草《共产党宣言》出版后，恩格斯开始成为两人合作的“第二提琴手”。他为了支援极端贫困的马克思一家，让他寻找真理，维持生计，不仅在十分繁忙的时候，寄出了120篇连载论文，供马克思在报上发表并收取稿酬，还在“欧门－恩格斯公司”忍受了二十年“埃及幽囚式”的经商生活，消耗了大量时间与精力。尽管如此，他还是展露出一个百科全书式的思想家的杰出才华，整理出版了马克思的大量遗著，尤其是《资本论》这一世界旷世经典的问世，没有他对一些残缺不全的手稿作大量的润色补充和附注插语，其后两卷的出版是难以想象的。恩格斯还深入研究宗教、妇女、文学、美学、史学、军事学、自然科学并发表了见解，自撰了《自然辩证法》、《家庭、私有制、国家的起源》、《反杜林论》等一批名著。后者第一次系统阐发了马克思主义理论，以及许多自然科学理论，被誉为一部马克思主义的百科全书。

1883年马克思逝世后，恩格斯独自指导国际工人运动，捍卫和发展马克思主义理论，成为国际工人运动众望所归的领袖。他指明一切弊端都是资本主义私有制统治的结果，主张共产国际的“自由联合”的原则，不承认哪个党享有国际共运的长子权，他对来访的民主派以至保守派人士也以诚相待，认识他的朋友们都说：“这个家的大门是向全世界开放的。”他谢绝了大家庆贺他生日的赞誉，认为“这些赞扬我只能作为马克思事业的继承者加以接受。”显示出恩格斯尊崇关爱马克思的伟大友谊和高尚品格，丝毫不计较个人的名利得失的一贯作风。对此马克思一直十分感激和愧疚，在致恩格斯的信中写道：“坦白地向你说，我的良心经常像被梦魇压着一样感到沉重，因为你的卓越才能主要是为了我才浪费在经商上，才让它们荒废，而且还要分担我的一切琐碎的忧患。”这确实是他的肺腑之言。一百多年后，当人们在莫斯科广场上看到矗立的马恩纪念碑，在德国柏林的马克思—恩格斯广场上，看见两人相依雕像，听闻他们的生平与贡献，了解到这两位看起来有这么多的不同，却情同手足，友谊坚贞不渝的伟人，之所以能生死与共，并肩战斗，完全是因为都怀着同一个伟大理想时，不能不油然升起崇敬与感佩之情。

若试以《易经》喻意，那满怀对损下益上奴役者社会的愤恨和对一无所有的无产者的深切同情，高举起共产主义的理想旗帜，挥舞思想的利剑，一往无前的马克思，不愧为自强不息的乾德领袖，他就像是一轮热力四射的朝日，令资产者汗流浃背，令无产者热情澎湃，令革命者热血沸腾！而谦谦君子恩格斯，他的忠实战友、坚贞护卫，则像是厚德载物的坤德辅宰，如一轮夜空明月，反射太阳的光芒，照耀着大地而心存感激。他心甘情愿做好主帅的参谋、秘书和军需官，不仅甘心忍受十几年经商难熬的苦斗，一点点的赚钱来维持马恩两家人生计，而且长期放弃自己埋头科研的大好时光，甘愿为马克思的著述寻资料，提建议，为他的遗著出版绞尽脑汁，并将著述经典，锤炼思想利剑，叱咤风云，指挥共产国际大军的全部荣耀，都归功于马克思。以至可以说，没有恩格斯的存在，就没有马克思的伟大，他或早故于贫困生活而无法笔耕，或留下一叠叠稿纸，也只是一堆绝难辨认梳理，只有吉光片羽的资料，而非经典巨著。

恩格斯，这位一生忠于与马克思和战友们的友谊，维系着和家人温馨的亲情，和蔼可亲，幽默风趣的七旬老人，对人类社会“只有在不仅消灭了阶级对立，而且在实际生活中也忘却了这种对立的社会发展阶段上，超越阶级对立和超越这种对立的回忆的、真正人的道德才成为可能。”有着清醒睿智的洞察，同时也明白“幽默是表明工人对自己事业具有信心并且表明自己占着优势的标志。”的道理。他深深理解“父亲子女兄弟姊妹等称谓，并不是简单的荣誉称号，而是一种负有完全确定的异常郑重的相互义务的称呼，这些义务的总和便构成这些民族的社会制度的实质部分。”他虽然对婚姻登记不以为然，却明白马克思当年苦恋燕妮，情诗泉涌的心境，懂得“痛苦中最高尚的最强烈的和最个人的——乃是爱情的痛苦。”最终答应了妻子要完成婚礼的临终遗愿。

更难得的是，恩格斯以大无畏胆识所展示的吾爱吾师，更爱真理的崇高精神。与多次遭到欧洲各国反动政府的驱逐欺凌，深恨“旧的国家是一种‘以其无处不在的复杂的军事、官僚、宗教和司法机构像蟒蛇似地把活生生的市民社会从四面八方缠绕起来的中央集权国家机器’”，在名著《法兰西内战》里予以痛斥的马克思不同，恩格斯在暮年游览美国，亲眼看到这个当时生机勃勃的“资本主义生产的乐土”，后来成为世界唯一超级大国的北美洲强国，在文化创新、经济繁荣、三权分立、议会选举、民主自由制度乃至监狱管理等方方面面的实绩后，毅然修正了自己和马克思过去只强调暴力手段的偏颇看法，把争取合法议席，反映劳动者的心声，维护其权益，作为实现共产主义远大理想的政治选项。他 1895 年在《〈法兰西阶级斗争〉导言》中，以马克思主义创始人之一的身份，对马克思主义完整的理论体系，进行了最后的反思和修正："实行突然袭击的时代，由自觉的少数人带领着不自觉的群众实现革命的时代，已经过去了。……他们开始同资产阶级争夺每一个由选举产生的职位……。结果，资产阶级和政府害怕工人政党的合法活动更甚于害怕它的不合法活动，害怕选举成就更甚于害怕起义成就。"这真是一位终身追寻真理，始终矢志不渝的智慧老人，一位千年难遇的大哲圣之所为，他需要自我否定自我升华的多么巨大的勇气和力量！

尽管如此，被许多国家驱逐，到处流亡，自称是"世界公民"，与燕妮合葬于伦敦公墓的思想家马克思，与恩格斯所联手创立的"马克思主义"，依然是近代最复杂精深的学说之一。它在其创始之初的时代看似没有绝对的影响力，却随着西方经济危机的轮番爆发而迅速传播全球，不仅造成欧美国家向资本主义福利国家的转型趋势，同时还通过主张渐进式的社会主义发展，视马克思主义为一种道德标准的"非革命派"，与强调革命的必要性，视马克思主义为一种历史科学理论与所有人类优秀文化遗产的结晶的"革命派"之间的论战和社会实践，深刻影响着世界文明的进程。进入 21 世纪后，马克思主义并没有随着苏联解体而影响尽失，依然作为许多国家和政党中的意识形态，在新一轮金融危机中，再次得到更多有识之士的重视和认真研究，尤其在中国的改革开放大业中，继续发挥巨大影响力，展现出先进理论中国化的无限可能与澎湃活力。

马克思与恩格斯见诸于"百度"专栏，关于人生的友谊、情谊、爱情，以及时间、劳动、科研方面的格言集锦，既可以看作是来源于他们之间永恒友谊的真实心迹，也可以看作是他们的勤奋著述，努力工作，为人处世。尤其是恩格斯不仅使同道者视为自己的家，而且令敌对政见的保守派人士也流连忘返之所，具有真理与伟大人格的双重魅力。

对人类文明发展洞若观火的马克思指出，"科技的进步使人类有可能实行脑体分工。这种分工是文明的进步，也是阶级划分的基础，使垄断精神生产的剥削阶级分子与承担全部体力劳动的劳动阶级处在根本利益对抗的阶级斗争中，构成了人类历史发展的推动力量。"他认为，哲学是人类思想的解放，是无产阶级的精神武器。只有在科学的哲学指导下，人类才能建立共产主义新社会，获得真正的解放。他鼓励无产者说，"让统治阶级在无产阶级革命面前发抖吧，无产者在这个革命中失去的只是锁链，他们将获得的是整个世界。"同时，他并不认为，他自己为人类的自由全面的发展而进行的脑力劳动，和无产者从事的体力劳动之间，有高下之分，相反，“体力劳动是防止一切社会病毒的伟大的消毒剂。”“劳动创造世界。”

在人类文化史上日益重要的脑力劳动职业的选择上，马克思抱有崇高的道德感。为了人类的解放，他没有选择自己犹太祖辈从事的利益丰厚的律师业，而是选择了付出巨大收入甚微的学者职业。他认为：“在选择职业时，我们应该遵循的主要方针是人类的幸福和我们自身的完美。”“如果我们选择了最能为人类福利而劳动的职业，那么，重担就不能把我们压倒，因为这是为大家而献身；那时我们所感到的就不是可怜的、有限的、自私的乐趣，我们的幸福将属于千百万人，我们的事业将默默地，但是永恒发挥作用地存在下去，而面对我们的骨灰，高尚的人们将洒下热泪。”“历史把那些为了广大的目标而工作，因而使自己变得高尚的人看作是伟大的人；经验则把使最大多数人幸福的人称赞为最幸福的人。”

他知道，自己毕生投入巨大精力和漫长时光的社会科学研究，会有多么的艰辛危险，懂得“在科学的入口处，正像在地狱的入口处一样，必须提出这样的要求：这里必须根绝一切犹豫；这里任何怯懦都无济于事。”故虽遭受反动政府的驱逐，被迫漂泊各国而毫无怨悔。在他看来，“书是我的奴隶，应该服从我的意志，供我使用。”“不学无术，在任何时候，对任何人，都无所帮助，也不会带来利益。”“任何时候，我也不会满足，越是多读书，就越是深刻地感到不满足，越感到自己知识贫乏。科学是奥妙无穷的。”

他对科研有全面的认识：“较高级复杂的劳动，是这样一种劳动力的表现，这种劳动力比较普通的劳动力需要较高的教育费用，它的生产需要花费较多的劳动时间。因此，具有较高的价值。”他坚信，“在科学上没有平坦的大道，只有不畏劳苦艰险沿着陡峭山路攀登的人，才有希望达到光辉的顶点。”“万事开头难，每门科学都是如此。”他敢于从事以往的哲学家从未从事的，开创性的彻底改造旧世界的伟大事业，认为这些“哲学家们总是在解释世界，而重要的是改造这个世界。”他断言“科学决不是一种自私自利的享乐。有幸能够致力于科学研究的人，首先应该拿自己的学识为人类服务。”在对待时间这一劳动的要素的态度上，马克思认为，“时间是人类发展的空间。一切经济最后都归结为时间经济。时间就是能力等待发展的地盘。一切节省，归根到底都归结为时间的节省。”所以他把所有生活必须时间之外的几乎所有时间，都用在资本的本质和为人类未来所用的研究上，不肯浪费一分一秒的宝贵时间，至今在大英博物馆里，还留有他似乎永不疲倦的苦读身影。

在对待工作学习、人际关系与个人修养上，马克思很清楚自己选择的革命生涯的不确定性和艰难程度，明白“如果斗争是在极顺利的成功机会的条件下才着手进行，那么创造世界历史未免就太容易了。”他永远绝不轻言退却更不会放弃理想，认为“自暴自弃，这是一条永远腐蚀和啃噬着心灵的毒蛇。它吸走心灵的新鲜血液，并在其中注入厌世和绝望的毒汁。”他从自己经过与资产者阵营的思想斗争而成长为革命领袖的心路过程中，深刻地意识到，“良心是由人的知识和全部生活方式来决定的。”“人只有为自己同时代的人完善，为他们的幸福而工作，他才能达到自身的完善。”他从恩格斯这样志同道合的真正朋友身上，最深切地体会到“真诚的、十分理智的友谊是人生的无价之宝。”“友谊像清晨的雾一样纯洁，奉承并不能得到它，友谊只能用忠实去巩固。”“你能否对你的朋友守信不渝，永远做一个无愧于他的人，这就是你的灵魂、性格、心理以至于道德的最好的考验。”他集两人几十年革命生涯的深厚情谊体悟到，“友谊之舟在生活的海洋中行驶是不可能一帆风顺的，有时会碰到乌云和风暴，在这种情况下，友谊应该受到这种或那种考验，在这些乌云和风暴后，那么友谊就会更加巩固，真正的友谊在任何情况下都会放射出新的光芒。”这使他更坚信”人的生活离不开友谊，但要得到真正的友谊才是不容易；友谊总需要忠诚去播种，用热情去灌溉，用原则去培养，用谅解去护理。”

对于马克思的上述感悟和精彩总结，有百科全书式智慧的恩格斯也有类似名言。在对待劳动时间的问题上，他认为“利用时间是一个极其高级的规律。”对待自己精心研究过并曾亲身投入的军事斗争，他有着比马克思更深刻的思辨和更现实更高深的谋略。他指出“只有获得胜利的可能性非常大时，才可进行决战。”“勇敢和必胜的信念常使战斗得以胜利结束。”“为了达到伟大的目标而团结，为此所必需的千百万大军应当时刻牢记主要的东西，不因那些无谓的吹毛求疵而迷失方向。”“为了进行斗争，我们必须把我们的一切力量拧成一股绳，并使这些力量集中在同一个攻击点上。”他明白军事斗争的残酷性和带来的重大伤亡，但坚信正义斗争的最后结果仍将是，“没有哪一次巨大的历史灾难不是以历史的进步为补偿的。”

在对待工作的态度上，有政治经济学的高深造诣，却不得不费尽心机，先去赚钱谋生的恩格斯，同样认为首先要有高尚的理想，“当一个人专为自己打算的时候，他追求幸福的欲望只有在非常罕见的情况下才能得到满足，而且决不是对己对人都有利。”同时他也强调，“谁肯认真地工作，谁就能做出许多成绩，就能超群出众。”“复杂的劳动包含着需要耗费或多或少的辛劳、时间和金钱去获得的技巧和知识的运用。”特别是在对待科学研究的问题上，他认为，“在马克思看来，科学是一种在历史上起推动作用的、革命的力量。任何一门理论科学中的每一个新发现，即使它的实际应用甚至还无法预见，都使马克思感到衷心的喜悦，但是当有了立即会对工业、对一般历史发展产生革命影响的时候，他的喜悦就完全不同了。”“社会一旦有技术上的需要，则这种需要就会比十所大学更能把科学推向前进。”

当然，若仅凭上述有关马恩大师的几段生活、工作、道德方面的哲理性感言，是难以概括这两位共同写下《共产党宣言》，成为无产阶级的精神领袖、当代共产主义运动的先驱的伟大业绩的。哪怕是想简要地阐述他们广为人知的哲学理论，把他们认为几千年以来，人类发展史上最大的矛盾与问题，就在于阶级之间的利益掠夺的观点，把马克思大胆假设资本主义终将被共产主义所取代的历史唯物论，描述得一清二楚，都是不可能的。这应该是马克思主义研究理论家们艰巨而光荣的事业。

对于一个在校主要接受了中国文学语言训练，文史哲艺兼修的国学爱好者而言，我所能做到的，就是将当年进入社会科学院，为科学研究所需要，通读五十余卷《马恩全集》，粗略领悟其博大精深的理论体系，深受其雄辩文风感染，而集录于《雄辩术撷英》、《无敌雄辩术》之中的几百条语录，再加以择要点评，献给同好观赏而已。但若有心人能以此一斑窥全豹，看到被英国视为法西斯敌国的德国之子马克思，竟能做为世纪第一伟人，作为西方哲圣在全球的崇高地位，及其经典之作的浩浩雄风，也是一了心愿吧。

从中西哲圣文化的比较，以及马克思主义中国化的宏阔视野看，马克思主义哲学的对立统一规律、量变质变规律、否定之否定规律，与《易经》的阴阳和谐规律、渐变既济规律，以及否去泰来规律，其实有着内核聚变，兼容化合，归于一道的可能性。其政治经济学的资本论、科学社会主义所设计的共产主义，实质上也与《易经》的易德论、中国道祖老子设计的恒道主义、儒家梦想的大同社会，有着共筑人类共同理想文化金塔的相通性。这是中华文化沃土深厚丰实，东方三圣老子、孔子、慧能的深邃智慧，具有道法自然、天人合一的思想巨大包容性的表现，这是中华民族精英和国学教育家们所期盼的，马克思主义中国化最终实现的本土文化基础。

最后需要补充的是，因篇幅所限，非十分必要时，本书中的名人引文一般不注明出处。如文中引用马克思、恩格斯原话需注明出处时，以 M 代表马克思，E 代表恩格斯，冒号前后的数字则分别代表《马恩全集》的卷数和页数，括号内数字代表上下分卷。如“E・20：75”即表示作者为恩格斯，引自《马克思恩格斯全集》第 20 卷第 75 页。

第三章　丰厚素质 雄才大略 精思雄辩

雄辩术是雄辩家手中运用自如的武器，而武器的发明和改进都离不开运用者的智慧。在了解武器的种类、构造和使用方法之前，首先弄明白它的主人——雄辩家——必须具备哪些素质，是十分必要的。

简言之，雄心、雄才、雄思、雄视、雄姿、雄辩、雄文、雄风，这八点是雄辩家最重要的素质，是一个论辩者力图掌握雄辩术时必不可少的先决条件。

一、雄　心

——树立你为捍卫真理而论争的雄心壮志

一位伊壁鸠鲁派的哲学家卢克莱修庄严地说过："站在高岸上遥看颠簸于大海中的航船是愉快的，站在堡垒中遥看激战中的战场是愉快的，但是没有能比攀登于真理的高峰之上，然后俯视来路上的层层迷障、烟雾和曲折更愉快了！"的确，对于所有用舌和笔，以心与血去追求真理的雄辩家来说，再没有比攀登于真理高峰之上，俯视在藏机露锋、诡谲多变的论辩之路上的迷雾硝烟，刀光剑影更为愉快的了。而要登上真理的高峰，有无排除万难的雄心，不畏艰险的壮志，百折不挠的精神和坚定不移的必胜信念，是至关重要的。

在实际生活中，需要通过各种论辩途径去登攀真理高峰的职业是不可胜数的：为人师表的教师，需要以雄辩的语言去向学生传授革命的道理和科学的知识；维护法制的律师、法官、检查官，需要以雄辩的语言去维护法律和人的尊严；为创造知识而殚精竭虑的科研人员，需要用雄辩的语言去表述自己的发现和创新的意义；忠诚正直的人民公仆，需要以雄辩的语言去为民请命；埋头苦干的工人、农民、个体经营者以及保卫祖国的军人，需要以雄辩的语言来表达共和国公民的意愿；踌躇满志的企业家、创业者，需要以雄辩的语言去说服投资者、合作者和全体员工去创业益民；塑造人类灵魂的文艺工作者，需要以雄辩的语言去点燃艺术的灵光；刻苦攻读的莘莘学子，渴望以雄辩的语言去交流自己的学习心得、人生感悟……。而所有的人要实现自己的美好心愿，就都必须有一颗为了真理的昭明，为了人类的幸福而敢于论辩致胜的雄心！培根说得好；"是啊，一个人如果能在心中充满对人类的博爱，行为普遍遵循崇高的道德律，永远围绕着真理的人枢轴而转动，那么他虽在人们也就等于生活在天堂了。"

在人类的历史上，为了正义的事业和崇高的人生理想而不畏强权，勇于雄辩的仁人志士是不乏其人的：意大利文艺复兴暑期的哲学家布鲁诺，大胆接爱和热情宣传哥白尼的日心说，反对宗教迷信提倡的地心说，而对宗教裁判所燃起的罪恶的熊熊烈火，他大声疾呼："火，并不能把我征服，为真理而斗争是人生最大的乐趣。"处于国民党白色恐怖阴霾笼罩下的昆明西南联合大学教授闻一多，为抗议当局发动内战，屠杀民主人士的倒行逆施，拍案而起，发表了声震中外的"最后演讲"，以雄辩的滚烫语言剖露出一颗中国知识分子热爱祖国的赤子之心！共产主义战士季米特洛夫，铁骨铮铮，大义凛然，利用法西斯法庭给予的最后的申辩机会，义正辞严，连珠炮般地发表了慷慨激昂、雄辩有力的《在莱比锡审讯的最后发言》，粉碎了法西斯匪徒借"国会纵火案"嫁祸于共产党人，企图将共产党人一网打尽的阴谋，令作伪证的德国法西斯党魁戈培尔狼狈不堪，无辞以对，最后，只得将他无罪释放。

在精心起草的《国际工人协会致约翰逊总统的公开信》里，马克思以简洁明晰的文字热情洋溢地赞扬了林肯总统为美国人民所做出的历史贡献，歌颂他是美国人民在开创劳动解放的新纪元中受托负起领导责任的劳动者。他说："这是一个不会被困难所吓倒，不会为成功所迷惑的人；他不屈不挠地迈向自己的伟大目标，而从不轻举妄动，他稳步向前，而从不倒退；他既不因人民的热烈拥护而冲昏头脑，也不因人民的情绪低落而灰心丧气；他用仁慈心灵的光辉缓和严峻的行动，用幽默的微笑照亮为热情所蒙蔽的事态；他谦虚地、质朴地进行自己宏伟的工作，决不像那些天生的统治者们那样做一点点小事就大吹大擂。总之，他是一位达到了伟大境界而仍然保持自己优良品质的罕有的人物。这位出类拔萃和道德高尚的人竟是那样谦虚，以至只有在他成为殉难者倒下去之后，全世界才发现他是一位英雄。"（马克思 16：108－109）1861 年 4 月 15 日，林肯政府为对付叛乱的南部各州同盟挑起的军事行动，宣布召募 75000 名志愿军平息叛乱，这场震惊世界的"南北战争"持续至 1865 年才结束。在这场关系到美国或者变成"奴隶占有制的国家"，或者变成"自由劳动的国家"的两种命运、两种前途的大决战中，石匠出身的林肯总统表现出伟大政治家的杰出才华、雄辩风格、崇高品德和献身精神。马克思亲撰的这封“公开信”，不啻为林肯总统立下了最庄严的伟大纪念碑。它措词庄重，铿锵有力，饱含激情，对比鲜明，极富雄辩色彩。

如果说，在反动势力的高压面前，在生死关头的巨大考验面前，捍卫真理的英雄尚能面不改色，正气凛然地发表雄辩演说的话，那么，在日常生活中遇到需要以雄辩方式来伸张正义，批驳谬说，主持公道的人们，就更没有理由临阵怯场，藏头缩尾，不敢应辩了。出于公心（为了捍卫真理），出于爱心（为了人类幸福），是产生雄辩必胜信心的基础。如果反其道而行之，出于私心和杂念而去无理争辩，那么，即使再气壮如牛，再心狠如铁，再巧舌如簧，再利语如刀，也只能是强辩或诡辩而已。

树立公心和爱心，是增强雄辩信心的最基本前提，但有些人即使具备了这一前提，却仍然感到信心不足，不敢涉足辩坛，或者上了辩论台没辩几句就胆颤颤、灰溜溜地败下阵来，又是为什么呢？这除了论辩者自身的素质、知识储备、文学修养、思维习惯等因素外，心理调节的好坏也是非功过现代战争重要的原因。

从心理学的角度看，无论是一人对众人的演讲或论辩，还是一人对一人或一组人对一组人的论辩，都会因为对象的陌生感、胜负得失的忧虑感、个人举止的局促感、失言错话的自责感、辩词诘语的刺激感而产生巨大的心理压力，需以健全心理调节机制减轻之，以免不堪负荷。而对于一个临阵磨枪的论辩新手来说，就更是如此。如果缺乏摆脱这些心理压力的技巧与办法，就是很容易一筹莫展，腋下出汗，两股战战，惶惑不安，败下阵来的。

那么，应该如何自我调节良好的心理状态，建立起雄辩取胜的信心，从容应辩呢？这主要靠增多论辩的实践来进行。论辩者应该理会到，对象的陌生感实际上是相互的，沉着应对，巧与周旋，就可逐步摸清对方的意图和弱点，掌握论辩的主动权。在论辩之中，偶尔失言错语，甚至一着不慎，全盘皆输都是可能的，失败乃成功之母，只要善于总结经验，就有再胜的可能，不必为一时一事的输赢而烦恼。如果对方有理，向真理投降，则是明智之举，只能赢得对方和大众的尊重，又何必苦恼呢？对于对方的出语不逊，刻薄尖酸之词也应冷静对待，不要一触即跳，一触即溃，要宽容大量，分清哪些是对方有口无心的过激之词，哪些是含沙射影的故意挑衅，对前者一笑置之，对后者针锋相对，反唇相讥，迫其不得有所收敛。

只要在论辩中注意了自我心理调节（包括用用喝茶、深呼吸、慈祥静思来稳定情绪），不被出人意外的小小挫折、挑斗等刺激得失去了自制力和自信心，那么你在辩论、演讲、写作中的滔滔雄辩就是完全可能的了。

二、雄　才

——培养你达理善辩的雄才大略

要想雄辩取胜，以理服人，成为名符其实的雄辩家，仅仅出于公心爱心，仅仅学会自我心理调节，仅仅树立了雄辩信心还是不够的，只有具备了雄辩家必备的才能、才干和才华，才能成为百战不殆，口若悬河的雄辩家。

20 世纪初，以“爱国不忘读书，读书不忘爱国”的名言，享誉文坛的马良，被洋务运动领袖张之洞称为“中国第一位演讲家”。这位全力投身教育，在上海创办了震旦学院和复旦公学的著名学者，不但通晓西方文化和自然科学，对中国历史文化也有深刻理解。其应政闻社在日本的演说，感染力强，听者动容，扩大了立宪派的影响。

德国最大的客观唯心主义哲学家，包括了逻辑学、自然哲学和精神哲学和精神哲学的庞大哲学体系的创立者——柏林大学的教授黑格尔，称得起是一个才华横溢、目光独具的雄辩家，正如恩格斯所指出的那样：“如果人们要像黑格尔那样第一次为全部历史和现代世界创造一个全面的结构，那么没有广泛的实证知识，没有对经验历史的探究（哪怕是一些片断的探究），没有巨大的精力和远见，是不可能的。”由此可见，具备广泛的实证知识和历史知识，是黑格尔的睿智言论充满雄辩力的内在因素。

在继承包含了黑格尔辩证法精华在内的德国古典哲学、英国古典政治经济学、法国的空想社会主义学说的基础上建立起马克思主义学说的经典作家，是兼革命家、思想家、雄辩家于一身的历史伟人，他们严谨治学的态度和广博坚实的雄辩风格是相得益彰的。恩格斯在常识方面被人称之为一部“真正的百科全书”，在他的伟大著作《自然辩证法》里，涉及到的科学知识是极为广泛的，它不仅包括了有关数学、力学、天文学、物理学、化学和生物学等各门学科的知识，而且涉及了十九世纪中叶自然科学所有的最重要的成就。马克思赞他“写作和思索起来像鬼一样快”，正是他常识渊博、思维敏捷的生动写照。

同样，被恩格斯称之为革命合唱团中“出色的第一小提琴手”的马克思，在知识学问上和科学研究上的刻苦严谨态度也是举世皆知的。在为《资本论》第一卷这一大部头深奥巨著所写的简明典范书评里，恩格斯用比喻的手法，辞简意明，生动形象地介绍了马克思的重要地位和杰出成就。恩格斯是这样评述的：

自地球上有资本家和工人以来，没有一本书像我们面前这本书那样，对于工人具有如此重要的意义。资本和劳动的关系，是我们现代全部社会体系所依以旋转的轴心，这种关系在这里第一次作了科学的说明，而这种说明之透彻和精辟，只有一个德国人才能做得到。欧文、圣西门、傅立叶的著作是有价值的，并且将来也是有价值的，可是要攀登最高点把现代社会的关系的全部领域看得明白而且一览无遗，就像一个观察者站在最高的山巅观赏下面的山景那样，这只有待诸一个德国人。（恩格斯16：263）

这个德国人，便是科学社会主义之父——马克思博士。“会当凌绝顶，一览众山小”，是中国唐代诗人杜甫的名句。只有像马克思这样几十年如一日，刻苦钻研、忍饥挨饿、不屈不挠、百折不回地登攀科学高峰，并达到了鸟瞰现代社会的全部山景的制高点的伟人，才可能得出最科学最革命的结论，写下不朽巨著——《资本论》。

恩格斯在谈到马克思的博学时说：“马克思研究任何事物时都考察它的历史起源和它的前提，因此，在他那里，每一单个问题都自然要产生一系列的新问题。他研究原始时代的历史，研究农学、俄国的和美国的土地关系、地质学等等，……”。（E·22：400）“他所始终感到兴趣的，归根到底还是他二十五年中以无比的严肃认真的态度进行研究和探讨的科学；这种极其严肃认真的态度，使他在自己对自己的结论在形式和内容上尚未满意之前，在自己尚未确信已经没有一本书他未曾读过，没有一个反对意见未被他考虑过，每一个问题他都完全解释清楚之前，决不以系统的形式发表自己的结论。在我们这个模仿者的时代，有独创见解的思想家实在太少了，因此，如果有这样一个人，他不仅是有独创见解的思想家，而且在他自己的领域里具有无比渊博的学说，那他就应当加倍地受到赞许。”（恩格斯16：412－413）在这段话里，两个“之前”，雄辩地揭示出马克思极其严谨的治学态度和成为有独创见解的思想家的原因，实乃画龙点睛之笔。

可以说，再没有谁比恩格斯更了解马克思的这种严谨的治学态度及其所取得的成果了。为了斗争形势的需要，他不得不多次催促马克思早日将文稿付印。然而，自他们相识几十年来，从《神圣家族》到《资本论》，马克思却多次交稿“失约”，而后来则以著作的精辟见解和巨大成就令恩格斯喜出望外。

在做出系统的科学结论之前，首先读完有关的每一本重要的书，充分考虑每一个反对的意见，合理解释有关的每一个问题，这是多么严谨的治学态度！由此可见，马克思主义雄伟的思想殿堂的建成，凝聚了多少辛勤探索的汗水，包含了多少人类智慧的结晶啊！如果要问，马克思的学说征服人心的巨大说服力和雄辩力从何而来？这就是其中的奥秘。用赵朴初的治学诗来概括，那就是：

壹志金可镂，
多闻道不穷；
艰难成学业，
终达妙高峰。

自从人类进入21世纪信息社会以来，知识的爆炸，信息的膨胀，学科的分支化和交叉化，专业的精深化和分工的细密化，使得一般人们在高节奏、快速率的社会生活中无暇也难以像以往的思想巨人一样探究如此之多的学科，掌握如此渊博的学识。但是，要想成为真正意义上的雄辩家，仍须具备本职的专业学识和雄辩术方面的通用知识。

对于雄辩教育家而言，要全面掌握自己所传授的学科的系统知识；对于雄辩法学家而言，要掌握有关的法律知识；对于雄辩政治家而言，需要有政治学的根基和把握政治情势的头脑；对于雄辩宣传家而言，需要有积极配合国家大政方针宣讲政策的宣传学知识；对于雄辩企业家而言，需要有企业管理学的系统知识；对于雄辩科学家而言，需要有关于各门自然科学或社会科学的系统知识；对于雄辩外交家而言，要掌握外国的政治、经济、文化的有关知识；对于雄辩战略家而言，要掌握军事学知识；对于雄辩评论家与主持人而言，要根据论坛或专栏的需要掌握美学和有关新闻学、文学、戏剧学、电影学、电视学、体育学方面的知识；对于雄辩社会活动家而言，要掌握公共关系学和相关行业知识等等。

一般说来，人们对雄辩家的职业成就，社会地位是注重的，这正是政治权威、学术权威、军事权威都具有较大号召力的原因。当然，真正最终决定雄辩家论辩胜负的，还是其自身的才干。雄才大略者必胜庸才鼠辈和徒有虚名者，小人物有时也可辩胜大人物。俗话说："有志不在年高，有理不分贵贱。"这正是雄辩才华在论战中举足轻重的道理。

除了专业知道外，各行各业的雄辩家还应掌哪些共同的学科呢？从论辩实践的自身发展看，有如下几门学科对于造就一个雄辩家是必不可少的。

（一）语言学与修辞学。"语言是思想的直接现实。"任何雄辩都离不开运用语言，而要正确运用语言，就必须通晓语言学，对语言规律，语法现象，语音地热异常调等有一个基本的了解，这样才可以可能的避免语法错误，误生歧义，被论敌抓住破绽，陷于被动。

实际上，伟大的雄辩家不但要有伟大的思想，而且要有掌握丰富语言和词汇的力量。他是一位运用语言的大师，能像音乐家演唱音乐那样用词汇来表达他的思想，能通过细心选择、巧妙搭配和准确使用词汇而使人感动得热血沸腾，涕泪横流。

对修辞学的应用目的也是如此。中国古代的锤词炼句，希腊古代的演讲论辩，印度古代的传佛论道，都十分讲究修辞。时至今日，“修辞学除继续研究语言体秒中的修辞手段外，更以语言环境为基础，研究语言规律，研究语用，研究适应各种语境类型的语体、研究各种社会人及其作品的语言风格，研究言语修养和语言美。”（参见《迈向21世纪的修辞学研究》一书）。

（二）逻辑学。不合乎语法规范的语言形式是不可能无法表达合乎思维规律的论辩的，而要使思维和论辩合乎思维规律，就必须学习逻辑学。只有学习了起码的逻辑学知识，才可以避免犯一些虽然合乎语法，却不合乎逻辑的论辩错误，并提高论辩者对诡辩的辨别能力和反击能力。例如：“法官最公正，我是法官，所以我最公正”在这句话中，是挑不出语法毛病的，但它却把集合概念的“法官”与非集合概念的“法官”混为一谈，造成了逻辑错误，其推论必然是错误的。

（三）文学。为增强雄辩的感情色彩和逼人气势，加强文学修养是十分必要的，它有助于雄辩家在论战中妙语连珠，机智幽默，辞富理壮，缚论敌于须臾之间。在中国现代雄辩家中，要数鲁迅的文学修养最为丰厚渊深了，这正是他的匕首式杂文和学术性演讲妙趣横生，泼辣犀利，所向披靡，耐人寻味的原因。对于任何非文学专业的雄辩家来说，要想在辩论中博引文学典型，寓言故事，巧用妙喻、夸张等修辞手段，就必须具备相当的文学修养。

此外，利用小说材料与现实相对照，也是雄辩家的常用手法。如马克思和恩格斯在揭露想用发公债来刮取民脂民膏的狡猾政客的庐山真面目时曾说：

> 塞万提斯在一个短篇小说中描写过一个被关在疯人院中的非常伟大的西班牙财政学家。这个财政学家发明：如果“国会通过一项法律，根据这项法律，陛下所有14岁至60岁的臣民，在一个月中必须有一天只吃面包和水（……），把这一天需要买水果、蔬菜、肉、鱼、酒、鸡蛋和豆子的钱省下来分文不留地交给陛下，破坏誓言应受到惩罚……”那末西班牙的国债就会偿清。汉泽曼简化了手续。（马克思、恩格斯 5：312－313）

在马克思恩格斯笔下，塞万提斯在其“示范小说”中所描写的那位异想天开解决国债难题的疯子，竟由普鲁士财政大臣汉泽曼自告奋勇的来充当了，这真是雄辩文才出众者巧用幽默式雄辩术战胜论敌的范例。正是这位大臣，效仿西班牙疯子炮制了聚敛良策。他提出年收入400塔勒的国民每年必须有一天放弃20个塔勒来交公债，而穷人则须在40天内放弃一切需要以凑够20个塔勒来交公债。他断言如此这般便可避免国库财源枯竭，并狡辩说：“发行强制公债是以下面一个无可争辩的理由为依据的：大部分现金或多或少地、无益地存在私人手中，只有用发行强制公债的办法才能使它们流通起来。”这同窃贼偷钱却美其名曰“搞活经济”何其相似乃尔！

（四）史学。从事于各行各业的雄辩家们，除了具备本专业的科学知识外，还应该通晓一般的历史知识。历史是现实的明鉴。在一定的现实条件下，历史事件会惊人相似的重演，用哲人的话来说，那就是以历史的明鉴看现状，洞若观火！列举历史的事实，引述历史的教训，分析历史的发展规律，往往能使你的雄辩更有历史深度和强烈的现实感，从而立于不败之地。

（五）哲学。哲学是关于世界观的学问，是人们对于包括了自然界、社会和思维的整个世界的根本观点的思想体系。学习好辩证唯物主义和历史唯物主义的先进哲学思想，有助于雄辩家摆脱形而上学和思想僵化的束缚，用全面辩证的、科学发展的眼光看问题，站在历史的、哲学的高度之上，做到高屋建瓴、高瞻远瞩，避免在枝节的、表面的、孤立的、片面的问题上与论敌纠缠不休，而忘记了事物的主流、本质、联系和发展，陷入被动之中。

（六）心理学。在邻近学科如人类学、生物学、生理学、社会学、精神医学、统计学急剧发展的推动下，有关研究人的知觉、认知、学习、记忆、思维、智力、情绪、情感和个性的心理学、异常心理学乃至犯罪心理学在内的庞大体系。加强心理学修养对提高雄辩家素质的好处是显而易见的。在某种意义上，雄辩的过程也就是一个分析并影响论敌和听众心理的过程。如通过对犯罪心理学的研究，就有利于在法庭辩论上一针见血的击中犯罪嫌疑人的要害，避免无关痛痒、言不及义的扯皮。

（七）法学。当今的时代是法治的时代，是高扬法的精神的民主共和时代，是繁荣的法文化与日新月异的有关知识互相影响和交错运行的时代。因此，为了应对日益纷繁复杂的国内社会经济、政治生活和文化发展问题，特别是WTO背景下的国际经济和文化交流的需要和矛盾，就必须掌握有关的国际法律和国内法律的知识，特别是因形势变化而新增加的法律条款和相关知识，这样才能使雄辩之神披挂上法律的正义长剑，不至于背离法的轨道而“越辩越错”，闹出无知“法盲”的笑话。

（八）传播学。当今的论辩已经不再局限于狭小的空间和有限的人群。借助于高科技的先进传播手段，总统就职辩论、民生重大决策辩论、学者辩论、著名大学的大学生队集体辩论等等，可以更广泛地即时生动展现在数以万计、亿万计的观众面前，调动起他们强烈的反映。学习和掌握传播学的原理，可以有助于掌握各种传媒的特点，扬长避短，取得理想的辩论结果。

三、雄　思

——锻炼你敏捷善断的雄辩思维

“雄思”指雄辩家的思想与思想方式，有“雄辩思想”与“雄辩思维”两层含义。就思想层面而言，雄辩思想的时代性与正确性无疑是第一位的。否则即使再有雄辩才华，也只是徒有形式而已，达不到以雄辩服人、育人，导人的目的。如改良派领袖梁启超，曾经引领时代风潮，追随推行“百日维新”的老师康有为，疾呼变法，文思敏捷，雄辩思维与雄辩文风十分出众。其学生吴其昌赞扬说：“至于雷鸣潮吼，恣睢淋漓，叱咤风云，震骇心魄；时或哀感曼鸣，长歌代哭，湘兰汉月，血沸魂销，以饱带情感之笔，写流利畅达之文，洋洋万言，雅俗共赏，读时则摄魂忘疲，读竟或怒发冲冠，或热泪湿纸，此非阿谀，惟有梁启超之文如此耳！”然而，也就是这位在《梁启超传》里称恩师为“舆论之骄子，天纵之文豪”的吴其昌，也不得不痛心地说：“革命思潮起，梁氏的政见既受康氏之累而落伍，梁氏有魔力感召的文章，也就急遽地下降了”，可见，一个雄辩家能否永远站在时代的前列，保持雄辩思想的时代性、先进性、正确性，是第一位的。

其次，必要的雄辩思维形式也是必要的。论辩者如果不理解并善于运用雄辩思维去卓有成效地进行论战，那么，无论他有多么丰富渊厚的学识，也只能是潜在的优胜者而非真正的雄辩家，他的雄辩才华就不可能尽善尽美地展示于论台辩坛。

雄辩思维是人类思维的特殊类型之一，它同样必须遵循人类思维的一般规律。首先。它必须遵循形式逻辑思维的规律。形式逻辑思维所包含的概念、判断、推理等思维形式和运用这些思维形式时所必须遵循的同一律、不矛盾律、排中律、充足理由律等逻辑思维规律，从不同的角度反映了客观事物的本质、内部联系和规律。而每一种思维形式都有其内容和形式两个方面，同一内容的判断可由不同的思维形式来表达，而相同形式的判断也可表现无比丰富的内容，只有在遵循了形式逻辑思想的基本规律的基础上，雄辩思维才不致于杂乱无章，无规可循。

雄辩思维还必须遵循辩证逻辑思维规律的三大基本规律，这才可能避免思想僵化和片面性。根据它的对立而转化的规律，雄辩思维要善于依据唯物辩证法的对立统一规律，根据所论证问题的需要，把对立统一规律的某一方面与论证对象内部的对立面斗争结合起来，转化为观点，充分地发挥辩证法规律对雄辩思维的指导作用。根据矛盾同一性的规律，雄辩思维既应注意到事物的同中有异，也应注意到它的异中有同，做到从事物的同一性与差异性两个对立面之间的联系去论证事理，防止片面。

根据辩证逻辑思维的逻辑与历史相一致的规律，雄辩思维还应把辩证推理的逻辑性与历史的逻辑性统一起来，使自己对事物的分析与人类认识史结合起来，揭示历史的发展规律，从而使雄辩结论进入历史真实的美妙境界。

雄辩思维不仅需要遵循形式逻辑思维的规律与辩证逻辑逻辑思维的规律去分析、研究、论证问题，而且要充分发挥本类型思维固有特点的优势，才能获得应有的成功。

创造性，是雄辩思维的第一特点。人类思维存在着创造思维与应用思维两种类型，后者运用已往的思维成果获取实际利益，前者直接创造新的思维成果。创造思维须借助应用思维获得的效益，应用思维须在创造思维的启示下自我完善。

正如专家所言，创造性思维包括给自己提出一个问题，然后沿着新的非常规的线路独创或发明一种解决办法。包含草拟出新的类似物，发现各种新的组合，显示出想象力和可行性。雄辩思维属于创造思维，它不是只考虑在演讲或写作中单纯重复已往的或已知的知识（即苏联著名演讲学家阿普列相所谓的“第一性信息”）的简单思维，而是要认真研究“讲什么?”“讲给谁听?”“达到什么目的?”“怎样讲?”等一系列问题的创造性的、探索性的、复杂的、充满激情与大胆想象的思维过程。

这种创造性思维的独特性还表现在它与剧作家、导演、演员的创造性思维的比较上。我们知道，剧作家的创作只是一度思维，而导演、演员的创作则是二度思维。对于剧作家来说，他只要根据创作意图写成剧本就行了，怎么排演是导演和演员的事，而导演和演员一般也只考虑哪种剧本更适合演出，怎样演出，以及如何演好自己的角色就成了，不必为创作剧本而操心。而一个雄辩家就不同了，他不仅需要自己创作演讲稿，还要自导、自演、随时接受听众的反馈而不断修正自己的演讲。

因此，作为一个真正的有创造性的雄辩家，永远不会满足于去重复别人说过的甚至哪怕是自己说过的什么东西。他总是善于从特定的时代环境和情势中发现问题，并针对受众的需要，提出新颖的、正确的、独到的见解，并予以雄辩的论证，从而激发起他们追求真理的满腔热忱的。

应变性，是雄辩思维的第二特点，这是它与定向型思维的差异之处。定向型思维的空间自由小但却可以有较大的时间自由，它是科学家执著地深入研究某一特定对象时所必不可少的，没有这种执着一点的锲而不舍的深入研究，就难有各学科各个科研课题的决定性突破。雄辩思维则略有不同，它虽然也是针对某一论题而进行，但面对论敌突如其来的质询，纷繁杂乱的攻讦，甚至是五花八门的诡辩，却需要以敏捷的思维和很强的应变能力去应付之，否则，论坛如战场，战机稍纵即逝，任何讷讷无言的犹豫，或是迟而不决的沉思，都会被论敌抓住口实，逼问挑衅，以至失去论争的主动权。

事实上，并不是每个饱读诗书，满腹经纶之士都能雄辩如流的。不在论辩实践中锻炼自己的敏捷思维的能力和应变力，就会变优势为劣势，化主动为被动，就不可能在论坛上及时有效地展示自己的论辩实力。

论战性。雄辩思维是论战性的思维而非论述性的思维，二者微妙的差别就在于，后者只需要从容不迫、有条不紊地充分论证自己的观点就成了，前者则需要针锋相对甚至是咄咄逼人地与论敌展开论辩，从而证实自己论点的正确性。

雄辩思维的论战性特点，决定它不可能像常规思维那样，四平八稳，按部就班，高谈阔论，一无顾忌地侃侃论述自己的看法。雄辩思维必须提防自己论辩时的漏洞，及时补上，同时密切注意论敌的漏洞，及时捕捉，并以各种雄辩术方法攻而战之，取而胜之，赢得论辩的最后胜利。有无临战意识和娴熟的雄辩术手法，并使之与自己的论题和论辩天衣无缝地化为一体，是论战性雄辩思维克敌致胜的关键。

幽默性。幽默是智慧的酸果，是智慧的微笑和自信。最受人欢迎的最成功的雄辩家往往都有幽默的天性。马克思、鲁迅、周恩来、林肯就是这样的雄辩家，这与他们的乐观天性和幽默性雄辩思维习惯是分不开的。

幽默的雄辩可以巧妙地暴露论敌的乖谬之处而不伤大雅，幽默的雄辩可以温和地微讽本阵营内的弊端而不失和气。它是聪明的雄辩家最乐于采用的论辩方式，其巨大的雄辩威力往往可以超过一些声色俱厉，直白显露的硬辩和直辩，化干戈为玉帛，变险境为福地。例如，刚去世不久的美国总统里根，就以幽默感博得了国内民众的好感并化险为夷。当论敌追问他为什么出尔反尔，当初在竞选州长时说自己决不增税，这一立场是站在坚硬的水泥地上，决不会改变，而现在当了州长却变了的时候。里根微笑地接过话头，幽默地说：“水泥地已经裂开了。”

曾经有人对幽默和隽智作过有趣的对比。他认为：幽默是最舒服最有价值的素质，是嘴角上总带着欢乐的，有着慈祥的眼睛和看上去舒服的腰围的讨人喜欢的伴侣，而隽智则是咄咄逼人，让人难爱，令人不自在的有着尖尖的探问的鼻子的瘦子……。如果这一比喻还算妥切，那恰是提醒了我们如何去把握幽默和隽智的界限。从“无敌”雄辩家的理想境界看，“幽默”不是更具有化敌为友的神奇力量吗？

有时候，雄辩思维如能和心理的分析结合起来，会表现出思想的深度、幽默的力量和雄辩的风格。如马克思对普鲁士国王威廉四世遇刺后的心理分析就是如此。他说：

> “一时的激情是蹩脚的作家。爱者在十分冲动时写给被爱者的信不是范文，然而正是这种表达的含混不清，极其明白、极其显著、极其动人地表达出爱的力量征服了写信者。爱的力量征服了写信者就是被爱者的力量征服了写信者。因此，热恋所造成的词不达意和语无伦次博得了被爱者的欢心，因为有反射作用的、一般的、从而不可靠的语言本性获得了直接个别的、感性上起强制作用的、从而绝对可靠的性质。而对爱者所表示的爱的真诚深信无疑，是被爱者莫大的自我享受，是她对自己的信任。”（马克思 42：182－183）

乍一看，马克思的这段引文是在对情信、对情人的复杂心态作学术研究。实际上，只要人们仔细读完普鲁士国王威廉四世在1844年遇刺后写下的诏书，以及马克思对它所做的“修辞练习的说明”一文，就会明白引文对情书内容、措词及情人心态的辨析的妙用了。

在威廉国王看来，遇刺是他发表既讨好贵族又讨好人民的“情书”（即诏书）的好机会。在那篇语无伦次、逻辑混乱、甚至连单复数都搞不清的“诏书”里，他利用遇刺事件向贵族和人民表示谢意：“它（感谢）产生于7月26日的行刺所引起的那种无数用口头和书面方式向我们作的爱的表示——也就是在犯罪一刹那，当上帝的手从我胸前挡住致命的子弹并使它落到地上时向我们欢呼的那种爱。”在这句莫名其妙的话里，“爱”成了街上喧哗的人群，贵族的“爱”成了人民的“爱”，上帝成了忽而把罪犯的手引向国王忽而又挡住它的精神分裂者……

马克思的“析信”，言此意彼，借谈情书骂诏书，把威廉国王在遇刺后，惊魂未定，情绪激动，急于粉饰太平，既要讨好公众，又难于自圆其说的复杂心理和狼狈相揭露无遗。

结合不同的辩论场合需要，雄辩思维还可能有不同的要求，如高玉成在其《司法口才学》中，就主张在司法实践中注重逻辑思维和形象思维的统一，主张“司法结合式敏捷思维”的能动的探索性、鲜明的层次性、一定的深远性和广泛的实用性，等等。可见，雄辩思维的内涵是很广泛的，它实际上是人类追求真理的多样化的思考方式。

四、雄 视

——敞开你心灵之窗坦露火热情怀

眼睛是心灵的窗口。雄辩家也不例外，当一个雄辩家走上讲坛的时候，他的第一个与听众发生直接情感交流乃至心灵交流的人体器官往往正是他的眼睛!

画龙的绝笔在于“点睛”，写文章的绝活在于“文眼”，编剧的妙处在于“妙眼”，已经不是秘密了，而对于初涉论坛者来说，对眼睛运用的奥妙全似乎还注意不够。他们上得台来，或者旁若无人，高视阔步；或者低眉垂眼，目光呆滞；或者眼珠乱转，心猿意马。总之，缺少一种雄辩家敞开心扉，袒露情怀，目光如炬，慑人心魄的精神气质。

由美国教授克特·W·巴克主编的《社会心理学》一书指出：眼动作可以用作说明性身体姿势。当人们说话的时候，眼睛被认为是最明确的感情表现。相爱者或仇恨者都会在对视中显示出各自不同的激情，有经验者可以从对方眼睛中看出说谎者、犹豫者、惊惧者、狂喜者、悲衷者的心理活动。而一个雄辩家的自信心，他对自已的常识、能力、道德、威望的估计，他对自已所辩护的真理的了解与热爱程度，他对听众的信赖程度和对问题的政治倾向，无一不能通过他的眼光而显露出来。

对于一个才高八斗，学富五车，雄韬伟略，应对如流的伟大雄辩家来说，得到“高瞻远瞩，雄视千古”的赞誉绝不是偶然的，这是他们的雄心（崇高的信念）、雄才（理论的修养）、雄思（雄辩思维）三结合之后，具有了历史的、现实的深刻洞察力并做出了卓越贡献后的生动表现。是否具备内在的精神力量，是论辩者能否自然流露出雄视目光的魅力的秘密。

一个登台演说的雄辩家最好是平视他的听众，而不是傲视他们。学无涯，知无涯。一个人的知识和能力再多再大，也总是有限的，即使你在个体比较上超过了听众中的每一个人，但在知识和能力的总量上你依然会处于劣势。而且，即使你掌握了最新最先进的学识，有了最宝贵的知识资本，也没有任何值得骄傲的理由。你要打动听众，说服他们赞同你的意见，做你忠实的朋友或战友而不是敌人，你就应该尊重他们，理解他们，以平等的态度对待他们。

作为一个雄辩家，即使是在演说中听到会场上的嘈杂声甚至是嘘声的时候，也不要鄙视自己的听众。会场上的骚动、嘘声和嘈杂声，可能是场内场外的一些偶然因素造成的，但更可能是演讲人自己的失误造成的，在这种时候，有应变力和自控力的雄辩家，都会迅速地检查自己的语误现象，一经发现，立即大胆承认，就可以把会场稳定下来。

当然也会有另一种可能，那就是雄辩家并没有讲错，而是听众由于传统的思维定势之故，对新见解大感惊愕甚至反感的表现。即使在这种情况下，胸怀广阔，宽容大度的雄辩家也是不会蔑视自己的听众的，他会更耐心、更深入细致地开导他们，说服他们，直至取得理想的效果为止。此时，演讲者若是大动肝火，恶语相向，怒目而视，则只能是加剧会场的紧张敌对气氛，不利问题的解决。

对听众如此，对于唇枪舌剑，互不相让的论敌，是否就可以敌视、蔑视甚至仇视了呢？也不见得。当今世界，是求同存异，和平发展占了主导倾向的世界，是一球两制、一国两制，共荣互利的时代。意识形态对立的资本主义国家与社会主义国家尚且可以在和平共处五项原则的基础上寻求共同点，在 WTO 框架内寻求互助互利的可能性，更何况是共和国公民内部的一般辩论和论争呢？

其实，所谓“论敌”，并不意味着你面对的就是战场上要来个你死我活拼斗的敌人。在某个问题上成为你的“论敌”的人，在另一个问题上就很可能是你的诤友。所以，笼统地提倡对“论敌”要目眦尽裂，赶尽杀绝，穷追猛打是不可取的。不论是在法庭辩论上，还是在政治改革问题辩论、教育改革问题辩论、学术辩论和其他问题辩论上，都不要得理不饶人，而应采取同志式的态度，坚持以理服人，不乱扣帽子，乱打棍子，这才能驳倒谬论，公正舆论，争取广泛的同情和支持，得到朋友而不是敌人。

在演说和论辩的时候，友好地环视一下会场和正视听众是正确的做法。它可以如实传达出你渴望相互沟通的直诚愿望，通过眼光建立起你与听众的密切联系和信任感，而固定于会场一角的凝视和心不在焉的斜视则无法起到这种作用。它只能使被凝视者或被斜视者产生惶惑感，以为你的演讲只是针对某一部分人而已！

总而言之，“雄视”的含义是具体而又灵活的，它既可以理解为一种雄辩家富有魅力的眼光，也可以理解为内在素质良好的雄辩家在论辩过程中建立起完美形象。在这种意义上可以说，与“雄视”大异其趣的“呆视”、

“忽视”、“斜视”、“鄙视”、“蔑视”、“敌视”、“傲视”、“凝视”等等，都是妨碍雄辩家与听众的亲切联系，破坏雄辩效果的失策之举，极应纠正。

五、雄 姿

——展示你健美英姿势倾诉出真诚愿望

雄辩家在论辩中采用何种姿势为好，是没有一定之规的，正如雄辩思维是一种创造性思维那样，雄辩姿势也是一种因人而异，因时而异的可塑性很强的形体变化。然而，这并不意味着雄辩家在论辩中可以不顾场合随心所欲地摆出任何姿势。实际上，雄健优美的身姿是雄辩家潇洒风度的表现，是他传情达意并藉以征服听众，影响论局的有效手段之一。

英国的演讲学家罗勃·莎顿·劳伦斯在其专著《演讲的技巧》里，提到了由他担任特聘测验员的伦敦音乐戏剧艺术学院的演讲测验评分办法，其中规定了不论是铜牌级、银牌级、金牌级或是特级奖的评分标准，“举止”都占有相当的分数。而在新加坡1986年举行的“亚洲大专辩论会”上，风度（含举止、表达等）占35分，与内容（35分），反应、反驳能力（30分）积分相同，可见其在人们心目中所占的重要地位。

社会心理学家对人的举止、姿势、脸部变化的微妙意蕴也极感兴趣，伯德惠斯甚至发明了“身势学”这个名词，设计了一套用来记录和研究面部表情和身体动作的代表“身势语”的最小单位的符号。这个符号系统可以将人体的头、脸、颈、身、肩、手、臂、腿、脚等各部分所派生出来的各种动作描绘下来，其各个动作有如语言系统中的字母和音素，可以表达完整的句子和意思。

由此可知，注重以人体的雄健姿态来表达论者的某些思想感情是完全可能的。通过象征性的身势，说明性的身势，情绪化的表情（瞪眼、竖眉、张口、眯眼、抿唇，等等），强调性的手势（如摇手、摆头表示否定，上下用力挥手、握拳表示肯定），往往可以使雄辩的气势大为加强。有人主张对着镜子练习演讲姿势，这不失为一个好办法。但最能检验你的“雄姿”的效果的，是广大听众的眼睛——从它们的折射里，从它们的情绪反应里，你可以意识到你的成功或失败。

在这方面，真诚的微笑是很有好处的，它不仅显示出雄辩家的自信和幽默风度，而且有利于跟听众建立起默契的心灵相应的信任感（当然，如果不顾具体的语境，如讲到惨痛事件也面带微笑，那就不可取了）。美国的职业演讲家代尔·卡耐基在其被称之为“人类出版史第二畅销书”的《人性的弱点》中就由衷地赞美“微笑”道：“它是疲倦者的休息，失望者的目标，悲哀者的阳光，又是大自然的解除患难的良剂。”应该说，这些话对那些喜欢扳起面孔训人，以为这就是风度就是“酷”的“雄辩家”来说，是很有教益的。

优美的风度和迷人的雄姿，是雄辩家内在素质的自然流露，而不是装腔作势、矫揉造作的结果。恩格斯在其《国民院》一文里，为我们描绘了好几位姿态各异都可以上漫画的演讲者，为我们提供了一幅幅了解什么才是真正的“雄姿”的绝妙教学示意图。在这个由说法语或德语的议员们集合而成的瑞士国民院里，罗曼人说话文雅，伯尔尼人说话激昂热情，苏黎世人说话庄重有力，军官们说话郑重而缓慢，内容贫乏，声音果断坚决。他们演讲时有的手侧平举，有的前平举，有的三句话一鞠躬，足足“可以形成一个相当完整的电报密码体系。”其中最引人注目的有两个人。一个是埃歇尔博士，他富有、健壮、漂亮，只有30多岁，剪着淡色头发，穿着模拟巴黎时装杂志剪裁的燕尾服，“竭力显示他那种既威严又文雅冷漠的风度”，演讲的时候，“埃歇尔的手势是只手前平举，俨然像抽水机上的杠杆一样，不断地伸缩。”他坚持用这种抽水机式的手势，“从这新颖而令人信服的思想中，滔滔不绝地抽出了一大堆庄严的豪言壮语。”另一位没有髯须，秃头、鹰鼻、身着普通黑西装的文人打扮的老头却截然不同，他是杜福尔将军，是个从未当众作过演说的工程部队的老军官。然而，“他在这里发言时却表现了惊人的镇定、轻松，用语精辟、确切、明了。”“他那富于表情的面孔，锐利的炯炯目光很引人注意”，“他的观点上有军人（在这个字的最好意义上说）的高尚气度。”两相比较，真是妍媸分明！埃歇尔年轻，健美，却因刻意的修辞，做作的举止而使听众作呕；杜福尔年迈，质朴，无演讲经验，却以军人的气度，自然的雄姿赢得了尊重。可见，养成在论辩中注重姿态美的良好习惯，绝非无关紧要，但它只能是出于真正的需要和自然的流露，过份的追求和故作姿态则会适得其反。

在《乌培河谷来信》里，恩格斯还为头梳奇怪发式的弗里德里希·威廉·克鲁马赫尔博士摄下了一幅极为传神的彩照：这位自负的预言家声称：谁不通过他，就无法见到天父。而他身上的怪癖就和关于他的笑话一样多，“从这些笑话来看，他不是天字第一号的怪家伙，就是个绝无仅有的蛮汉。”（E·1：502）引文绘声绘色，嬉笑怒骂，从怪诞的姿体语言及其会场效果把一个企图以演讲的狂热来掩饰荒谬说教的虚妄的小丑讥刺得体无完肤，十分幽默传神，同时也从反面揭示出造作的“雄姿”是多么可笑。

类似的例子是不胜枚举的。坚信唯意志论，写有《论天才》的德国主观唯心主义哲学家叔本华，是个处处设法证明自己是个旷世奇才的“疯子”。他把他的生理特征：高度中等，身材方正，筋肉发达，肩宽颈短，高鼻鬈发，大头蓝眼都描绘成天才必备的生理条件。对于像演讲这样出人头地的亮相机会，他自然更不愿放过，他甚至专门挑了一个与黑格尔同一的时间演讲，企图击败对手，俘虏听众，以狂妄的言辞和自命不凡的身姿表现其“天才”的优越！结果呢，黑格尔讲座的听众未见减少，他却只能面对着一排排空座位演讲。

坚信“活到老，学到老”信条的著名教育家徐特立却与他大不一样。徐老学有专长，博闻强记，德高望重，却十分平易近人，从不摆架子，他诲人不倦，勤勤恳恳，慈祥可亲，被学生们称为“徐外婆。”他作起演讲来，声音洪亮，义正辞严，外柔内刚，具有极大的鼓舞力量。戏剧家曹禺聆听了他的演讲后，甚至触发了创作灵感，以“梁公仰”的名字把他写进了抗战时事剧《蜕变》一剧中。

被人称为“疯子”而自己也承认确有点“疯”的章太炎，是个被鲁迅称之为“考其生平，以大勋章作扇坠，临总统府之门，大诟袁世凯的包藏祸心者，并世无第二人；七被追捕，三入牢狱，而革命之志，终不屈挠者，并世亦无第二人”的革命家。为了推翻满清帝制，他断发易服，登台演讲，慷慨陈词，大义凛然，具有很强的号召力。这也说明，雄辩家的“疯劲”，“疯言”、“疯行”只是表象，而有无高洁的品格才是最重要的，这正是“疯子”叔本华演说碰壁，战争疯子希特勒的演说曾鼓惑人心于一时，煽动起大日尔曼民族沙文主义，但终究被历史所唾弃，而“疯子”章太炎演说却备受欢迎的原因。

在历史上以论辩演说的精辟和迷人雄姿予人以深刻印象的雄辩家还有许多。在北德意志联邦议会上发言的李卜克内西，面对民族沙文主义的好战派的叫嚣，言辞锋利，身姿矫健地进行了有力反驳！伟大的革命导师列宁一生中做过多次雄辩演说，他充满革命激情的呼唤，尖刻的讽刺和有力的抨击，配以刚劲果断的手势和雄健的英姿，具有极大的号召力；在延安文艺座谈会上发言的毛泽东，扳手数指，侃侃而谈，寓情于理，如拉家常，以东方哲人物有的学者风度和平易可亲的领袖风范折服了在场的听众；深得世界人民敬仰的中国总理周恩来，虽因手臂负伤，举动不便，却以内在的高风亮节、渊博常识和宽广胸怀，表现了一个大政治家倜傥潇洒，谈笑风生，善于团结一切可以团结的人的迷人风采……曾有幸在古都听过鲁迅先生“北平五讲”的木将，在其回忆录里这样深情描绘了印象中鲁迅演讲的雄姿神采：

先生穿着一件灰朴朴的长袍，和在相片上所见到的一样，短发直直地立着，留着胡子，脸是苍白和瘦削的，没有笑，坚定地站在哪里，两眼平和地看着在大家。他不是叱咤风云、锋芒毕露地口若悬河，而是声调平缓地在讲话，像年老的长辈为孩子们讲沧海桑田的生活故事。然而就是这些讲演，深深地刻印在我们的心里，我们看见先生铁铸似地站在北中国的夜空下，站在人民大众的反抗风暴中，愈久弥新。

无数青年在聆听了鲁迅先生的教诲后走上了革命的道路。平缓声调，平和的目光，没有笑容，铁铸的身形，并没有削弱鲁迅演讲的深刻内容，反而使之大为生色，为广大青年牢牢地铭记在心底里！它同时也启示我们，成功的雄辩家并没有一成不变的模式化雄姿，最佳的“雄姿”，将永远是能有助于连同你的精辟见解一齐烙入听众心中，历久弥新，深刻难忘的你的独特风度！

六、雄　辩

——开启你雄辩滔滔的语言河流

苏联著名导演阿·波波夫认为：“要有可以看到和听到的不断蠕动的言语和形体的行动线，艺术才能打动观众。”而“雄辩术”正是同等意义上的艺术——语言的艺术。如果说，那可以看到的打动听众的形体的行动线便是前述的“雄姿”的话，那么，那可以听到的打动听众的言语的行动线，便是此述的“雄辩”。

不过，这条言语的行动线也许毋宁说是一条奔腾的河流倒更为确切：它时而湍急，时而缓慢；时而宽阔，时而狭窄；时而叮咚作响，潺潺流淌，时而咆哮怒吼，巨浪滔天……形成一条富于魅力而又神秘可爱的语言河流，把听众载往那真理的彼岸。

跟真正的河流一样，雄辩语言的河流之上有许许多多变化万端起伏消长的大大小小的浪头，那就是丰富的口语形式和变化无穷的语气。就口语形式而言，有严肃认真式的，有热情浪漫式的，有老生常谈式的，有解析答疑式的，有质问反诘式的，有循循善诱式的，有枯燥说教式的，有宣传鼓动式的，有单调乏味式的，有滑稽谐趣式的，有赞美颂场式的，有漫骂挖苦式的，等等。

就语气种类而言，几乎所有与感情、意向、性格、职业、年龄相关的形容词都可以与语气变化相联系，如忧郁凄凉的语气，兴奋快乐的语气，热情洋溢的语气，果断坚决的语气，幽默可笑的语气，装腔作势的语气，赞同欣赏的语气，否定责难的语气，苍老无力的语气，和尚念经的语气，王婆卖瓜的语气，稚气未脱的语气，上司命令的语气等等。诚如苏联戏剧表演大师斯坦尼斯夫斯基所言："言语在人的社会里是人们之间的交流、相互行动、相互影响的最完美的斗争工具。"在雄辩家的手中，口语形式与语气的无穷变化和巧妙运用，正是取得雄辩效果的法宝之一。

跟真正的河流一样，雄辩语言的河流之上有许多飞速流转的漩流，它的漩涡具有强大的吸附力，能够强劲地把河面上的漂流物吸向自己，它就是语言河流内在逻辑力量。这种逻辑办量来源于雄辩家对事理的透彻了解，来源于他论据确凿，论证严密，头头是道，引人入胜的鼓动性演讲之中。斯大林曾经这样形容过他对列宁精彩演说的巨大逻辑力量的强烈感受。他说：

> 非凡的说服力，简单明了的论据，简短通俗的语句，没有矫揉造作，没有专为加深听众印象的令人头晕的手势和力求效果的词句，——这一切都使列宁的演说远胜于通常"议会"演说家的演说。
>
> 可是当时使我佩服的还不是列宁演说的这一方面。当时使我佩服的是列宁演说中那种不可战胜的逻辑力量，这种逻辑力量虽然有些枯燥，但是紧紧地抓住听众，一步进一步地感动听众，然后就把听众俘虏得一个不剩。我记得当时有许多代表说："列宁演说中逻辑好像万能的触角，用钳子从各方面把你钳住，使你无法脱身：你不是投降，就是完全失败。"

列宁演说的这一具有强有力的逻辑力量的优点，正是每个真正的雄辩家极为重视的取得演说效果的又一法宝，演说的辞藻再华丽，语气再多变，事例再生动，也终究不过是没有贯串主线的散乱珠子，它和马尾穿豆腐一样——提不起！

跟真正的河流一样，雄辩语言的河流有其强大的声势和流速变化，这就是演说的抑扬顿挫（声调、重音、停顿等）和语速变化，就声调而言，每个字，每个词都有一定的发音，在连续时还会发生声调的变化，准确的咬字吐音，注重细微差别的声调变化，可以丰富雄辩语言的表现力和感染力。

就重音而言，有按照各民族语言规律规定的词的重音，句头句尾的重音，表现句子特殊意义的逻辑重音，以及突出演讲者某种情绪的感情重音等等。对于需要用重音来强调的地方，可以读得短促有力，也可以读得缓慢沉重，以深化听众的印象。

就停顿而言，有根据句子的语法结构而定的语法停顿，有按照语句的逻辑关系而配合重音使用的逻辑停顿，有演讲者为表现情绪变化并想使听众也产生相应感受的心理停顿和为了集中听众注意力的控场停顿，等等。善于运用演说中的声调、重音和停顿的微妙变化来为增强雄辩效果服务，是雄辩家必备的基本功，它只能在长期演讲实践中磨炼出来。掌握了这一基本功，便掌握了取得雄辩效果的第三件法宝。

跟真正的河流一样，雄辩语言的河流有自己的流量和水位差，这就是雄辩家所掌握的知识量、词汇量和信息量，这就是他所处的历史地位的高度。正如流量愈大，水位愈高，其流便愈能汹涌澎湃，一泻千里，势不可挡一样，雄辩家越是站得高，望得远，越是具有伟大的理想，渊博的学识，广阔的胸怀和战斗的勇气，就越能才高辞富，雄辩滔滔，所向无敌。

值得一提的是，雄辩与强辩不同，它不是靠权势压人，更不是靠硬装出来的“英雄气概”唬人，而是以理服人。恩格斯说过：“英雄气概只是一句无聊的空话，一个普通士兵是根本不放在嘴上的。拿破仑只要不是发表宣言和长篇演说，而是冷静地说话，他就从来不说什么‘光荣的’、‘不屈不挠的勇气’等等，至多不过说：‘他打得好。’”这句话提示我们，无论是在运用口语形式、语气变化造成雄辩效果上，还是在利用声调、重音、停顿的变化制造雄辩效果上，还是在利用声调、重音、停顿的变化制造雄辩声势上，或是通过选词择句，加强逻辑性以增强雄辩力量的时候，都切不可以追求假、大、空的所谓“英雄气概”为目的，搞那些唱高调、打官腔、说大话的一套，那只能是适得其反，充其量也只不过是“强辩”而已。只有努力通过理论的修养和道德的净化达到了高度的人生境界，并辅之以自然大方，谦和诚恳，热情爽朗的态度，才是雄辩家立足于论坛的最佳选择。

雄辩是出声的思考，“出声”是它的特征，是受到人的生理基础限制的。嗓门洪亮，音质优美的人比起嗓门细小，声音粗涩者具有先天的优势，而声音粗犷雄沉，威严有力的男子，又天生优于声音娇美纤弱，嘤嘤细语的女子。但这并不意味着先天下不足者或女性就不具备成为雄辩家的可能了。嗓音在一定程度上也是可以锻炼和完美的，艺术史上就流传过不少关于一些起初声音并不完美的演员经过苦练成为著名表演艺术家的佳话。女性也完全可以自己感情丰富，优美动听的声音特点去感染和征服听众，弥补不够洪亮威猛的不足。世人瞩目的“亚洲三女杰”：菲律宾总统阿基诺夫人、巴基斯坦总理贝娜齐尔·布托、缅甸领袖昂生·素秀，以及英国首相撒切尔夫人等，她们登台执政，敏捷善辩，便可以证明。总之，只要扬长避短，把自己个性化的语言完善地融入到具体的雄辩语言之中，就一定可以取得料想不到的演说效果，把你自己与其他雄辩家区别开来，形成独特的风格。

雄辩既然要出声，自然离不开练声。练声是有一套专门方法和教材的科学训练过程，其要点包括如何掌握音色的音高、音长、音重、音质，如何掌握默读、朗读、快读和宣读的特点，如何增大肺活量、美人音质、吐音清晰、感情充沛，打动人心等等。

雄辩也离不开自己的职业性口才特点。如高玉成在其书中所提出的有关“词法口才学”对论辩人感情的一致性、时限性、诱导性、鼓动性、导行性、节制性、深沉性、灵活性，以及声调方面的有关：“空间感、灵敏感、信息感、真实感、节奏感、平稳感、协调感、言前感、力度感、自豪感”的十项要求等。从不同行业的雄辩需要看，上述这几个雄辩特性和要求也有一定的普适性，即雄辩家要保持坚定明确的论辩立场，掌握有限时机，善于以有节制的、不浮夸的、朴实的、灵活的、有感情力度的雄辩语言去打动并引导听众，从而获得满意的雄辩效果。

七、雄　文

——挖掘你雄辩书面化的丰厚潜质

从传播学的角度看，人类由口传时代进入文传时代，是历史的一大进步。自从人类发明文字以来，思想的传播便从声音的束缚中解脱出来，插上了文字的翅膀，借助造纸术与印刷术的风力，飞越崇山巨川，进入千家万户之中。如今，人类虽然进入了电传时代，语言的声音也可通过广播、卫星电视乃至英特网等传遍四方，但付印的文字传媒，仍有其传播广泛，经久耐用，查阅便捷等不可取代的特殊功能，为稍纵即逝，时过境迁的声音传播所不及。正是在这个意义上，雄辩还不能仅靠口头语言而完全抛弃书面语言，而只能口头表达而不擅执笔疾书的雄辩家还不是完整意义上的雄辩家。

那么，与使用口头语言的雄辩方式相比，使用书面语言的雄辩方式有哪些特点呢？

（一）书面化的雄辩面对的不是一群主要依赖听觉获取信息的听众，而是依靠视觉获取信息的广大读者，因而在失去现场直感的同时，却获得了历时久远的突出优点。我们听不到古人的声音，却能阅读他们的雄辩文章。

（二）书面化的雄辩文章种类繁多，像讨伐叛逆的檄文，伸张正义的宣言，发布要闻的公报，尖锐泼辣的杂文，全面深刻的总结，有说服输力的调查报告，正气凛然的报告文学，夹叙夹议的评论、散文和教材，网上论坛的贴子以及各类媒体上各种体裁的议论文等，都可以成为雄辩家大显身手的用武之地。

（三）书面化雄辩不像口头论辩那样，只与一个或数个论敌进行面对面的交锋，需要极强的应变性，它可以细致广泛地搜集论敌的言论，找出其主要观点来逐一批驳，还可以从容不迫地收集论据，斟酌用词，选用体裁，剪裁格式，针对具体或抽象的“论敌”来笔战。

（四）书面化的雄辩既可以成为口语化的雄辩的实录，原色原味，一字不易，传神入化地保留其泼辣的口语风格，也可以发扬书面语特有的或言简意赅、凝练生动，或繁丽华美，铺张扬厉的语言风格，用精炼的文字或丰富的形容词去论辩析理，讨伐鞭挞，却邪扶正。

（五）书面化的雄辩在具体运用雄辩术进行论战的时候，较多地采用逻辑类或修辞类的方法，努力不留下任何为论敌利用的把柄。而口语化的雄辩则更多的采用斗智类与巧胜类的方法，以快速反映见长。

正因为书面化雄辩有如上的特点，所以擅长口辩的雄辩家，不一定擅长笔战，而擅长笔战的雄辩家，也不一定擅长口辩，这是由二者的不同特性所决定了的。

古希腊大哲学家苏格拉底，古中国儒家祖师爷孔子，都是好谈善辩，却无著述的思想家。战国后期集法家之大成的韩非，却恰恰相反。他早年与李斯同学于荀卿，才华在李斯之上。学成回国后，他眼见韩国削弱，国势不振，非常焦急，连连诤谏，却不见用，退而著书，劝韩王图强，成十余万言。秦王一见此书，大为赏识，派兵攻韩，把韩非弄到了秦国。李斯怕韩非受到重用，于己不利，设计陷害，逼韩非自杀于狱中。李斯著述远不及韩非，却善口辩，终于博得秦王的欢心和信任，后来当了宰相。韩非笔力雄健，善用譬喻，文章议论透辟，推论严密，史料丰富，是先秦诸子中议论文分析能力最强的一位，称得起是个笔战雄辩家。然而，他主张“言不二贵”（君令之外不得有相反的言论），把论辩产生的原因归之于人主不明，以为只要人主一明，愚者便不敢言，智者便不须言，却未免轻视了广开言路，明辨是非的重要意义（参见韩非《问辩》），自缚手脚，埋下祸根。他的被害，固然有其他因素，但不敢与不善口辩，只善文辩，也不能不说是原因之一。

蒲鲁东，无政府主义的鼻祖，是一个不惜以其幼稚著作来“表明他是多么狂妄地敢于解决那些由于缺少最基本的知识而不能解决的问题”（M·16：28）的庸俗经济学家。但是，他的写作风格却帮了他大忙，以其“强健的筋肉”的外表美化了其陈旧内脏的躯体。正如马克思指出，“他的第一部著作《什么是财产?》无疑是他最好的著作。这一著作如果不是由于内容新颖，至少是由于论述旧东西的那种新的和大胆的风格而起了划时代的作用。”（马克思 16：28）“向经济学中‘最神圣的东西’进攻的挑战性的勇气，用来嘲笑庸俗的资产阶级理性的机智的怪论，致命的批判，刻薄的讽刺，对现存制度的丑恶不时流露出来的深刻而真实的激愤，革命的真诚——《什么是财产?》就是以所有这些特性激动了读者，并在初次出版时留下了强烈印象的。”（M·16：29）蒲鲁东的这种雄健风格，得益于他所出生的使得他产生了对旧制度的激愤以及对革命的真诚的劳动者家庭。从马克思对其划时代雄辩风格的赞赏中，可以使我们了解到注重自己写作风格的必要性。

法国著名作家左拉，面对法国政府于 19 世纪末一手制造，震撼全国，轰动世界，株连多位仗义执言的正直人士的“德雷福斯大冤案”，顶住高压，拍案而起，毅然为无辜被诬为德国间谍的犹太裔法国军官德雷福斯洗清叛国罪名，在《震旦报》头版头条发表了“我控诉!”为通栏标题的致法国总统的公开信，揭穿了陆军当局借陷害无辜，开脱真正罪犯的阴谋。左拉充满激情和正义的控诉力量的雄文在世界引起了强烈反响，几天内就有 3000 多名各界名流联名请愿支持他。左拉雄辩地宣告：“我的行动纯粹是一种革命手段，目的在于使真相和正义早日大白于世……我在等待你。”历史的发展正如其所料，在经过了延续 12 年之久的审讯及反复后，制造冤案的军官亨利畏罪“自杀”，真正的间谍潜逃国外，法国最高法院最终宣判德雷斯无罪，因为他辩护而被迫流亡国外的左拉虽没看到这一天，却被明辨是非的法国人民将其骨灰隆重迎进了巴黎先贤祠，受到永世的景仰怀念。

中国跨世纪的文化巨人——早年有新会神童之称的梁启超，自言不善于演讲，却大力倡导小说界革命，并身体力行一种既有现代口语的明畅易懂，又有中华优秀古文的铿锵简捷，刚健有力的“新文体”。如其名篇《中国少年说》，就在其末段淋漓尽致地展现了这种梁氏雄文的典型风格，将维新派领袖面临列强瓜分危机，满怀民族豪情，渴望中国富强，寄望于祖国未来的殷殷期盼，表露无遗：

“故今日之责任，不在他人，而全在我少年。少年智则国智，少年富则国富，少年强则国强，少年独立则国独立，少年自由则国自由，少年进步则国进步，少年胜于欧洲则国胜于欧洲，少年雄于地球，则国雄于地球。红日东升，其道大光。河出伏流，一泻汪洋。潜龙腾渊，鳞爪飞扬。乳虎啸谷，百兽震惶。鹰隼试翼，风尘吸张。奇花初胎，矞矞皇皇。干将发硎，有作其芒。天戴其苍，地履其黄。纵有千古，横有八荒。前途似海，来日方长。美哉，我少年中国，与天不老！壮哉，我中国少年，与国无疆！”

类似情况在现代史上也不乏其例。像著名作家巴金，写起文章来感情奔放，落笔成文，洋洋洒洒，如开闸排洪，一泻千里，具有强烈的感染力和相当的雄辩力。然而，他却很少登台演讲，很少以口头雄辩家的姿态出现在公众面前。美国总统里根任职八年，收到各界来信40万封，他亲笔为普通美国人写了9000余封回信，许多人认为，里根写的东西比他演讲更为精彩。

然而，尽管口头雄辩与笔头雄辩各有自己的特点、应用范围和规律，不能互相取代和抵销，尽管善于笔战者不一定善于口辩，善于口辩者又不一定善于文辩，但从运用雄辩术达到论辩致胜的根本目的的一致看，二者却有着相辅相成、互济共荣的可能。从塑造雄辩家的完美自我形象看，口说与笔战缺一不可。口辩可以培养雄辩家随机应变的雄辩思维和知战论敌，当场获胜的雄辩才华，笔战则可以锻炼雄辩家缜密思索，充分论证的写作能力，确保论战胜利的持久性。

从雄辩术的发展史看，既善口辩，又善文战的雄辩家是不胜枚举的。孔门弟子孟轲、荀况，就是既善口辩，又善笔战的哲学家。古希腊苏格拉底的学生柏拉图，百科全书式的著名学者亚里士多德，也是著述丰饶的雄辩家。在南北朝佛教信仰的鼎盛时期，战斗的唯物主义者范缜，不但以其不朽的光辉著作《神灭论》向佛教佛义的理论基础“神不灭论”展开了激烈的辩论，从偶然论的观点，驳斥了因果报应论，显示了雄辩家能书善辩的灼灼风采！

革命导师马克思和恩格斯，更是既善笔伐又善口诛的骁勇无敌的伟大思想家和伟大雄辩家。马克思的早期著述之一，是他在参加莱茵省六届省议会时，为维护劳动人民利益而与统治阶级展开激烈争辩的实录。收入《马恩全集》的第一篇政论文章《评普鲁士最近的书报检查令》，就是他从揭露普鲁士出版法的反动性质起，开始了反对君主专制制度，反对各种反动势力的思想家的斗争的重要标志。他在主编《莱茵报》时发表的政论，也大多是充满火药味和雄辩色彩的战斗檄文。恩格斯也一样，不论是马克思在世，自己充当“第二小提琴手”的时候，还是马克思去世，自己成了“第一小提琴手”的时候，都一刻没有停止过用笔和舌向形形色色的敌人做斗争。一部50卷集的煌煌巨著，便是他与马克思作为伟大的思想家和雄辩家的智慧结晶和斗争实录。

马克思的雄文不是为写而写，而是注重其行动性即实践性（含演讲）。他认为，“正如亚里士多德所说，动作是支配戏剧的法律。政治演说也是这样。”（M·12：264）不论何种演说，只要它“不是发表演说来促进行动，而是行动的假象为发表演说提供借口。”（M·12：264）那么，它就是毫无价值的。在这个意义上可以说，正如好的剧本以能否上演为优，好的雄文也以是否利于演讲为优劣。因此，较利于行动的短小劲健、言简意明的体裁，理应更受到雄辩家的重视。托利党领袖迪斯累里在英国议院发表的关于印度问题的演讲，便因体裁的乏味而受到马克思的批评。他说：

“一个时期以来，迪斯累里先生喜欢作绝顶庄严肃穆的演说，他故意慢条斯理地吐字，一五一十地平铺直叙而毫不动声色。……过去他甚至能把陈词滥调变得像讽刺诗那样的锋利。而今他竟能把讽刺诗埋葬在枯燥无聊的尊严的俗套下面。像迪斯累里先生这样一个操匕首比操长剑更熟练得多的演说家，不应该忘记伏尔泰的一个警告：‘除了乏味的体裁之外，其余的一切体裁都是好的’。”（马克思 12：263）

就雄辩术而言，马克思的忠告是极有见地的。庄严肃穆、平铺直叙的长篇大论，未必胜过锋利明快、短小精悍的讽刺小诗。与其笨拙地挥弄长剑，倒不如熟练地舞动匕首。还是伏尔泰说得好，“除了乏味的体裁之外，其余的一切体裁都是好的。”

一切努力培养自己雄辩才华以造福人类的有志之士，都应该在展开舌战的同时，注重研究笔战的特殊规律，发挥雄辩文章在传播进步思想，批驳谬误方面的巨大作用，成为既善口辩又善笔战的完整意义上的雄辩家。

八、雄　风

——形成你刚健劲秀的雄辩风格

雄辩家的论战风格，具有因人而异的美学特征。所谓“雄风”，就是特指雄辩家在其口诛笔伐的论辩过程中受主、客观因素的影响而逐渐产生、定型的现代风格。

恩格斯曾对雄辩家的现代风格做了精彩的描述，这对我们学习理想的雄辩风格是深有启迪的。他说：“现代风格包括了文风的全部优点：言简意赅，一语中的，同长长的、平铺直叙的描写相互交织；简洁的语言同闪闪发光的形象和迸发出耀眼火花的妙语相互交织。总之，它就像是头戴玫瑰花、手执刺死皮顿的标枪的年轻力壮的加尼米德。同时，为发挥作者的个性开辟了最广阔的天地，所以尽管有近似的地方，但是谁也不是谁的模仿者。”从他所列举的具体人物看，白尔尼写得精确火辣而高超绝伦，海涅写得光彩照人而犀利尖酸，谷兹科夫写得贴切精炼而善于讥讽，文巴尔克写得热情明快而不失含蓄，奎纳写得晓畅通达而亮度十足，就都是“现代风格”的阳刚美和阴柔美的具体表现：一方面，他头戴玫瑰花，英姿飒爽，神采奕奕，具有美少年的丰采；另一方面，他刚强不屈，手执标枪，凛然对敌，斗志昂场，具有无敌勇士的虎威！

要想探知雄辩家这些各具特色的论战风格的渊源和由来，就必须结合他们所处的历史时代，生活环境，结合他们具有的品质操守、情绪意念、文学修养以及交往的朋友、论战的对手等主、客观因素去考察。

其一，历史环境。这是与雄辩家有生俱来的客观影响。像孔、墨、老，诸子百家所生活的那个时代，诸侯纷争，合纵连横，纲纪不存，礼崩乐坏，学派林立，各言其说，客观上为大思想家大雄辩家的游说提供了良机，形成了中国历史上难得一见的“百家争鸣”的壮观景象，出现了像苏秦、张仪那样“身披六国相印”，巧舌如簧，利辩如刀，权倾朝庭的纵横家，造就了彪炳史册的身兼杰出哲学家和雄辩家于一身的灿灿诸星。

处于五四时期的雄辩家们就大不一样了。当时的中国国力疲弱，民众贫困，列强压境，危在旦夕；千载儒教泥古不化，回天乏术；百年西风东渐神州，主义纷争，益演益烈，泥沙混杂，良莠莫辨。这时的知识界，争相译介、贩运、宣传西方的各种主义学说，掀起了一股民主、科学的浪潮，而当时激烈论战的结果之一，便是造就出若干宣传西学抨击国学的雄辩思想家，并使其论战风格烙上了欧化的印记。

其二，品德个性。除了一定的历史条件外，品德个性也是雄辩家形成风格的要素。毫不具备为人处世的起码的良好品德的人，地位再高，“影响力”再大，演讲次数再多，也是称不起雄辩家的。希特勒和他的法西斯政策吹鼓手戈培尔就是这样。希特勒窃国称霸，凶焰万丈，不可一世，到处发表蛊惑人心，煽动战争的演说，挑起了第二次世界大战，到头来只不过是个战争狂而非雄辩家。戈培尔紧随其后，摇唇鼓舌，笃信“谎言重复千遍就是真理”的反动宣传学，甘当法西斯恶魔的传声筒，到头来不过捞个“诡辩家”的恶谥而已。而千百年来所有那些抱定了服务人类，追求光明的宗旨，勇于献身真理的仁人志士，却在与代表落后制度、腐朽思想的反动阶级的各类人物的抗辩论战中，形成了自己各具个性，美不胜收的雄辩风格。

其三，文学修养。雄辩术实质上是一种具有特殊功能的语言艺术，而文学名著则永远是所有语言艺术的最完美的典范，是雄辩术取之不尽，用之不竭的语言艺术宝库。在多大范围里通晓了文学名著，在多深程度上具备了文学修养，在论辩中运用是否成功贴切，是雄辩家形成各自的论战风格并相互区别的又一重要因素。我们知道，马克思和恩格斯的西方文学修养是十分深厚广博的，这正是他们的雄辩演说和论著里，充满了栩栩如生的西方文学典型，神话人物，充满了妙趣横生，比喻贴切的文学典故，充满了精彩传神，引用恰当的文学描写的缘故。而所有这些都是他们仔细研究了诸如歌德、席勒、海涅、莎士比亚、巴尔扎克、雨果、荷马、塞万提斯、但丁等伟大作家的名作，烂熟于心，运用自如，将形象思维的成果与抽象思维的精华巧妙融合一起的结果。

其四，人际关系。每一个雄辩家都不会生活在与世隔绝的真空里，他必然与周围的敌方、我方、友方人士交往共处，互相影响。诚如哲人所言："一个人的发展取决于和他直接或间接交往的其他一切人的发展。"雄辩家的论战风格的产生和发展更是如此。一般说来，辩论守方越是居高望远，伟略雄韬，就越能激励论辩攻方养精蓄锐，磨砺舌锋，战而胜之；而辩论攻方越是外强中干，虚张声势，胡搅蛮缠，强词夺理，就越能激励辩论守方严阵以待，全力反击，逐个击破……

其五，情绪意念。比起时代条件、品德个性、文学修养、人际关系这些比较稳定的主、客观因素来，雄辩家的情绪意念，是极易受一时一事，一悲一喜，一言一念的冲击变化而变化，这些相对的不甚稳定的影响也是论辩风格的形成的因素之一。一贯风格严峻冷峭的雄辩家，在心境良好，喜上眉梢的时候，也许会流露出一点幽默感和同情心；历来性格开朗，热情浪漫的雄辩家，在一度穷愁潦倒，压力重重，心情郁闷之际，也许会风格陡变，流露出伤感淡漠，苦恼怨愤的意绪。

总之，雄辩风格的形成，是雄辩家达到的理想境界。在影响雄辩风格形成的五大要素面前，雄辩家并不是完全无能为力的而是有相当大的选择余地的。像曾经并肩战斗于同一时代的老一辈革命家，其雄辩风格就是因人而异的。毛泽东的雄辩风格沉郁通达，雍容大度；刘少奇的雄辩风格平易清朗，娓娓善诱；周恩来的雄辩风格幽默生动，潇洒亲切；彭德怀的雄辩风格刚正不阿，大将风度；陈毅的雄辩风格机智犀利，不失儒雅。由此可见，雄辩家虽然不能决定自己生在哪个时代，但却可以设法优化自己的品德、个性和文学修养，可以选择自己所处的阵营和朋友，可以挑选自己的论战对手和论题，可以努力控制自我的情绪意念而保持完美一贯的雄辩风格。

当前，我国正处于前所未有的以中华核心价值观指导改革开放深入发展的时期，西方思潮如大潮涌入，泥沙俱下，鱼龙混杂，国内市场经济，法制初建，政治文明，都需要思想界、经济界、政治界、法律界、教育界、文艺界等各界人士在党的“百家争鸣，百花齐放”的方针指导下，明辩各种事物、学说的优劣是非真伪，共商国是，寻求良策。这就为各行各业的雄辩家的诞生，为各色各样的雄辩风格的形成创立了良好的时代氛围。

恩格斯为青年一代最终形成了生动具体、措辞锋利、色调丰富的现代风格而感到无比兴奋，他用充满诗意的语言称颂道：“令人高兴的是看到每个青年作者都力求把握住具有傲然飞腾着的五彩缤纷的、富有诗意的火花雨，或者迸射出劈啪作响的智慧火星。”这是多么美妙壮观的图景啊！经过众多雄辩家的不懈努力，这幅现代雄辩风格的壮丽景象，一定会再度呈现于神州大地。

第四章　雄辩演说 因地制宜 妙用传媒

除了少数口讷笔健者外，雄辩家和演说家几乎可以说是同义词。而雄辩术与演讲术在实质上也有许多共通之处。因此，只要一提及雄辩家，人们就会想到演讲家，一研讨起雄辩术，就会很快地联想起各类演说，这是很自然的。

根据演说的性质、方式、传播媒介和发表场所的不同去进行分类研究是很有好处的，它不仅可以使我们对各类演说有一个大概的了解，而且可以使我们对雄辩术的灵活运用有进一步深入的认识。

一、不同目的的雄辩演说

1. 竞选就职演说

在民主发达的国度里，竞选演说是政治家登上历史舞台，施展平生抱负的第一步。实际上，在竞选活动中，大至一国总统，一州之长，小至一校之长、一厂之主，一乡之长、一村之长，都是政治家、企业家、公务员、当家人一展辩才，表现自我政治才干和管理能力的好机会。

凡竞选演说者都有特定的对手，因此，竞选演说是全面考验一个竞选者的雄辩才华的试金石。所有斗智类、巧胜类、修辞类、逻辑类雄辩术，都是竞选者所乐于采用的，只要有助于他们达到竞选目标。

前述美国总统罗斯福曾用纳言术摆脱困境，菲律宾总统阿基诺夫人曾用反诘法狠狠回敬马科斯总统的嘲讽，亚伦在与铁格将军竞选时巧用同化法以争取广大选民的支持，等等，都是在竞选演说中巧用雄辩术的例子。反面的例子则有杜卡斯基。在总统大选初期，他的选票一直领先，然而，当1987年10月12日第二轮辩论之夜，面对6000万电视观众，当他被问道；“如果你老婆被强奸了，你是否仍然坚持反对死刑?”时，却冷眼蹙额，脸色阴沉，含混其词，既不会用“避锋法”避开锋芒，也不会用“巧辩法”招架，毫无应辩能力，结果一着失策，满盘皆输，败在老布什手下。由此可见，雄辩术训练对于政治家的重要。

就职演说是竞选成功的政治家、企业家、专家或一定级别政府要人在担任了领导职务之后，向曾经支持或反对过自己的公众发表的公开演说，是他们在崭露头角后的第一次亮相。

好的就职演说是新领袖分析当前局势，明确和承担自己的义务，提出任期内的目标和宏伟的规划，建立选民们的信心，争取选民们的信任，鼓舞选民们的斗志，为实现共同自标而奋斗的宣誓辞。它可以运用逻辑类雄辩术来严密论证，用修辞类雄辩术来增强雄辩色彩，把选民们的爱国热情和工作积极性充分地调动起来。

2. 外交军事演说

外交演说，通常是政府首脑、外交官员对外国首脑、政府官员或新闻界人士发表的正式演说或即兴演说。

正式的外交演说一般经过集体讨论而成，以具有严谨的逻辑力量和雄辩语调为特色。即兴的外交演说最能考验一个外交家有无雄辩能力，而一个出色的外交家，总是以其能拥熟地掌握巧胜类，斗智类雄辩术而为人称道。像毛泽东有一次在国共和谈时，用自己喜欢打麻将的“平和”来打消对方对他搞“清一色”的顾虑；像周恩来用“上山走路低头，下山走路抬头”来回敬基辛格的讽刺性提问，就是如此。

军事演说往往与宣战和战争考验相关。战争是政治的继续。军事演说是为了战争获胜而发表的雄辩式动员演说，因而带有强烈的政治色彩和明确的军事目标。

有人将公元前20世纪的夏启称之为“中国第一位演说家”。《尚书》中的《甘誓》，就是夏启准备与有扈氏开战之前，在“甘”地向全军将士发表的动员演说辞。誓辞气势磅礴，义正辞严，列举敌酋罪状，重申军纪严明，感情浓烈，具有强烈的感染力和鼓动力。

夏启的《甘誓》虽仅八十余言，却包含了军事演说的基本特点：它揭露了敌人的侵略罪行，表明了自己替天行道的正义立场和必胜信念，统一了己方的战斗目标。一般来说，军事演说大都迫于战争的紧张局势，不可能也没有必要雕章琢句，他们大都借助于修辞类的情境法、反语法雄辩术，以及斗智类雄辩术的动情法、罪状法，巧胜类的捣虚术、借箭术等等，揭示敌人的凶残，激发民众的士气，坚定我方对正义战争必胜的信念。

在历史上，像珍珠港事件后，罗斯福总统在美国参众两院议会上呼吁对日宣战的演说，像德国法西斯入侵苏联后，斯大林发表的军事动员演说，以及戴高乐将军在德军侵占法国领土后，发表的抗敌演说等，都是历史上素享盛誉的范例。

3. 鼓动宣传演说

著名的工运领袖邓中夏烈士，在其《中国职工运动简史》一书中回忆在广州举行的第二次全国劳动大会时写道：

> “最有兴趣的，是赤色职工国际派赴广州参加劳动大会的代表奥斯托洛夫斯基同志亦出席演说，当他演说时，台底下红旗招展，呼声震天，‘全世界无产阶级联合起来’、‘赤色职工国际万岁’之声不绝于耳。他演说中最警策的语句，为中国工人至今所不能忘的，是：‘工会是炮台，坚固的建立起你们的炮台，打倒资本制度’。”

像奥斯托洛夫斯基这样，有明确的政治目的，以鼓动群众革命激情并诉诸于实践的演说，可称之为“鼓动演说”。从他的成功演说亦可看出，鼓动演说不宜用平缓冗长的叙述性调子，而应用简短、有力、激昂的语调，不宜用斗智类、巧胜类的雄辩术，而宜用修辞类的雄辩术，以形象的比喻，警策的口号，排比的句式和磅礴的感召力，统一群众的步伐，向着共同的目标奋进。

鼓动演说的目标越迫近越现实越具体越好。本单位的年度计划，上级交给的光荣使命，甚至班组当月的突击任务，都可以成为鼓动演说的好题目。好的鼓动演说，犹如高炉的鼓风机，威力难估。

如恺撒大帝遇刺身亡后，执政官安东尼，就以恺撒好友的双重身份，不失时机的在广场对广大愤怒的听众进行了一场雄辩演说。他首先针对刺杀阴谋家指责恺撒是暴君的谎言，宣读了恺撒关于将自己的财产分出一部分给罗马最贫苦的公民，把自己的公园献出来给罗马公民游览的遗嘱，然后问大家：“公民们，难道这样一个生前为我们伟大的罗马立下了不朽功勋，死后又给我们每个人留下一笔遗产的人是暴君吗?”人们高呼：“不是，恺撒决不是暴君!”接着安东尼又因势利导，揭露出恺撒被罗马贵族阴谋杀害的真相，终于鼓动起群众冲天燃烧的复仇火焰，拿起武器向阴谋家报仇！

宣传演说的范围更广。广义的宣传演说几乎包括了所有的政治演说，因为宣传演说大都有其特定的政治目的，完全与政治无关的宣传是不多见的。狭义的宣传演说包括形势报告，英模报告，新闻发布会，某个团体的发言人对自己某项活动的宗旨的阐明等等。

宣传演说为了达到潜移默化地影响听众的目的，自然要追求宣传的雄辩力和实效。但宣传必须注重政策和事实，而且主要是单向式的思想灌输，因此不能夸大其辞，哗众取宠，咄咄逼人，搞轰炸式宣传，而应该是实事求是，和风细雨，摆事实，讲道理，循循善诱，诚挚中肯的。要达到这个目的，采用修辞类、逻辑类雄辩术，可以收到较好的效果。

宣传演说切忌假大空，唱高调、吹喇叭，短而实在的宣传演说效果反而更突出。南北战争时期，林肯在盖特茨堡纪念碑前发表的仅仅五分钟三百余言的演说，就使得在他之前发表了两小时演说的全国第一流大雄辩家艾佛雷自叹弗如。他承认自己的演说只获得了表面的成功，而林肯的演说则将名垂青史。一位英国文学家也对这篇演说推崇备至，说它是任何一位大文豪也不能增删一词的举世无双的好文章。的确，林肯在这篇为悼念爱国烈士而作的演讲词中的警策之语："我们只要能树立起民有、民治、民享的理想政治，我们的国家就不会从地球上灭亡。"将永远作为充满雄辩力的历史名言而载入史册，为珍惜人类民主政治的人们所铭记。

4. 学术报告演说

学术演说通常属于学术交流研讨会与文化讲座类。学术研究可以促进教育，但毕竟不能代替教育。同理，以交流学术成果为目的的学术演说，也不能取代与等同于以传授知识为主要目的的教育演说，这是由二者的不同目的、功能、对象所决定了的。

学术演说一般可分为报告式与研讨式两种。前者一般经过充分准备，以严密的结构、完整的逻辑形式，充实的论据，构筑起思辨的科学大厦。提出新颖独特的学术观点。后者属于即兴发言，有时带论战性，它一般要顺着别人的思路，阐明自己赞同的或否定的意见，它带有研讨争鸣性质，可以插话，可以被打断，可以再续谈，经过会后的加工整理，便形成了争鸣录或完整的思维成果。

学术演说的形式根据内容及对象而定。当对象是具有专业素养的科研人员，讲述的又是自然科学、哲学或经济学等较抽象内容时，以运用逻辑类雄辩术为佳。当对象是非专业人员，讲述的又是文学、美学、艺术、社会学、心理学、公共关系学等与人类行为密切相关的学科时，则可同时兼用修辞类与逻辑类雄辩术。

学术演说是在学术研究的基础上进行的，因此，学术研究的带头人的学术演说总是具有较大的号召力。但研究毕竟不同于演说，如果忽略了演说技巧和雄辩术的运用，就可能把学术报告变成照本宣科、枯燥无味的填鸭行为。在这方面，学习一下鲁迅先生的几篇妙趣横生，说理透辟的学术演说的成功经验，是很有好处的。如《魏晋风度及文章与药及酒之关系》、《门外文谈》等。

报告演说通常指政治报告或工作报告，除了在行政级别上有所不同外，还有总结性报告和专题性报告两种。不论是哪一种报告，只要是以口头形式发表的，均可视为报告演说。

一国政府的首脑，一个政党的领袖在各自的代表大会上所作的工作总结，属于总结报告的一种。这种报告由集体讨论修改通过，提交代表大会审议，以各项工作的具体事实说话，同时也须雄辩地阐明未来的施政方针。一家企业，一所学校，一个机关的总结报告在内容上虽然没有如此丰富，在体例和性质上则是一样的。

专题性报告可能是代表或议员就某一问题提出的议案，可能是某一部门官员对制定某一项法律所作的说明，可能是。知情人对当前形势的某一趋势的分析和预测，也可能是单位领导对某一项具体工作的全面总结。一般说，专题性报告演说比总结性报告演说要简短，不必像后者那样条分缕析，面面俱到，可以就某一问题展开更深入的探讨，对某一方面的工作具有指导作用。

总之，报告类的演说较多注重逻辑类雄辩术的运用，较其他演说要严谨而全面。宣读报告演说，最忌平铺直叙，而应该抓住报告引人振奋的部分，以加强语气、充满激情的方式说出，达到演说的高潮而引发听众的掌声和拥护。

5. 公关社交演说

公共关系学是一门研究现代社会人们为了事业成功而建立良好关系的方式、方法及其规律的新兴学科，而公关社交演说正是在公共关系学基本原则指导下的一种公众话语联系方式。公关社交演说的成功与否，对政府形象、企业形象、单位形象和人际交往的影响很大，故应引起高度重视。

公关演说一般由公关主体发起，可以在酒店、会场等各种场合中进行，如招待会、座谈会、茶话会、研讨会、联谊会、厂庆会、校庆会、记者会等等。通过演说这一最为简捷方便的语言联系方法，公关人员可以帮助企业加强职工的或单位的内部联系，以及企业或单位与公关对象——社会各界人士及广大顾客之间的联系，达到理顺关系、增强合作、事业成功的目的。

社交演说是重大社交集会活动的主要内容。社交集会一般在各种社交圈子里由大家相约自发进行，如不同单位之间、同事朋友之间、同学同乡之间的较大聚会，以及其他重要的社会交往场合等。这种场合往往需要组织者、知名人士等就聚会的目的或大家共同关心的问题与希望发表演说，以营造会场的融洽气氛，达到以社交增进了解、加强友谊的目的。

雄辩术在公关演说的运用中应以树立企业（或单位）的良好形象为主旨，因此，没有必要采用论战性的雄辩术，而应多采用婉言法、幽默法、博引法、激赏法、妙喻法、诗词法、动情法、同化法、纳言术等活泼生动，诚挚友好的雄辩方法，在企业（或单位）与社会之间架起友谊和信任的桥梁。

6. 庆贺凭吊演说

庆贺活动是人类社会活动的重要组成部分，庆贺演说是庆贺活动必不可少的内容之一。领袖、统帅及各级领导在国庆日、建党日、建军日，重大历史纪念日和重大节日的纪念会上发表的演说，或单位领导、知名人士、亲朋好友在庆功会、颁奖会、生日宴会、婚宴上发表的热情洋溢的贺词，都属于庆贺演说的范围。

庆贺演说既要激发民众的欣悦之情，就应联系实际和具体对象有感而发，才可能取得理想的效果。像一些婚礼致辞人总是空发一通郎才女貌的俗套祝词，就难以打动具有不同身份、不同职业、不同追求的新郎新娘以及了解他们的各位嘉宾的心，收到使其终身难忘的满意效果。

巧用修辞类的雄辩术，如妙喻法、排比法、对仗法、诗词法、警语法以及斗智类的幽默法、激赏法、史鉴法等等，可以为庆贺演说添光增色。

因征服埃及，复兴罗马而被元老院授予“元老院首席公民”（既今天的国家“元首”）荣誉称号的屋大维，曾在雅努斯神庙前发表了一场为战争胜利的著名庆贺演说。当太阳升起的时候，他站在土堆上，挥手让欢呼的群众静下来，然后大声喊道：“公民们，你们知道，雅努斯神庙里供奉着我们的马尔斯战神。每当战争发生，我们就打开庙门，让伟大战神保佑我们获胜。200 年来，神庙的大门一直敞开着。现在，战争终于结束了，和平来到了。因此我下令，从此关闭神庙大门，让我们罗马人永远过上和平的生活吧！”他话音刚落，广场人群立即响起了雷鸣般的欢呼声。从此，雅努斯神庙真的关闭了 200 多年，为罗马带来了长久的和平。

凭吊演说是激发民众的悲痛之情，并使他们化悲痛为力量的演说。在安葬死亡将士时发表凭吊演说的历史，由来已久。古希腊杰出的史学家修昔底德（公元前455？—前 396 年）在其史著《伯罗夫尼撒战争史》中就曾予记载。后来，凭吊演说的悼念对象逐渐推广，已不局限于战死者，发表时机也不局限于葬礼或追悼会，它可以为伟人也可以为一般的死者而发表，也可以在死者的周年祭日时发表，以评述和缅怀死者的功绩和美德，激励后人。

彩画工人罗伯特，是英国工人运动活动家、国际总委员会委员兼北美通讯员。他积极在工联基层组织中宣传国际的思想，由于贫病交加、积劳成疾于1869年去世。马克思在亲手撰写的《讣告》里，向他表示了深切的怀念和崇高的敬意："罗伯特·肖是委员会最热忱的委员之一。他心地纯洁，性格刚毅，具有火热的感情和真正的革命精神；他憎恶狭隘、虚荣和贪图私利。他自己是一个贫苦的工人，但他总是尽一切可能来帮助比他更贫苦的工人。他在私人交往方面像孩子一样温顺，但在社会生活中却对任何妥协行为深恶痛绝。"（M·16：444）在长期的革命实践中，具有无产阶级优秀品质的工人朋友，一直是马克思最可信赖的亲密战友，他以他们为榜样，学习他们爱人民所爱，憎人民所憎的革命精神，从他们身上吸取无虑的精神力量，坚定自己为人类解放事业奋斗终身的信念。从马克思用深沉挚爱的笔调写就的悼文里，我们可以看到第一国际的创始人之——工人罗伯特平凡而崇高的感人形象，并学习到凭吊演说的一般写法。

中国历来有"盖棺定论"的说法，凭吊演说正是在死者去世后，为了及时评估其一生的功过而作（以褒扬功绩为主）。毛泽东的"为人民服务"是一篇著名的凭吊演说。它是为颂扬一位献身民族解放事业的普通战士——张思德而作。从此以后，为每一位做过有益于人民工作的死者开追悼会，致悼词（即凭吊演说之一）以寄托哀思，团结人民的制度，就在中国建立起来了。

为了缅怀先哲，激励来者，凭吊演说离不开修辞类雄辩术和激赏法与动情法，但也不宜一味拔高，堆砌华丽词藻。恩格斯在马克思夫人燕妮墓前发表的演说朴实无华，却寄托了深沉的哀思，热烈地赞扬了这位"以别人的幸福为自己的最大幸福"的具有高尚品质的普通妇女。浪漫主义文学大师雨果悼念巴尔扎克的葬词很短，却成为称颂这位"作品比岁月还多"的批判现实主义文学巨匠的最著名演说和研究他的思想的宝贵文献。

7. 控辩判决演说

控辩判决演说包括了在法庭举行的所有公众性演说，是控诉方（包括公诉人与原告)、应诉方（包括被告与辩护律师）以及法官正式发表对案件看法的主要方式。

原告对被告的起诉离不开起诉状。起诉状一般由公诉人在法庭上公开的宣读，这就是起诉演说。起诉演说的目的是指出被告的犯罪事实，严重后果和应受到惩罚的理由。它一般需要用举证法、罪状法来列举被告罪行，继用求同法、求异法、共变法、剩余法或排除法来加以分析，再用归纳法加以综合，最后用演绎法加以推理，从而得出被告有罪的结论。

起诉演说最忌凭空捏造，任意发挥，“合理”想象，尽情渲染。它遵循的是“事实胜于雄辩”的法则，因此最注重逻辑类雄辩术的巧妙运用。

辩护演说是法庭诉讼类演讲中最具雄辩色彩的一种，可分为自我辩护、替人辩护与反驳辩护三种。它不仅可以运用逻辑类雄辩术来充分论证自己的观点，还可以用巧胜类雄辩术的攻心术、捣虚术来盘问原告或证人，用借箭术、纵构术、侧击术、应变术来回敬原告律师或被告律师，用修辞类和斗智类雄辩术的情境法、易位法、自鉴法、复述法、辨析法、排比法、动情法、比较法、婉言法来增强辩护或反辩护的力度，为法官的正确定案施加影响。

在历史上，古希腊七十高龄的老雄辩家苏格拉底的《在雅典五百公民法庭上的答辩》，是自我辩护演说的典型范例之一。他出语平易无奇，却有很强的逻辑性和反驳力，坚定地表白了他对待判决的立场。

被誉为民主斗士“七君子”的沈钧儒、章乃器、王造时、李公朴、邹韬奋、沙千里、史良，都是能言善辩的雄辩家。1936 年他们因抗日救国“罪”被国民党当局逮捕。他们在法庭上时而据理陈词，时而妙语雄辩，以类比法、反诘术、婉言法与法官巧妙周旋，终于揭露并粉碎了反动当局破坏抗战，加罪于民主人士的阴谋。

根据律师实践的经验，注意辩护技巧，提高辩护效果的方法很多，具体应注意的是：1. 把握时机，认真核证；2. 语言简洁，逻辑性强；3. 抓住关键，重点突出；4. 文明礼貌，尊重他人。只有这样，才能使自己的辩护讲演的正确意见为法官所采纳，检察官不反感，被告人信服，庭审旁听者受到法制教育。

判决是法庭双方辩论的结果。由法官或审判长根据法庭辩论的结果（有的还要参考陪审团意见）所当庭宣读的判决书，称为判决演说。

判决演说除了政治案件外，一般都比较简短，只须说明被告有无犯罪事实，根据何项法律的何项条款，应予判刑或无罪释放即可。

判决演说切忌拖泥带水，模棱两可，含糊不清，它代表了法律尊严，应该义正辞严，简洁有力，有一锤定音，不容置辩的雄辩力度。

8. 教育答辩演说

教育答辩演说种类繁多，形式多样，其最主要的形式是在课堂教室进行的授课演说，其次是选修课专题系列讲座演说，以及学位论文答辩等等。

授课演说。真正意义上的授课演说是教师创造性思维的成果，而不是教书匠式的年复一年，日复一日，从内容到形式上都毫无改进的照本宣科。成功的授课演说，是在教师彻底消化了教材的前提下，经过生动活泼的授课形式实现的。它应该而且可以充分利用逻辑类和修辞类的雄辩术，以及幽默法、动情法、警语法、结语法等辅助进行。总之，成功的教育家完全可以成为一位深受学生爱戴和欢迎的雄辩家。

中国著名教育家陶行知先生，正是这样的一位雄辩家。他在育才中学校庆三周年纪念晚会上所作的演说，便充分展示了一位雄辩教育家的迷人风采。在这篇著名演说里，陶行知把自己丰富深刻的教育思想归纳为每天四问：即“第一问：我的身体有没有进步？第二问，我的学问有没有进步？第三问，我的工作有没有进步？第四问，我的道德有没有进步？”这篇演说切中教育时弊，深入浅出，发人深省，被时人赞评为：“把我们的人生引上更高境界的宝筏。”

讲座演说。讲座演说指大专院校按教学计划开设的选修课系列讲座。每次讲座内容既可独立，又能相互联系，逐步深入。教学实践证明，开设选修课既能促进教师提高其学术水平和演说能力，又可满足学生丰富而特殊的学习兴趣和深造愿望，是一举两得之举。优秀的选修课教师不仅在专业上造诣很深，在雄辩术运用上也往往技高一筹。这正是他们开设的讲座深深受欢迎，学生趋之若骛的原因所在。

答辩演说。学位答辩是有学位授予权的院校经常性的教学工作之一环。搞好学位论文答辩，是培养合格的高等人才必不可少的教学步骤。一篇优秀的毕业论文，往往可以成为一部学术论著的雏型或起点。像著名美学家车尔尼雪夫斯基、朱光潜，著名社会学家费孝通的学位论文，就是如此。

学位论文的答辩演说并非等于不假思索的将论文宣读一篇便可完事。它应该抓住自己论文的要点予以概括性的、生动的、简明扼要的说明，并对教授的提问给予准确无误的概括回答。因此，恰当运用逻辑类雄辩术的归纳法、演绎法是很必要的。

9. 宗教布道演说

无论是世界三大宗教——基督教、伊斯兰教、佛教，还是从中派生出来的教派或其他地域性教派，如拜火教、道教、东正教、天主教、犹太教、喇嘛教等等，都有本教派的布道演说。

布道演说的目的，是阐扬教义，宣讲神道，广收信徒。在唯物主义的无神论者看来，布道演说充满了唯心主义的聪语胡言（不排除其中也有某些可取之处)，不过是证实了“宗教是麻醉人民的鸦片”而已。

早期的基督教布道演说是没有专人负责的，虔诚的教徒们只要兴之所致，心血来潮，都可以上台去发挥其“雄辩口才”，声嘶力竭地剖白心中的宗教狂想。后来，这种演说任务才逐渐由经过专门的神学院培养出来的教士和神父来担任，变成有精致包装的充满了甜言蜜语和喋喋说教和厉声恫吓的布道演说。

在历史上，中国的佛教宗师们曾在布道演说时穿插不少宗教故事（如《目莲救母》等等)，以教化善男信女，它在客观上促进了唐代传奇小说的发展，这是文学史有定论的。

目前需要警惕的是破坏社会稳定煽动力极大的邪教演说。如于 1978 年 11 月 20 日制造了震惊世界的“圭亚那密林集体自杀特大惨案”的人民圣殿教的教主——吉姆·琼斯，就是个巧舌如簧，口若悬河的演说家。他在最后的演讲里声嘶力竭地胡说：“我们倒下的时候就赢了，那些叛徒就没有仇恨对象了，他们也就会毁掉自己。我不是以牧师的身份说这话，我是以先知的身份说的……”，煽动教徒以集体自杀疯狂反抗外部世界，对这起近千名男女老少教徒无辜惨死的悲剧，负有不可推卸的罪责。

二、不同方式的雄辩演说

不论是那一种类型的演说，都必须采用一定的表达方式。这些方式各具特点，既可以独立使用，也可以结合进行，服务于各种性质演说的目的。就一般常见的演说而论，大体上有如下几种方式：

1. 对话式演说

以协商、对话、会谈方式而发表的各种演说，一般都采用推诚布公，互间互答的对话式。演说双方或多方的关系是平等的，或者虽有上下级关系，但为了达到相互沟通与理解，求得对某一问题的一致看法，也需要以平等的同志式态度阐述各自的意见和观点。在民主进步，开放改革的时代，对话已成为人民与政府，群众与领导之间相互沟通、相互理解，相互信任，相互尊重的重要渠道，而对话式演说也更显其重要。

由对话的推诚相见，求同存异，团结一致的目的所规定，对话式演说需要有助于相互理解，融洽关系的雄辩术，以利于改善关系，增进团结。因此，除敌我之间尖锐冲突必不可免的会谈外，一般不宜采用敌对性雄辩术，以免恶化关系。

2. 谋划式演说

谋划式演说是下对上的演说。演说通常在宫廷内进行。演说者以谋士说客的身份，就国家大事慷慨陈词，权衡利弊，预卜吉凶，以帮助君主制定有关大政方针、邦交攻伐的重要决策。

奴隶制时代、封建时代的不少著名政治演说，大都是谋划式演说。如李斯的《谏逐客书》、贾谊的《陈政事疏》、晁错的《论贵粟疏》等等。谋划式演说不仅需要逻辑类、修辞类的雄辩术，而且也需要斗智类、巧胜类的雄辩术。

3. 讲演式演说

讲演式是一般演说的最常见形式，它是演讲者站在讲台之上，面向广大听众发表的宏言阔论。它力图影响的对象不是几个谈判对手，对话人或决策人，而是一大群抱有各种复杂思想，怀有各各不同的动机的人们。演讲式演说虽然偶尔也有与听众的对话，但所占的份量不多，它带有自上而下的灌输式、宣传式、鼓动式的意味，与双向进行的对话式演说，或自下而上的进言式演说的旨趣不同。更注重逻辑类、修辞类雄辩术是其特点。

4. 论辩式演说

真理是辩出来的。就广义而言，论辩式演说可以包括上述各式演说，但狭义的论辩式演说则特指主辩一方与应辩一方就某一论题而展开的论争。它不是以传道授业为目的的问答式演说，也不是以讨论协商为主旨的对话式研讨，而是以争辩是非为宗旨的攻守式演说，不论是实质性的或是竞赛性的，都带有浓烈的火药味。近年来，许多大学校园为了锻炼大学生的机敏的口才和应变能力，纷纷举办各类辩论赛，国内和新加坡等地也在电视上相继举行了大学生辩论赛。这些论辩式演讲有利于学生对学过的知识的综合消化和运用，特别是在结尾的总结性发言，更具有这类演说的基本特点。由于校际辩论赛关系到大学的声誉，是一个学校高等教育综合素质高低的形象展现，因此受到参与者以至校方的高度重视。

一般说来，竞选演说，法庭演说，专题辩论演说，学术论辩演说，电视辩论竞赛，都属于论辩式演说。而这类演说所需要的雄辩术，包括逻辑类、修辞类、斗智类、巧胜类的全部，是最能全面考验雄辩家各项素质的一种演说。

5. 问答式演说

问答式演说一般适用于教学活动或记者招待会。生问师答的问答式演说历史悠久，名人如星：弟子三千，贤人七十二的孔子，稷下讲学的荀子，在白鹿洞书院授业的朱熹，近代开办万木草堂讲课的康有为，以及像古希腊的大哲学家苏格拉底、柏拉图、亚里士多德等，也都曾采用过这种产婆术雄辩法的演说方式。

其优点是阐释答疑，启迪心智，亲切自然。并不是每一位教师都能成为问答式演说的雄辩家的，只有善于将教材融汇贯通而又以循循善诱的方式表述之，使学生大为折服而又受益非浅者，才能当此美誉。

6. 答辩式演说

答辩式演说是师问生答的演说（与生问师答为主的问答式演说不同）。它是答辩人与主考人之间的考问式对话，两者之间既可存在师承关系也可存在非师承关系，通过一问一答，检验答辩人的学术水平、专业才能和应变能力。

答辩式演说要着重运用演绎法和归纳法雄辩术，切忌华而不实，夸夸其谈，离题万里，言不及义。

三、不同传媒与场合的雄辩演说

任何演说都是一种传播行为，离不开特定的传播场所和媒介。按传播媒介划分，演说可分为公众演说，戏剧演说、书面演说、广播演说、电视演说、网络演说五种类型，每一类都各有其特点。下面逐一析之。

1. 公众演说

是演说的最古老的形式，也是沿用至今的最普遍形式——它是雄辩家面对广大听众直接用喉舌演讲的一种方式，近代也可根据需要利用讲坛、话筒、扩音器、喇叭、翻译机等传播工具以增强效果。

公众演说的最大优点是可以有雄辩家与广大听众之间的双向交流（即传播学所说的下向传播与上向传播）。雄辩家可以边演说边感受听众的情绪变化和心潮波动，可以不失时机地及时运用各种雄辩术手法取得最佳演说效果。

公众演说的第二优点是可以因地制宜，因时制宜的随时随地的举行，不需昂贵的传播媒介和复杂的传播技术。在中国现代史上，“飞行集会”和街头演讲、广场演讲等盛行一时，充分显示了公众演说特有的方式灵活，深入民心的强大感染力。

对任何一个想成为雄辩家的人来说，都应该首先从公众演说开始，因为这是一种最为简易而必不可少的锻炼机会，可以最快捷地显示你的成功与失误，从而加以改进。各种行之有效、纷繁多变的雄辩术，也正是从公众演说的这块沃土上培育出来的。

在现代，公众演说还成为政治家赢取选票的重要战场，具有宣传政纲，掌握政权，影响政局的重大作用。

2. 文艺演说

文艺演说是演员为主角的演说。它的目的是表演而不是实战，其中又以戏剧演说最知名，它在戏剧中（尤其是政治时事剧）占有一定地位，是由特定角色发布的演说（大戏剧家布莱希特甚至主张以辩论手法代替传统戏剧的暗示手法）。它是整部戏剧的完整情节中不可缺少的而又相对独立的一段。戏剧演说不能脱离舞台，也不能脱离剧情，这是它不及公众演说之处，但它却有着比一般演说更精彩、更艺术化的表现，它有着教育的、政治的和审美的功能，是戏剧家对现实演说的艺术升华，值得一般演讲家借鉴。

在一些表现老一辈革命家和现实的改革家生活的戏剧、电影、电视剧、广播剧里，常常可以见到他们发表鼓舞人心的重要演说的动人场面，细心揣摩的雄辩术爱好者自可从中学到许多演说的知识与技巧。

莎士比亚的名剧《凯撒》，演述了一段剧中人安东尼在安葬凯撒时的著名演讲（参见本书“控制术”一节），至今被演讲学界称之为绝顶妥善的煽动性演说。安东尼在演说中语调的变化，纵擒术的妙用，修辞术的妥贴，控场术的把握，攻心术的狠辣，应变术的灵活，都达到了出神入化的程度。仔细品味各时期戏剧大师笔下剧中人演说的台词（包括激烈论辩的对白，大段的雄辩性心理独白），是会加深我们对雄辩术的理解和提高我们的演说水平的。

此外，以范文朗诵形式，模仿著名人物发表雄辩演说，达到教育和愉悦观众的目的，也是文艺演说的一种常见方式。

3. 书面演说

这是口头演说的书面形式，是以印刷品媒介进行大众传播的演说方式。

有时是因为演说家不能到场，委托他人代为宣读的演说形式。

书面演说可以原原本本的将雄辩家的原话和听众的反应（鼓掌、激动、欢呼、喧哗等）用文字忠实的记录下来，也可以扼要的方式进行再加工，然后送到读者手中。一般来说，书面演说要遵循文字表达的规律，这点我们在《雄文》一章已有提及，此不赘述。

书面演说可以保存久远，查阅十分便捷，在运用雄辩术方面有着广阔的天地，还有意味隽永，文彩斐然的优点。但书面演说难以表现雄辩家的语气变化和丰富表情，也无法及时反馈听众的意见，因此有一定的局限性。

4. 广播演说

这是只闻其声，不见其人的演说，它是通过无线电广播或者有线电广播的媒介，向无数隔山隔水的听众们转播雄辩家或播音员的演说，具有比公众演说更大的覆盖面，比书面演说更快捷的传播时效。

1941 年 11 月 7 日，斯大林在祖国面临德寇入侵的危急关头，冒着敌机空袭的危险，在莫斯科红场检阅了红军并发表了重要的广播演说。他在演说中谴责了德军的法西斯暴行，精辟地分析了战局和敌我优势的转化，号召红军战士在伟大先辈的英雄形象鼓舞下，在列宁的胜利旗帜下前进！斯大林的伟大号召像闪电一样播遍全国，大大增强了正在浴血奋战的苏联军民同仇敌汽的胜利信心，为赢得这场伟大的反法西斯战争的胜利吹响了战斗号角。

在中国人民志愿军和朝鲜人民军的沉重打击下，侵朝美军连连受挫，美国杜鲁门政府不得不摇起了橄榄枝。在征得中、朝两国政府的同意后，苏联驻联合国代表马立克于 1951 年 6 月 23 日在联合国新闻部举办的“和平的代价”的广播节目中，发表了“以三八线为界，双方停火谈判”的和平建议。它作为一次举世瞩目的广播演说，显示了中朝苏人民的反帝反战立场，也显示了广播演说在引导世界舆论方面的重要作用。

广播演说的缺点与书面演说相同，就是失去了让雄辩家表现独具个性的雄姿以及与听众直接相互交流感情的机会（有人因此把希特勒的上台也归罪于广播），也不如后者易于保存。优点是可以表现雄辩家丰富的语调变化和雄辩气势。在运用雄辩术方面，广播演说与公众演说并无二致。

5. 电视演说

是利用电视这一新型电子传播媒介来播送的演说。它既能形神俱备、声情并茂地实况转播，又能高时速大覆盖面的影响受众，具有其他传播媒介难以比拟的突出优点。

现在，电视演说已成为政治家发表竞选演说，就职演说以及宣传演说的最佳选择。每当各国竞选总统期间，电视里就经常举行电视辩论，谁是谁非，谁优谁劣，谁机智谁迟钝，谁宽厚谁狡诈，一目了然，便于选民做出准确判断和选择。

随着电视演播的综合化趋势，不仅政治演说、外交演说将在其中占有一席之地，就是教育演说、学术演说、社会演说也可借助电视传播来进行。近年来，在中国的电视节目里，适应改革开放的需要，也经常举行一些关于教育、治安交通、物价房改问题的辩论。竞选演说虽然尚属罕见，但随着国家政治文明和民主化程度的提高，也将会在电视中出现。

总之，电视演说不过是公众演说的电视化，因此在运用雄辩术方面也大同小异。但电视演说者有时并不直接面对大众，这就需要演讲者有与假想中的“受众”对话的能力和技巧。此外，电视演说者不能直接接受听众的反馈意见，也是美中不足之处。

不过，由于电视传播的即刻性、广泛性，可以活灵活现地迅速地的将如美国总统候选人的电视辩论那样，决定国策改变，政党轮替，政权易手那样激动人心的场面展现国内外，将辩论人的每个细微表情、心理活动、能力高低都直观地展现于选民面前，决定其政治前途与命运，还是不可轻视的。

6. 网络演说

在网络可视摄像与语言对话双向同步传播技术成熟之前，网络演说还只是在网上发贴子（网上特有的书面语言）而已。由于高速信息公路上互联网络的覆盖面相当广和检查的相对宽松，在这里发布雄辩式演讲的网民越来越多，网才也越来越熟练。可以预见，随着网络技术的成熟和日益普及，网络演说受众广泛，论辩激烈，及时双向多边反馈的优势将进一步突显出来。

任何演说都离不开一定的场所。演说不仅因时而异，因事而异、因人而异，因传媒而异，而且因地而异。不同的演说场所，是区分演说类型的又一外部标志，对了解演说的性质有一定作用。

7. 议会演说

议会是国家或地方的最高立法议政机构，是自由表达民情民意和论辩国是政策的场所。议会演说需要全面的雄辩术技巧。凡在议论国事，立法制宪的正式政治场合发表的演说，均可归入此类。在西方民主制国家，议会演说是社会活动家从政的有效手段之一，具有相当的政治影响力和号召力。

马克思很早就从事过议会演说，并十分重视对资产阶级代表人物的议会演说的研究。他对迪斯累里、罗素、埃歇尔、梯也尔等人的议会演说作过精辟的分析，是了解和研究19世纪演说史的不可缺少的有指导意义的历史资料。在发展社会主义的政治演说方面，必须注重对马克思演说理论和雄辩术的研究。

由于西方议会的演讲制度由来已久，几百年来涌现了不少著名的演说家。如英国前首相撒切尔夫人就是其中的一位。她1949年不满24岁时，就成为英国最年轻的女候选人——达特福选区的保守党议员候选人。在1960年的大选辩论会上，她不用讲稿，一口气用三分钟讲清了议案，从而以绝对多数获得通过。此后，她连连在议会政坛上一展雄辩风采，以能言善辩，处事果断而获得了“铁女人”的美称。至于像她这样一位雄辩高手在中英香港问题的谈判中服软，那是不幸碰上了邓小平这样的无敌雄辩家之故。

8. 校园演说

校园演说种类繁多，包括学术演讲、辩论演讲、答辩演讲、课堂演讲等等。其中最常见的是课堂演说。课堂演说最注重修辞类和逻辑类的雄辩术技巧。一切在课堂书院、讲习所、培训班、报告厅举行的以教学为基本内容的演说，都属于课堂演说。

课堂演说的主角是为完成整教学计划而授课的教师，听众是有明确学习任务的学生，这是此类演说的根本特点。论文答辩属于教育计划的一环，由申请博士、硕士或学士学位的学生主讲，任有关教师提问，是校园演说中的特殊种类。

9. 法庭演说

法庭是司法人员——检察长、审判长、法官、公诉人、公证人、律师等根据国家法律以及国际法律行使司法权的场所。法庭演说，是司法人员、原告与被告以及公诉人和辩护人依据法律的准绳进行的演说，它的目的是确认或否定被告的罪名，做出相应的判决。

法庭演说需要全面的雄辩术技巧，它的演说好坏与当事人有直接的利害关系。对旁听席的群众而言，聆听法庭演说也是一种生动的普法教育。

10. 宴会演说

无论是国宾云集的大型国宴，高朋满座的公宴，还是同事同学同乡的联谊宴，亲戚密友欢聚的家宴婚宴，大都是为了国庆日、厂庆日、校庆日、竣工日、生日、成亲日、接风洗尘、欢送饯行或其他喜庆目的而举行，而在这种嘉宾喜聚，济济一堂的场合里发表的祝酒辞、贺词或其他即席发言，均可视为宴会演说。

宴会演说必须注重欢乐气氛，切中题旨，多用幽默法、笑话法、动情法、妙喻法为喜庆活动增光添色，切忌深言大义、离题万里，令宾主莫名其妙，如坐针毡。

11. 集会演说

无论是形势报告、科学报告、示威游行、竞选募捐、静坐绝食、还是庆功操典、纪念声援、校友重逢、战友会师，同仁相聚。可以说是“凡集会必有演说”。

聚会演说有露天和室内两种，其演说的要义，一是说明集会的目的、意义和任务；二是表明演说人对形势或对某一科学问题、政治问题或其他问题的看法和态度；三是宣传和发动群众，统一步调，为共同理想而奋斗。集会演说，往往是直接检验雄辩家对雄辩术掌握程度的最好试金石。

12. 演播室演说

随着无线电广播和电视的广泛运用，演播室演说已经是司空见惯了。它的最大特点，就是演讲人看不见听众，却能使自己的演讲为千百万人所同时收听收看。除了掌握雄辩术的一般规律外，演讲者还必须适应演播室演说的特殊规律，尽可能利用其具有的多声道、灯光、音响效果等现代科学技术的演播室的各种设备，进行综合效果的录音录像、重承和复制，以达到最佳演说效果。

13. 墓地演说

传统的墓地演说自希腊始，它是为表彰为国捐躯的忠勇战士而作，内容上属于凭吊演说的一种类型。在土葬的国度，墓地演说可由死者的友人宣读，也可由收师或名人宣读，吊唁逝者，寄托哀思，抚慰亲友。在火葬的国度，以向遗体告别和召开追悼会致悼词的方式进行，其对雄辩术的要求与集会演说大致相同。

恩格斯在哀悼燕妮时深情地说：“这个女性以如此明确的批判的智慧、如此的政治才干、如此热情而坚强的性格和自我牺牲精神为革命运动所做的事情，是公众所不知道的，报刊上也没有登载。她所做的一切只有和她在一起生活过的人才了解。但是，有一点我知道：我们将会由于再也听不到她的既大胆又合理的建议，大胆而不吹嘘、合理而不失尊严的建议，而经常感到不足。”

“我没有必要来说她的个人品德了。这是她的朋友们都知道而且永远不会忘记的。如果说有一位女性把使别人幸福视为自己的幸福，那么这位女性就是她。”（E 50：370－371）

燕妮，是以她的天生丽质、非凡才智、高洁品德、英雄气概和坚定信念赢得了马克思终身不渝的爱情的。马克思赞叹道：“同我生命中最美好的一切是分不开的。”（M·35：42－43）他在致燕妮的家信中写道：“我衷心珍爱你，自顶至踵地吻你，跪倒在你的跟前，叹息着说：‘我爱您，夫人！’事实上，我对你的爱情胜过威尼斯的摩尔人的爱情。……在这爱情上集中了我的所有精力和全部感情。我又一次感到自己是一个真正的人，因为我感到了一种强烈的热情。”（M·29：512－515）可以说，如果没有燕妮那种经久弥新磨难不灭的炽热爱情，没有她那种把使别人幸福当作自己最大幸福的无私奉献和她那崇高精神的巨大激励，马克思就难以成为他所期望成为的“真正意义上的人”，从而为人类做出不朽的贡献。

弗·梅林承认燕妮是马克思当之无愧的伴侣，但同时也遗憾她未能帮助他减轻生活的重担。即使是这种以赞扬为前提的婉转的批评，也是不甚公平的。诚然，高官家庭出身的燕妮，不如无产者的妇女能挣钱。但她却尽可能地节衣缩食来支持马克思的写作。这种节俭甚至成了她的本能，以至于她一听到马克思将得到一小笔钱时，便立即提醒他要节约，“装满的口袋容易空，而要再装满就难了。”（M·E·50：522）这，就是一个曾被贫困夺去了亲生骨肉的母亲，在那金钱恶魔吞噬一切的社会里发出的心声。当她不幸去世后，各国、各民族、各类职业的人们的唁电纷至沓来，充满了赞扬和悲悼。马克思噙着热泪说：“我认为这是因为她一切都自然而真实，朴素而不做作；因此她给人的印象是富有朝气和乐观愉快。”（M·35：242）

恩格斯的悼词如芙蓉出水，不事雕饰，却如实概括了马克思夫人默默无闻的伟大一生和富于牺牲精神的优秀品质，具有更为情深意挚的雄辩力量。

14. 教堂庙观演说

宗教活动，在信教国家里是一种社会性的重要活动。凡在教堂、佛庙、道观、清真寺等宗教场所宣读的以纪念重大宗教节日或传经布道为目的的演说，属于教堂演说。它借助教堂上帝圣母塑像、庙堂道观的神佛雕像、道坛香炉、幛幔壁画等宗教偶像、圣物、器具的特殊魅力，形成浓厚神秘的宗教氛围，对信徒施加心理影响，促其忏悔皈依，笃信不疑。

有些宗教性演说也不一定在教堂或神庙里进行。如印度圣雄甘地，是个印度教徒，他往往不喜欢在教堂而是习惯于在他所住的朋友别墅前的草地上，当着他的印度教徒和众多崇拜者面前，发表颇有宗教仪式色彩的和平演讲，宣传自己的政治主张，并由广播电台定时进行转播，这使得他在调解印度教和穆斯林教徒间水火不容的矛盾方面，取得了一定成功。

当前值得注意的是对社会危害极大的伪宗教或邪教演说。这类演说的目的不是宣扬一般的正信的宗教教义，而是引人误入歧途。如恩格斯在揭露一位爱北斐特的传道士时曾说，这家伙声嘶力竭、喋喋不休地讲道，目的就是要人们相信他关于“人没有能力按照个人意愿期望幸福，更不能创造幸福”的弥天大谎，而他的演讲姿态更是吓人：

> 朗诵时，他在讲台上来回乱窜，身子四下摇晃，拳头击着讲台，脚像战马的蹄子一样跺着地板，而且还拼命地嘶叫，震得玻璃直响，吓得路上行人张口结舌。这时，听道者也就开始大号大叫；先是年轻姑娘嘤嘤泣，接着是老太婆的肝胆俱裂的女高音，而结束这部混声合唱的是衰弱不堪、酩酊大醉的虔诚派教徒（假如他们还有知觉的话，那一定会被他的话所感动）的呻吟。克鲁马赫尔豪壮的声音透过了这一片号叫声，他在全体听众面前百般咒骂有罪的人，或者描绘一番魔鬼。（E1：504）

以魔鬼和世界末日恐吓听众，以狂热和激情淹没理智，这就是一般邪教主和传播者的常用伎俩。要扫除它们，就要拿起捍卫真理的雄辩术。

第五章　无敌雄辩 因势利导 斗智巧胜

世界上本没有“路”，走的人多了，便踩出了“路”。世界上本没有“术”，用的人多了，便形成了“术”。雄辩术，是论辩者的经验结晶；雄辩家，是雄辩术的专家大师。

雄辩家离不开雄辩术。

雄辩术法无定法，术无定规，它随着论辩实践的发展而不断完善，万不可拘于一书一法。这里仅从逻辑、修辞、战法、战术四个方面对雄辩术作简略的介绍，并尽可能辅以论战实例，供使用者在论辩时参考。

一、逻辑类

造势法

人人都熟知“高屋建瓴”这一成语。“建”字通“瀽”，泼水之意；“瓴”指盛水的瓶子，一说是瓦沟。在高高的屋顶上倒翻瓶子里的水，怎能不产生一种居高临下，势不可当的气势呢？论辩同样也需要气势，而气势则源于逻辑的力量。聪明的雄辩家善于布下逻辑的铁网，先造势，再蓄势，而后发起猛烈攻势，往往令论敌猝不及防，不是哑口无言，便是乖乖俯首称降。

有一次，一位纪委书记（甲）发现了一位商店经理（乙）犯有严重的违法行为，为了教育其本人迷途知返，他不露声色地发起了一场心理战：

甲：假如你家里养了一只猫，只会偷鱼吃肉睡懒觉，从不抓老鼠，还常打烂盘碟，你怎么办？

乙：把它赶出门去！（造势）

甲：假如你的商店里有个售货员迟到早退，不负责任，短斤缺两，还把商品偷回家去，你怎么办？

乙：开除他！（蓄势）

甲：假如他的经理知情不报，还与他暗中勾结，倒卖彩电，中饱私囊，索贿，你怎么办？

乙：这……（攻势）

在这位纪委书记先虚后实，层层逼近，锐不可当的凌厉攻势下，做贼心虚的乙经理要么答非所问，露出马脚，要么故作镇定，嘴硬心怯，自掘陷阱，给甲书记的心理战留下致命的突破口。可见，“造势法”有时是比单刀直入更能奏效的雄辩方法。

正名法

概念是判断和推理的要素，由名（词语）与实（内涵）所组成。任何事物都有名有实，如果所论事物名存实亡，名实不符，就会给论敌造成可乘之机，使已陷于不利之地。庄子说：“名止于实，义设于适，是之谓条达而福持。”意思是：名义要限于与实际相符，义理要确定得适宜，这样就能条理通达，获得幸福了。所以说，搞清事物的名实关系，做到名符其实，才能使论辩深刻有力，打动人心。

恩格斯对只空谈概念之“名”而不究其“实”的浮夸做法十分反感，他曾经指出：“《自由》拼命想成为世界上最革命的报刊，但是，光在每行字里重复‘革命’这个词是做不到这一点的。”严肃地批评了这种名不符实地空谈概念的不良文风。

毛泽东在论述问题时也很留心概念的“名”与“实”，在倡导鲁迅精神时就采用了“正名法。”他指出：“鲁迅的两句诗，‘横眉冷对千夫指，俯首甘为孺子牛’，应该成为我们的座右铭。‘千夫’在这里就是说敌人，对于无论怎么凶恶的敌人我们决不屈服。‘孺子’在这里就是说无产阶级和人民大众。一切共产党员，一切革命家，一切革命文艺工作者，应该学习鲁迅的榜样，做无产阶级和人民大众的‘牛’，鞠躬尽瘁，死而后已。”这就明确了“千夫”与“孺子”精神，避免了歧义，雄辩地论证了“这首诗应该成为我们的座右铭”的论点。

列宁曾在《两种乌托邦》一文中，开门见山的为所谓“乌托邦”定性正名。他指出：“乌托邦是一个希腊字，按照希腊文的意思，‘乌’是‘没有’，‘托邦斯’是地方，乌托邦是一个没有的地方，是一种空想、虚构和童话。”这就为他下文揭穿自由派的乌托邦和民粹派的乌托邦的实质，雄辩性地提出“马克思主义者反对一切乌托邦”的论点定下了基调。

孙中山也曾在《民报》纪元节上发表了“三民主义与中国前途”的著

名讲演，其中就也用了“正名法”。在首先对于一些人纠缠不清的“民族主义”、“民权主义”、“民生主义”的基本内涵和相应的民族革命、政治革命和社会革命所指作了正名和定义后，他站在未来“五权分立”的中华宪法立场上，雄辩地宣告：“总之，我们革命的目的，是为中国谋幸福。因不愿少数满州人专制，故要民族革命。不愿君主一人专制，故要政治革命。不愿少数富人专制，故要社会革命。这三样有一样做不到，也不是我们的本意。达到了这三样目的之后，我们中国当成为至完美的国家。”

归谬法

归谬法是雄辩家常用的论辩方法之一。它首先假定论敌的论题有合理性，然后由该论题自然而然地、顺理成章地推出一个荒谬的结论，从而让论敌不打自招地暴露出自己观点的荒谬性。

在十九世纪的一次德国立法辩论会上，贪婪自私的森林占有者企图制定一项法律，它将规定：严禁穷孩子在森林里面捡枯枝，违反者将定罪重罚。他们的所谓根据是：正因为人们以前一直不把捡枯枝当作犯罪，所以才会有这种事情发生。马克思痛斥了这一企图用严刑峻法来剥夺穷孩子权力的谬论。他指出，把这种捡枯枝的小事当作犯罪，那就像把打耳光当作杀人一样荒唐。这位维护穷人利益的雄辩家是这样用归谬法来驳斥这些立法者的。他说：

> “照这样推论下去，这种立法者还应该得出这样的结论：正因为打耳光不算做杀人，所以打耳光才成为如此常见的现象。因此必须决定：打耳光就是杀人。”（马克思 1：136）

显然，把打耳光当作杀人来处置是极为荒谬的，因为它把一般的并不危及生命的打人现象与剥夺生命的严重犯罪行为混为一谈，只能是把严肃的法律变成儿戏。杀人的结果是害命，而打耳光却并不如此，谁会为了制止打耳光而滥杀无辜呢？同理，捡枯枝又怎能与盗伐林木的犯罪行为相提并论呢？就这样，森林占有者蛮横无礼的立法根据，被马克思用“归谬法”的利剑粉碎了。

在实际运用归谬法的时候，要注意自己的推论与敌论的可比性，如果硬将两件风马牛不相及的事扯在一起，是达不到“归谬法”的雄辩效果的。

如果交换先生一年中不愿购买仆人，而愿意用 1 万法郎去购买一个姘妇，那就需要 50 个这种生产工人的“纯产品”了。既然姘妇的非生产劳动给她带来的交换价值即报酬，比生产工人的工资大19倍，那末，按照加尼耳的看法，这个女人对于“财富生产”的贡献就大19倍，而且一国向仆人和娼妇支付的东西愈多，它生产的财富也就愈多。(M·26：210)

在这里，马克思用“归谬法”驳斥了法国资产阶级政治活动家、庸俗经济学家加尼耳关于非生产劳动也能创造物质财富的谬论，雄辩气势锐不可当！

加尼耳认为，如果仆人得到1000法郎的报酬，那么他的贡献就要比只得到500法郎工资的工人大一倍。这种以报酬多少来作为确定“生产者”创造财富多少的标准的谬论，混淆了生产性劳动与非生产性劳动的区别，抹煞了因受剥削而报酬过低的生产工人对物质财富创造做出的贡献。照此推理，如果交换先生（即资产者）凭着一己的高兴，把相当于20个工人的薪水的报酬付给他的娼妇，岂不是可以说她创造的财富要比工人大19倍了吗？多荒唐啊！

要治愈人性的疾病，就必须消灭人性。这是把法学和神学结合在一起的谬论。这种荒诞而残忍的谬论认为，人的肉体是非神圣的，可以任意处置的，只有灵魂才是神圣的，高贵的。因此，其得出的结论必然是：“要治愈人性的疾病，就必须消灭人性。群众的法学在这方面同‘批判的’法学不谋而合，也认为摧残、麻痹人的力量是对这些力量的有害表现的解毒剂。”（马克思2：227）根据这种谬论，要摆脱人类的某种本质力量的变态表现，就只能是消灭这种本质力量本身——眼睛作恶就剜眼，手作恶就砍手，肉体作恶就杀害人体……总之，只要把代表人的某一本质力量的听力、视力、活动能力部分或全部消灭掉，人的灵魂就得救了。这是多么可怕的神学刑法！

马克思用归谬法深刻地指出了这种戕害人性的刑罚理论的愚蠢和可怕。用消灭人性来治愈人性的疾病，只能是饮鸩止渴，剜肉补疮！正确的刑罚理论是：“在合乎人性的关系中，刑罚将真正只是犯了过失的人自己给自己宣布的判决。”（M·2：229）可以想见，随着社会文明程度和人类道德水准的提高，在人们都普遍具有了健全人性的高级社会形态中，将可能实现马克思的这一伟大预言。总之，健全人性，而不是摧残人性，才是治愈人性疾病的良方。

选推法

“选推法”，就是利用“二者择一推理”进行雄辩论证的方法。

“二者择一推理”是以一个选言判断、两个假言判断和一个直言判断为前提的一种复合的演绎推理。它从事物的两种假设情况及其可能的结果，由真假（正误）两方面考虑，推出结论。“二者择一推理”的第一个前提是一个二肢不相容的选言判断；第二个前提是两个假言判断，分别断定两种可能的情况（前件）及其后果（后件）；第三个前提是一个直言判断，肯定两个假言判断之一是真的，另一个是假的，从而推出了正确的结论。下面是“选推法”的实例：

你隐藏了赃物。	第一前提
或者你是知情的，	选言判断①
或者你并不知情，	选言判断②
	第二前提
如果你知情，那就是包庇犯罪。	假言判断①
如果你不知情，那就是失察。	假言判断②
事实证明你是知情的。	第三前提
(论证时需出示证据)	直言判断①
所以，你犯有包庇罪。	结论。

事实俱在，二者择一，包庇者再也无遁词自我解脱了。

连环法

世界上的事物无不具因果关系。一个原因可以引出一连串的结果，这些结果之间又有因果关系。所谓“连环法”，就是以符合逻辑的方法把事物之间环环相扣的因果关系揭示出来，达到肯定或否定的目的。

帕拉梅德斯是古希腊英雄，却被奥赛诬陷犯有卖国反叛罪。为了证明自己的清白，证实“出卖希腊这件事，即使我能够，我也不愿意；即使我愿意，我也不能够。”帕拉梅德斯以“连环法”为自己作了强有力的辩护：

“请你说说，如果没有勾结串通，这事件又怎样能发生？如果外邦人没有派人到我这里来，而我又没有派人到他那里去，这件事是用什么方式串通的？如果没有串通，这件事是用什么方式联系的？谁跟谁联系？希腊人与外邦人？互相怎样听和说？是一对人单独谈吗？”

这一连串环环相扣的质疑，证实了帕拉梅德斯的清白无辜：他不懂外语，无法单独谈，也没派人去谈，也没请人来谈，他不愿意谈，即使愿意也无法谈，又怎能与敌串通？若无串通，又怎能出卖希腊呢？

“连环法”的又一妙用，就是从论敌连环式的推理中找到“脱节的扣子”——事情的症结，从而令其不攻自破。例如，小偷甲为了否认其罪行，编造了案发时他不在现场的假证。他说：晚上 8 点我在电影院，所以不可能去开车，没有开车，我就不会到仓库，没去仓库，失窃的物品就不可能是我偷的。审判员根据确凿的证据，从他貌似有理的连环式推理中找到了突破口，质问道：证人已在 8 点钟看见你进了仓库，案发现场又留下了你的足迹，作何解释？小偷甲的连环推理一旦脱节，便再也无法自圆其说，只好交代了炮制假证（电影票），作案同伙（司机丙）和犯罪事实。这就是抓住要害，断其一环，顺藤摸瓜，克敌致胜的“连环法”。

两分法

辩证法认为，世界上的一切都是能够加以全面分析的。统一体的矛盾着的对立面既是对立的又是统一的，既有同一性又有差异性，既有肯定的一面又有否定的一面，既有成绩、优点、长处，又有错误、缺点、短处等等。这种从两方面去分析事物矛盾的方法，就是两点论；用它来指导论辩，就是“两分法”。

运用二分法把典型分为现实人物与艺术人物两种，再从这两种人物中区分各自的正面人物与反面人物并加以比较，是恩格斯在文章中加强逻辑的力量，把论敌驳得体无完肤的有效手段，一种用艺术典型去形象比附现实人物从而深刻揭露后者底里的雄辩术手法。他在分析洛里亚的本质时指出：

> 意大利是一个典型的国家。自从现代世界的曙光在那里升起的那个伟大时代以来，它产生过许多伟大人物，从但丁到加里波第，他们是无以伦比的完美的典型。但是，遭受屈辱和异族统治的时期，也给它留下了若干典型的人物脸谱，其中有两个经过特别刻画的类型：斯加纳列尔和杜尔卡马腊。我们看到，在我们这位大名鼎鼎的洛里亚身上体现着这二者的典型的统一。（恩格斯 25：24）

被恩格斯称为“中世纪的最后一位诗人，同时又是新时代的最初一位诗人”的但丁，是意大利文艺复兴的伟大先驱，以其反宗教神学的不朽诗篇《神曲》闻名于世。加里波第则是 19 世纪意大利民族解放运动的领袖。在他们的崇高形象面前，酷似意大利民间假面喜剧里的杜尔卡马腊（滑头和骗子的典型）和斯加纳列尔（说大话的庸人和胆小鬼的典型）的小丑——意大利资产阶级经济学家洛里亚怎能不显得格外渺小可笑呢？

在论辩中灵活运用“两分法”，不仅可以让我们深入认识一个人的本质，而且还可以使雄辩家建立全面的观点，避免思想僵化和片面化，增强论辩的说服力。雄辩家鲁迅就很会“两分法”。他在《随感录二十五》中就将妇人分为“母妇”与“娼妇”，将男人分为“父男”与“嫖男”；进而又将“父男”分为“人”之父与孩子之父，从而肯定了前者，否定了后者。在其杂文名作《拿来主义》里，他也使用了同一方法的取得了雄辩效果：他一方面反对自我孤立、闭关锁国的“闭关主义”，和唯我独尊、夜郎自大的“送去主义”，提倡“拿来主义”；一方面运用“两分法”对“拿来主义”的对象作了分析，反对不问情由照单全盘接收。他指出，对待拿来的东西（如一间大宅），既要占有，也要挑选，或使用，或存放，或毁灭。如果不敢“拿来”，一把火将它烧光，是昏蛋；如果全部“拿来”，让自己做了鸦片烟和姨太太的俘虏，则是废物。只有沉着、勇猛、有辨别、不自私的人，才会“拿到”好东西，成为新主人，建起新宅子。毛泽东后来称赞鲁迅，说他的晚年掌握了两分法，说理更为透彻了，这就是生动的一例。

举证法

事实胜于雄辩。

雄辩依据事实。

形式逻辑学的充足理由律要求人们思维要有论证性，即在提出论题，做出判断，进行推理的时候，必须有充足的根据，并予以充分的论证。

“举证法”是根据充足理由律实施的方法，它要求雄辩家在论证自己的话题时，必须及时、有效地提供有关证明材料，以支持自己的观点。

马克思是天才，是革命权威，具有渊博的学识、敏锐的判断力、冷静的头脑和科学的预见，然而，他并不因此而盛气凌人，独断专行，自行其是。他的领导方式是民主的而不是独裁的，是建议的而不是命令的。而他对无产阶级国际运动所施加的影响和所作的不可磨灭的伟大贡献，正因此而造成。

弗·梅林认为：“天才的内在本质就在于：它唤醒人类自设力量的创造性的迸发。”而马克思正是这样的一位用他永恒的智光激发人类迸发出争取自由的伟大创造力的天才！恩格斯则以铁的证据从正反两面说明了马克思的伟大：

> 最使那些微不足道而又自命不凡的满腹牢骚的小人恼火的是：马克思由于他在理论上和实践上的成就已经获得了这样的地位，各国工人运动的最优秀的人物都充分信任他。他们在紧要关头都向他请教，而且总是发现他的建议是最好的。他已经在德国、法国、俄国赢得了这种地位，至于在比较小的国家就更不用说了。所以，并不是马克思把自己的意见，更谈不上把自己的意志强加于人，而是这些人自己来向他求教

的。马克思所起的特殊的和对运动极端重要的影响，就是建立在这种基础上的。(恩格斯 35：224－225)

全段环环相扣，层层深入，用自命不凡的小人的牢骚作反面论据，用实践证明了的马克思的最好的建议和他在世界工运的巨大影响为正面论据，雄辩有力地证实了马克思的理论和实践的伟大成就及其不可动摇的领导地位。

在《谣言世家》这篇杂文里，鲁迅为说明“谣言世家的子弟，是以谣言杀人，也以谣言被杀的”论题，便运用了“举证法”。

论题一·谣言世家的子弟以谣言害人。

举证① 杭州光复后，旗人降服，做起糕饼小菜的生意。谣言说，旗人所卖食品有毒，弄得旗人生意破产，一败涂地。

举证② 用读数辨别满汉然后杀戮之法，荆州也有类似杭州的传谣，均不足为凭。

论题二·谣言世家的子弟以谣言害己。

举证① 甲午战败，传闻李鸿章的儿子当了日本驸马，骂了小半世。

举证② 食品下毒说又复活于近来排日之时，有不少人被诬下毒而受害。

在以上事实的充分验证下，鲁迅的论题是那么的坚实稳牢，充满了雄辩色彩。

春秋战国时期，能言善辩的大夫烛之武，曾利用“举证法”为郑国解了围。当时，强大的秦晋联军包围了弱小的郑国，郑国在敌人的强大攻势下危在旦夕，不得不派烛之武密访秦穆公。烛之武向秦穆公说明了郑国和秦国间隔着晋国，郑国灭亡后秦国也捞不到好处的道理，还保证如果秦国撤兵，今后秦国使者路过关国将到得接待，并用当年晋文公借助秦国力量复国后，自食其言，拒不将谢礼交给秦国的铁证，打消了秦穆公以为攻下郑国后，会从晋国处得到好处的幻想，从而成功的说服秦国退兵，解了郑国之围。

广东作家秦牧，在反对有些本地作家的方言区作家“吃亏说”时，也运用了“举证法”，他举了和普通话有很大差异的江浙地区出了许多大作家的例证，说明了方言作家既有运用民族统一语，增添了许多方言没有的词汇的好处，又有用方言丰富民族统一语的优势的道理，使得《艺海拾贝》一书充满了智慧和雄辩的力量。

类比法

“类比法”，就是一种抓住两件事物的相同特征进行类比推理，从而得出可信结论的雄辩术方法。论辩者进行类比推理的两种事物的共同特征越接近，越相似，越具可比性，则所作结论的雄辩力量也就越大；反之，如果论辩者所举的两件事物的特征相距甚远，难以类比，则雄辩就会变成了诡辩。

且看一个成功的例子。德拉奥德是个投机法国二月革命的叛徒，可耻的职业密谋家。他出狱后为了掩盖其所干过的肮脏勾当，写了一本充满俏皮话的小册子。人所共知，恰到好处的机智活泼的俏皮话，能使文章充满谐趣和光彩，一扫长篇大论难免的枯燥乏味。然而，干尽下流勾当的德拉奥德充斥书中的“俏皮话”却令人反胃，使人像误吃了死苍蝇一样的难受作呕！用马克思极尽讽刺挖苦之能事的嘲讽来类比，那就是：“妓女力图用来掩饰自己身上不太诱人的地方的大量胭脂香水，在文学上找到了自己类似的东西，那就是德拉奥德用来点缀他的小册子的机智俏皮。”糖放在猪胆里也会变苦，为文章添光生色的俏皮话，在满篇谎言、文过饰非的劣作中也会变酸走味。雄辩家的类比法，在这里为骗子的伎俩打下了多么深刻的耻辱印记啊！

再看另一个成功例子。马克思在以类比法揭露伯克和帕麦斯顿时说：“苏格兰人伯克以伦敦的‘尸首贩子’自豪。同样，帕麦斯顿以利物浦的‘毒品贩子’自豪。这些仪表堂堂的先生都是那个追本溯源以奴隶贸易扬名天下的城市的尊贵代表。……如果说品得曾以“万物莫好过于水”的名句开始他那篇赞美奥林匹克竞技会优胜者的颂歌，现代利物浦的品得在他赞美唐宁街空谈家的颂歌里就很可能用上一个更巧妙的首句：‘万物莫好过于鸦片’。”（马克思 12：161－162）

你看：臭名昭著的“尸首贩子”伯克，为了出售死尸，竟然想出了一个能把人憋死而不露任何犯罪痕迹的办法，令当时偷掘死尸售与解剖所的盗墓贼自叹弗如。身居英国首相要职的“毒品贩子”帕麦斯顿，则是向中国倾销鸦片以杀人不见血的毒品害人的唐宁街（因首相、大臣官邸设此而成为“英国政府”的代名词）的贩毒犯！马克思在用类比论证的方法，揭示了伯克与帕麦斯顿在犯罪本质上的一致后，继用辛辣的反语，借现代品得（真品得是古希腊著名抒情诗人）之口，为现代利物浦（曾以贩奴闻名于世的英国商港）的贩毒恶枭高唱颂歌——“万物莫好过于鸦片，”从而撕烂了这伙害人虫的遮羞布。

英国资产阶级社会学家耶利米·边沁先生，是庸人哲学的发明家。他把现代的市侩当成了“标准的人”，并以这把尺子去衡量世间的事物：凡是对这种。标准的人。有用的东西，就是有用的，否则就是无用的。在他看来，艺术批评是无用的。因为它有碍于贵人们去欣赏马丁·塔波尔的杰作；而这位只写有一些空泛的劝谕诗的英国诗人，不过是和边沁一样的平庸之辈而已。马克思幽默地说："如果我有我的朋友亨·海涅那样的勇气，我就要把耶利米先生称为资产阶级蠢才中的一个天才。""这位勇敢的人的座右铭是'没有一天不动笔'，他就用这些废话写出了堆积如山的书"。（M·23：669）在他所炮制的书中的——

> 古典经济学从来就喜欢把社会资本看成一个有固定作用程度的固定量。不过这种偏见只是在庸人的鼻祖耶利米·边沁手里，即在十九世纪资产阶级平庸理智的这个枯燥乏味的、迂腐不堪的、夸夸其谈的圣哲手里，才被立为教条。边沁在哲学家中的地位，就像马丁·塔波尔在诗人中的地位一样。（M·23：669）

乌龟笑王八——彼此彼此。马丁·塔波尔与边沁，庸才与蠢材，同类相比，对丑物真是最辛辣的嘲讽。

清代提倡实学，反对宋明唯心主义学说的颜李学派的代表人物颜元（1635—1704），曾用类比法驳斥过宋明道学的"性善气恶"说。他形象的用类比法指出，如果说气是恶的，那性也是恶的，如果说性是善的，那气也是善的。这正像眼睛如同气质，眼睛能见光明如同它的本性一样。我们怎么能说眼睛的本质和它的本性是可以分开而有善有恶呢？这就雄辩有力的论证了他"非气质无以为性，非气质无以见性"的主张（参见颜元的《驳气质性恶》）。

剩余法

世界上的现象是复杂的，引起各种现象变化的原因也是复杂的，一定的原因必然产生一定的结果，一定的的结果又可以成另一现象的原因。复合的现象往往是由复合的原因引起的，而复合原因中的每一个原因，又会相应引起复合现象的各种结果的产生。在考察一个复合现象 Q 的时候，如果已经知道 T 是其发生的复合原因，而且发现 T 复合原因的 A、B、C 各部分，是造成 Q 复合现象的 a、b、c 各部分现象的原因，那么，就可以推出，Q 复合现象剩余的 D 部分现象，是由 T 原因的剩余部分 t 所造成的。这就是"剩余法"的含义。

根据"剩余法"的方法，科学家在观察天王星运行轨道时，在一个个排除了引起它偏斜的行星后，剩下了"未知的原因"。于是，以此为线索，发现了海王星和冥王星。如果在发现这两颗行星之前，天文学家为了证实自己研究的必要性，不是可以运用“剩余法”来论证吗？

同理，在进行法庭辩论时，如果有充分理由确定：诬告甲的人只有乙丙丁三者，而控方律师又有确凿证据排除了乙、丙二人作案的可能性的话，那诬告者必是丁无疑了。在范围已经确定而论据又相当充足的前提下，“剩余法”的雄辩力是显而易见的。

演绎法

演绎法是从一般到个别的推理，包括直言推理、选言推理、假言推理和关系推理等基本类型。由两个直言判断组成大、小前提推出结论的直言推理又叫“三段论”，是演绎推理最常见的类型。由一个选言判断和一个直言判断推出结论的推理叫选言推理，由一个假言判断和一个直言判断推出结论的推理，由两个关系判断推出结论的推理叫关系推理。

“演绎法”是形式逻辑思维必不可少的推理方法，因而也是雄辩家经常运用，不可或少的雄辩方法。掌握演绎法的规则和正确推理方式，不仅可以周密的论证，完美地表述自己的观点，防止给论敌以可乘之机，而且可以及时地抓住论敌的把柄，揭穿其诡辩的伎俩。下面就是这四类推理的一般形式：

1. 直言推理（三段论）

（1）凡是绝缘体都不导电。（大前提、直言判断）

（2）橡胶是绝缘体。（小前提、直言判断）

（3）橡胶不导电。（结论）

2. 选言推理

（1）在选举中要么赞成，要么反对，要么弃权。（选言判断）

（2）他没有反对也没有弃权。（直言判断）

（3）所以，他一定投了赞成票。（结论）

3. 假言推理

（1）如果不刮台风，就会有船出海。（假言判断）

（2）今天没有台风。（直言判断）

（3）今天会有船出海。（结论）

4. 关系推理

（1）小张弹琴比小李好听。（关系判断）

（2）小李弹琴比小王好听。（关系判断）

（3）小张弹琴肯定比小王好听。（结论）

归纳法

归纳推理是从特殊到一般的推理，它采用简单枚举或全面统计的办法，从具体存在的事实中推出一般的结论；它的结论中的知识超出了前提中的知识，但只要前提是真的，结论也就具有一定真实性。

研究传记文学的专家张默生，自幼潜心史籍，涉猎甚广，他对中国古代思想家的言行文章甚有研究，著有《韩非子新编》、《庄子新编》、《老子》、《老子章句新释》、《先秦诸子文选》、《墨子精选读本》及《异行传》诸书。在对包括孔子、释迦牟尼、玄奘、以及义丐武训、怪杰吴秋辉、普教能人宋先生的生平事迹，奇行异谈做了一番考察探究之后，他归纳出了“世上无一完人，仅具人类的一二种美德或特点，即足以建立事功，垂名后世。”的道理。

张默生在考察了历史上大量建功立业的伟大名士的事迹后，做出的上述归纳，是符合“金无足赤，人无完人”的客观真理的。历史上的名人俊杰，都难免受到时代的局限，有这样或那样的缺点，而有一两种美德或优点的人，又的确可以为人类做出一定贡献，因此，他的上述结论就超出了前提，具有了普遍意义。

像张默生所用的这种雄辩方法即为“归纳法”，它所归纳的事实越全面，越真实，越准确，其结论的可靠程度就越大，就越具有雄辩性。

求同法

“求同法”属于探求事物内在的因果联系的归纳推理。它的含义是：当某种现象一发生，就会在不同的现象中引起同一后果的话，那么前一种现象就是后一种现象发生的原因，后一种现象就是前一种现象造成的结果。

1944 年郭沫若在重庆《新华日报》上发表《甲申三百年祭》一文，纪念明末李自成农民起义胜利三百周年，文中指出李自成的失败在于内部的骄傲轻敌，腐化谋私。毛泽东在《学习和时局》中推荐此文，告诫同志们在抗日时局好转之际不要重犯胜利时骄傲的错误。毛泽东在论述“骄傲轻敌”的危害时列举了四件史实：①1927年北伐军胜利，有人犯了陈独秀路线的错误；②1930 年红军打了胜仗，有人犯了李立三路线的错误；③1931 年红军反围剿胜利，有人犯了王明路线的错误；④1938 年抗日统一战线建立，有人重犯与陈独秀路线相似的错误。这四次错误路线都给党造成了巨大损失，其共同的原因则是骄傲轻敌。经毛泽东于此用“求同法”一点，错误思想与严重后果之间的因果关系昭然大白了，这正是“求同法”的雄辩力量之所在。

求异法

"求异法"的意思是，在我们考察两种不同的现象中，如果引起发生这两种现象的许多原因都一样，而只有一种原因不一样，那么，这个原因就是产生两种不同现象的根源。

例如，一篇调查报告指出：在资金、设备、人员、原材料等各项条件方面都大致相同的两家工厂，一家由于积极建设企业文化，并推行了岗位经济责任制，取得了较好效益；另一家忽视企业文化建设，并照常实行旧的管理方法，生产老是上不去。这篇报告根据"求异法"合乎逻辑地推出了一个雄辩结论：积极建设企业文化，实现岗位经济责任制好！

"求异法"与"求同法"一样，也是探求因果联系的归纳推理之一种，只不过一是从事物的差异处寻找原因，另一个是从事物的共同点寻找原因而已。在实际运用中，还可以将"求同法"与"求异法"结合使用（即所谓的"求同求异法"），以取得更可靠更富雄辩力的结论。

共变法

"共变法"也是探求事物因果联系的归纳推理的一种方法。它可以根据一种现象一发生变化，另一种现象也随之发生变化的事实，推出这两种现象一定存在着因果联系；也可以反过来根据一种现象多次发生变化，而另一种现象却不发生相应变化的事实，否认这两种现象之间存在着某种因果关系；还可以将这两种推论相类比，得出更大为可靠的结论。

"地理条件决定论"者认为，一个地区的经济、文化的发展是由这个地区或国家的地理条件所决定的，其它条件则是次要的。毛泽东在考察中国的历史后发现，中国自封建社会以来，地理条件没发生什么大的变化，而如今则以显著的变化向自由解放的中国变去，从而驳斥了"地理条件决定论"的荒谬观点。

同时我们也看到，沿海十四个开放城市由于相同的地理优势，比同样实行改革开放政策的内地城市的经济发展要快。这就说明：地理条件对一个地区或国家的经济文化发展确实起作用，但它只是相对次要的作用。如果没有改革开放的伟大政策，继续闭关锁国，那么，再好的地理条件也是难以发挥其积极的作用的。

结语法

《神异记》记载，有个叫张僧繇的画师在安乐寺画了四条龙，却没有画眼睛，据说是怕龙飞走，大家都不信。张画师便给两条龙点了睛，果然破壁而飞。当雄辩家将要结束自己的演说时，也应有这种“点睛”的本事，以经济的笔墨（言词）使整篇议论宛如游龙般飞动起来。这便是“结语法”。

结语法的运用原则是：从全篇演说的论证中合乎逻辑的推出结论，并予以升华和强化。其具体方式多种多样，常见的有①号召式、②鼓舞式、③答谢式、④总结式、⑤预言式、⑥赠言式、⑦祝愿式、⑧警语式，等等。恰到好处的选用合适的结语方式，可以使雄辩家与听众的关系更为密切，使演说的题旨更为鲜明，使演说的逻辑力量更显得雄辩有力。糟糕的反逻辑的结语却不是这样，它或者像滔滔的雄辩河流，不知节制，奔流而去，却又不得不突然煞住，让听众丈二金刚摸不着头脑；或者像盛满米的布袋，内容虽然还算充实而有营养，却因没有在最后关头扎紧袋口，结果让米撒了一地，弄得无法收拾……

擅长用轻巧俏皮的文字撰写精彩的通俗历史著作的美国作家房龙，对法西斯势力打击“宽容”理想的罪恶行径十分愤慨。他在《宽容》一书所运用的结语法，兼有总结式、鼓舞式、预言式和警语式的特征，很具雄辩色彩，不妨一读：

> “朋友们，这儿有一项留给几个坚定的自愿者的工作。我承认这将是我们所接受的最困难的一场斗争，但是担当它的人将流芳百世。这场光荣斗争的幸存者将作为人类真正的慈善家而受到人们的欢呼——他们使人类解脱了多少代以来的偏见和自诩正确的优越感的束缚，这种偏见和优越感一旦加上怀疑和恐惧，会使最谦卑最温顺的人变成万物之中最残忍的畜生和宽容理想的不共戴天的敌人。”

二、修辞类

典型法

“典型法”是富于文学修养的雄辩家最乐于使用的雄辩术之一。它直接将文学作品中的典型人物与论敌嵌合为一，借助文学典型尽人皆知的特殊本性，揭示论敌的本质，具有言简意赅，形象生动，一语中的效果。运用典型法不必重述文学故事情节，极为方便简捷，具有不枝不蔓，不打断论辩进程而又巧妙地加强了雄辩气势的突出优点。

马克思曾在运用典型法批判巴枯宁时说：

> “批评这种杰作就是掩饰它的滑稽性质。这样也就是过分地看重这个异想天开地要把鲁道夫、基度山、卡尔·穆尔和罗伯尔·马凯尔的形象都集于一身的无定形的破坏一切的人。”（马克思、恩格斯 18：476）

众所周知，鲁道夫，是法国作家欧仁·苏的小说《巴黎的秘密》里常乔装打扮到下流社会鬼混的公爵；基度山，是法国作家大仲马的小说《基度山恩仇记》里死里逃生的复仇狂；卡尔·穆尔，是德国作家席勒的剧作《强盗》中的绿林好汉；罗伯尔·马凯尔，则是著名的法国演员弗雷德里克·勒美特尔所塑造的和奥诺莱·多米耶画笔下流传后世的一个狡诈奸商的典型。而将这些艺术形象“都集于一身的无定形的破坏一切的人”，则是马克思主义的凶恶敌人，俄国无政府主义思想家巴枯宁！

马克思将巴枯宁称之为“把鲁道夫、基度山、卡尔·穆尔和罗伯尔·马凯尔的形象都集于一身的无定形的破坏一切的人”，是多么生动传神而具有雄辩力！巴枯宁竟然把心怀叵测地混迹下流社会的公爵鲁道夫，不择手段报仇雪恨的复仇狂基度山，绿林强盗卡尔·穆尔，奸商罗伯尔·马凯尔这些典型集于一身，他自己到底是什么货色，不是昭然若揭了吗？就是他，在一手炮制的《革命问答》的这部天下奇书里，宣称革命者都是一伙只知道破坏一切的暴徒，还胡说什么“把这个强盗界团结成一个不可战胜的、摧毁一切的力量——就是我们的全部组织、秘密活动和任务。”（M·E·18：476）再没有比这更糟的“革命纲领”，也再没有比巴枯宁及其追随者更荒唐的“革命者”！这正是马克思和恩格斯要彻底揭露巴枯宁这个“把强盗作为模范的革命者而加以理想化”（M·E·18：477）的革命蠹虫的画皮的原因。

在引文里，寥寥数语，便搜集了一串文学艺术作品中著名强盗的名字，使巴枯宁的“革命强盗”的可憎面目更加活灵活现。这同时也启示我们，马克思和恩格斯兼有典型法和博引法的雄辩术，与卖弄博学炫耀知识的堆砌典故是完全不同的。

马克思和恩格斯在讥刺青年黑格尔分子施蒂纳时说：“他作为‘非人的东西’隐遁到黑山苦修去了，准备创造新约的伟绩。他在那里脱得‘精光’（第 184 页），以便得到自己的独自性并胜过他的先辈在塞万提斯小说第 25

章中所做的：‘他急忙脱下裤子，只穿着衬衫，露着下半身，随即毫不迟疑，头下脚上地纵身来了两次山羊跳，这时那几件东西都露了出来，使得他那忠实的侍从掉转洛西南特，免得再看第二眼。’”（ME·3：265－266）

在引文里光腚“竖靖蜒”的“他”，正是马克思和恩格斯借以讥刺施蒂纳的文学典型圣桑乔。此人忽而将人本质当作人之外的神，忽而将人作为单独行动的个人强加给历史……经过一番艰辛的“出征”（德文双关语，有寻章摘句之意）他竟然将理发师的铜盆误认为金质头盔，在庆贺胜利的“山羊跳”里，暴露出自己的丑恶和愚蠢。

从桑乔睡在驴鞍上，让别人在他驴鞍下打了四根桩，牵走了驴，到他与化装跳舞人格斗；从他夺取假头盔，到他丑态百出的光腚舞，马克思和恩格斯非常形象、贴切、生动地将转述塞万提斯小说的典型、情节和批判施蒂纳的种种谬说有机地联系在一起，亦庄亦谐，妙趣天成，表现了他们对大作家优秀作品的喜爱、熟悉以及他们善用典型法的娴熟、巧妙的雄辩技巧。这对于那些行文枯燥、味同嚼蜡的文章的作者来说，是很值得借鉴的。

富于文学修养的雄辩家，在活用典型法时往往是脱口而出，信手拈来，恰到好处的。像有人用“葛朗台”“阿巴公”指代吝啬鬼，用“哈默伦的捕鼠者”指代以伤风败俗行为引诱童工的帮头，用“化装的猴子”指代疯癫的国王，均是如此。

拟物法

“拟物法”是这样的一种雄辩术，它将事物或论敌的不可见的某一特质，化为可触可见的具体物品，从而收到化艰涩为平易，化刻板为生动的雄辩修辞效果。

诗句：“卑鄙是卑鄙者的通行证，高尚是高尚者的墓志铭”，便是如此。它把卑鄙者的“卑鄙”，高尚者的“高尚”这两种抽象化了的特质，具象化为“通行证”与“墓志铭”这两种具体的可触可见的物件，有力地表达了诗人对社会不公现象的深刻见解，具有震撼人心的雄辩力量。

再也没有谁能比马克思更早、更清楚、更形象地指出旧中国长期闭关锁国、固步自封、妄自尊大所造成的必然危害了。他深刻地指出：

> 与外界完全隔绝曾是保存旧中国的首要条件，而当这种隔绝状态在英国的努力之下被暴力所打破的时候，接踵而来的必然是解体的过程，正如小心保存在密闭棺木里的木乃伊一接触新鲜空气便必然要解体一样。（M·9：111－112）

确实如此，不论这个泱泱帝国的幅员多么辽阔，人口多么众多，资源多么丰富，文化多么灿烂；也不论它的永世长安的迷信多么虔诚，制度多么等级森严，臣民多么恭顺驯良，都只不过是一具躺在密封棺木里的木乃伊而已！历史的悲剧不应该再重演。伟大的中华民族正在滤出血液中陈陈相因的文化毒素，成为雄立万国之林的开放型强国。

用对“木乃伊”的精心保存来讽刺中国封建社会的闭关锁国，用新鲜空气和木乃伊解体来揭示西方文明的活力和东方帝国的腐朽，马克思的拟物法忠告是多么生动、形象和深刻啊。此外，马克思还曾经称赞道：

> “恩格斯工作实在繁重，不过他是一部真正的百科全书，不管在白天还是黑夜，不管头脑清醒还是喝醉酒，在任何时候他都能够工作，写作和思索起来像鬼一样快，因此在这件事上从他那里还是能指望得到一些东西的。”（M·50：425）

运用拟物法把恩格斯称之为“一部真正的百科全书”，这是马克思对他的渊博学识、勤奋精神、敏捷的思维和准确的判断力的激赏之词。事实上，恩格斯不仅表现出他对文学艺术的爱好和独到而深刻的见解，而且曾为《美国新百科全书》撰写过各种条目。他的伟大著作《自然辩证法》，囊括了有关数学、力学、天文学、物理学、化学和生物学的各门科学知识，并对19世纪中叶自然科学的最重要成就作了辩证唯物主义的概括，在进一步发展了唯物主义辩证法的同时批判了自然科学中的形而上学和唯心主义观念。书中还阐明了劳动在从猿到人的转变过程中的决定性作用，提出了人类起源于劳动的学说。

马克思不仅在评价恩格斯的渊博学识和思维敏捷时，寓激赏于幽默，寄赞扬于诙谐，表现了他与恩格斯相交之厚了解之深，语气舒缓而雄辩力不减；而且在挖苦、揭露自私自利者的两种处世观时，也采用过拟物法。他形象地用“粉红色的眼镜”和“黑色的眼镜”把自私利者的两种心理活动“拟物化”：

> “自私自利用两种尺度和两种天平来评价人，它具有两种世界观和两副眼镜，一副把一切都染成黑色，另一副把一切都染成粉红色。”（M·1：156）

粉红色的眼镜，是轻信而温柔的眼镜——当他认为你可资利用时，它闪射着非凡的色彩，带着渺茫、甜蜜的幻想，架在资产者的每一条皱纹都堆满善良的微笑的胖脸的高鼻上，是那么的协调和美妙！突然，当他怀疑你不堪利用——当资产者不再把你当作可资利用的工具，而是从切身利益出发来考虑你的实际价值时，他便换上了一副疑虑重重而深谋远虑的黑色眼镜，像老练的马贩子一样把你从头到脚打量一番，认定你是一个像他一样渺小、卑鄙和肮脏的无赖！

马克思独出心裁地将资产者的本性“自私自利”拟人化，将其可笑可鄙的两副嘴脸拟物化（眼镜），编导了一幕绝妙的讽刺小品剧！整段话文字不多，却用黑红两色区别了“自私自利”的四个“两种”，幽默风趣，简洁有力。

大概每一位有幸和社会上这类自私自利者打过交道的人，都不会忘记他们具有的这两种习以为常的处世态度的吧？都会为马克思给他们戴上的这两副“眼镜”而发出会心的一笑的吧？这正是“拟物法”雄辩术的魅力之所在。此外，像雄辩家用格林童话中会自动跳出来打人的“小棍子”来形容论敌的恶劣文风，也是富于幽默感的拟物法雄辩术的例子。

拟人法

为了更好地揭示事物的真相，暴露敌论的乖谬和自私，阐明辨者的立场和态度，常可采用“拟人化”的雄辩方法。这种方法的步骤如下：选择一个恰当的形容词作为“论敌”的绰号”——它的代名词，然后把相应的行为归之于它，使它在拟人化后自我暴露其本质。当“论敌”不是一个人，而是代表某一集团利益的一群人，或者是一种社会现象时，“拟人法”雄辩术往往可以收到剔肤见骨、尖刻泼辣的论辩神效。

马克思曾经成功地运用了该雄辩方法揭露了“资本来到世间，从头到脚，每个毛孔都滴着血和肮脏的东西。”（M·23：829）的剥削本质。在揭露莱茵省那些森林占有者的贪婪、残酷、自私的真面目时，他则以贬义词“怯懦”作为占有了森林的一小撮豪富贵人的代名词，深刻的揭示出“残酷是怯懦所制定的法律的特征，因为怯懦只有变成残酷时才能有所作为。”（M·171：49）的真理。

不是吗？枯枝落叶，本是脱离了树木的东西，穷孩子拾取它们并不危害树木这一有机体的生命。然而，莱茵省的林木占有者竟企图以法律形式规定，捡枯枝就等于犯了“林木盗窃罪”，要判以监禁、苦役和重罚，这是何等的残酷。马克思一针见血地指出了这些残酷的立法者灵魂深处的怯懦：他们把那些身外之物当作心和灵魂，对每一个“侵犯者”都恨之入骨，这就像一个可怕的粗人，他仅因为别人踩了他的鸡眼，就把这个人看作世界上最可恶最卑鄙的坏蛋，这是何等的荒唐。

将“怯懦”拟人化，使它成为森林占有者的绰号和生动写照，是马克思善于抓住论敌的要害并予以致命一击的表现。

成功的“拟人法”雄辩术不仅有强烈的针对性，而且具有所向披靡的摧毁力，这是因为，当具体的论敌抽象化为某个形容词，而该判断句又因其准确性、生动性而深入人心时，它的意义就不再局限于一时一地一事，而成为一句雄辩有力的格言或警语了。像“残酷是怯懦所制定的法律的特征”这一警句，不正是这样的吗？

排比法

在演讲或论辩过程中，如果所述对象具有丰富的内涵，而论述本身又需要铺张扬厉，一鼓作气地将其揭示于前，给观众或读者予鲜明的印象、全面的感受和猛烈的震击时，不妨采用“排比法”。它可以排比的句式，淋漓酣畅、势如破竹的凌厉气势将你所要表述的内容紧凑有力的罗列出来。

在赞扬傅立叶这位法国伟大的空想社会主义者的昂扬无畏，勇猛果敢的批判旧制度、批判资产阶级的战斗精神和巨大历史功绩的时候，恩格斯正是采用了“排比法”的，他指出：

> “傅立叶毫不容情的地揭穿上流社会的虚伪，揭穿他们的理论和实践的却矛盾以及他们整个生活方式的无聊；他嘲笑他们的哲学，嘲笑他们为使日趋完善的完善化能力臻于完善和为追求最高真理而作的努力。傅立叶嘲笑他们的‘纯洁的道德’，嘲笑他们的划一的社会制度；他把他们的实践，把遭到他的精辟批判的和气的商业，把他们的并非享乐的放纵的享乐，把被他们当作婚姻关系的组成部分的通奸以及普遍的混乱同这种社会制度作了对比。”（恩格斯 42：358）

引文中的两个“揭穿”、四个“嘲笑”和四个“把”，全面而精辟地概括了傅立叶的战斗业绩，以排比句式的势如破竹的凌厉气势，酣畅淋漓地将资产阶级的“十大罪状”罗列于前，表现出这位揭示资产阶级文明就是奴隶制的复活，平等、自由和博爱是资产阶级的虚伪的伟大思想家那勇猛无畏、所向披靡的战斗风貌，雄辩气势是何等强烈啊！

马克思也极善于运用排比法。他义正词严地说：

> “当批评不是公开的而是秘密的，不是理论上的而是实践上的时

候，当它不是超越党派而是本身变成党派的时候，当它不是作为理性的利刃而是作为专横的钝剪的时候，当它只想进行批评而不想受到批评的时候，当它由于自己的实现而否定了自己的时候，以及当它由于批判能力尚差而错误地把个别人当作普遍智慧的化身，把强力的命令当作理性的命令，把墨渍当作太阳上的斑点，把书报检察官涂改时画的叉叉杠杠当作数学作图，而把粗暴蛮横当作论据有力的时候，——在这种情况下难道批评不是已失掉它的合乎理性的性质了吗？"

马克思的这番话，原是他对极右的普鲁士书报检查令的讨伐。可是，对于今天来说，它又何尝不是一篇可用来清算极左批评的檄文！当张志新烈士因其"思想罪"而秘密受审的时候，当"四五"战士被拘禁的时候，当批评成为林彪、"四人帮"帮派体系手中的大棒的时候，当它令受批判者噤若寒蝉的时候，当它因逻辑混乱、难圆其说而自我否定的时候，以及当它禀承某个领导人的意旨而大张挞伐、颠倒黑白的时候，——在这种情况下难道极左批评不是成为狂人的呓语、魔鬼的诽谤了吗？

整段引文，以"排比法"突现出马克思那种冷静理性的利刃般的尖锐泼辣，和那疾风劲雨般的狂烈气势！当你把含有6个"当"、5个"把"的这段话一气读完的时候，怎能不为其雄辩的风格、沸扬的激情、真理的威力所深深折服呢?!

美国争取黑人公民权和提倡非暴力的伟大领袖——著名的马丁·路德·金牧师，曾于1963年作过一场雄辩演讲。他在万人会场上目光如炬，神情慷慨激昂，义正词严，气势如虹的一连用了6个"G0 back to……"，8个"I have a dream that……"，9个"Let freedom ring from the ……"的连句，表达了他号召黑人团结奋起，努力实现黑人与白人权利平等，实现他们及其后代和平共处，幸福同享的伟大梦想，实现让自由精神遍布美国全境的迫切愿望，极具雄辩鼓动力和战斗号召力。

反语法

正话反说，在明眼人听来，会有着比正话明说更强烈的感染力和讽刺力，它无形中加强了论辩的力量。采用了修辞法中的反语句式来增加论辩气势的雄辩术，其目的正在于此。

何蒙古鲁士是歌德的《浮士德》中浮士德博士的弟子瓦格纳用中世纪的炼金术制造出来的"人造矮人"。此人虽可带着浮士德"神游"希腊神话世界，实质上却只是一个在曲颈玻璃瓶里能发光而不能发育、不能蜕化出来的胎儿形。马克思借用歌德天才的想象——“何蒙古鲁士”，来揭露英国首相帕麦斯顿这个善于以冠冕堂皇的借口掩盖自己的卑鄙龌龊的动机，善于以臆造的丰功伟绩为自己的魔脸涂脂抹粉的家伙，说明他吹嘘自己创造的3个立宪王国不过是子虚乌有的政治幻影时说：

> “子爵阁下有一个永远说不完的自我吹嘘的话题，那就是他对整个大陆的立宪自由有贡献。的确，多亏了他的发明创造，世界上才有了葡萄牙、西班牙和希腊这三个“立宪”王国——3个只能同《浮士德》中瓦格纳博士的何蒙古鲁士相比的政治幻影。”（马克思9：418）

这一反语与博引的巧妙联用，更显雄辩家之雄辩术异彩纷呈的丰富色调！用不能发育、不能蜕化出来的“胎儿形”来“称赞”子爵的“发明”，这一反语真是再辛辣、再形象不过了。

反语也可以和比较联用。它产生震撼人心的强烈效果，比直来直去的平铺直叙要强十倍！在《合众国的预算和基督教德意志的预算》这篇充满论战火药味的短文里，马克思和恩格斯巧用反语，挑明真情，增强文章雄辩气势的杰出讽刺才华，表现得十分突出。请看事实：

美国2100万较富的居民每年只交给国库3800万塔勒，但在德国皇帝统治时期，1600万较穷的德国居民每年却要交给国库6400万塔勒，而国库却还感到不满足。在德意志人看来，美国人真是太可怕、太野蛮、太傻得出奇了，他们的总统为国家所做的事要比一打国王和君主加在一起所做的事还要多，而其俸禄仅是普鲁士宫廷花费的钱的百分之一；他们甚至不知道多交些税款来养一支军队以便它折磨自己；然而更糟糕的是，“美国人甚至很不懂这样一种乐趣，即把大部分税款用来供养一支军队。这支军队平时可以用来对我们实行戒严，残酷地镇压我们，伤害我们，向我们开枪，而这一切都是为了祖国的光荣和荣誉。”（ME·6：184）对比前述事实，再听听马克思的这段愤激的反语，有谁会不为德国老百姓叫屈呢?！让统治者用自己的血汗钱来押霍，来供养军队镇压自己，甚至打着为了祖国的“光荣”和“荣誉”的好看旗号，这是多么可悲而可恨啊！

大家都知道贪婪凶残的“俄国熊”，“然而熊按其本性是真正德国的动物。”（E·3：657－658）它悠然自得，温柔博爱，诚实勇敢，“他不耐烦四只脚立在天国之上，因此他终于用两只后足竖立，并且武装起来，果真是：穿上了人的制服，挂上了信念的饰带，佩起了夸耀的肩章，戴上了鼓舞的三角帽，在雄伟的胸膛上挂满了三级自我牺牲勋章，并插上了憎恨暴君的利刃，准备以尽可能小的生产费用去进行宣传。”（E·3：657）于是，它炮制了（伪善）一诗，署名：海尔曼。恩格斯对其人其诗评析道：

“在我们这个被自私自利的蛆虫所彻底啮蚀了的、腐朽透顶的时代里，有着（唉!）这样一些个人，他们胸中缺乏一颗火热的心，……啊，读者！如果你看到这样的人，让他读一读大熊的“伪善”这首诗，他一定会痛哭，痛哭，再痛哭！他一定会发现，他是多么可怜、渺小和赤身裸体，……如果这不足以使他忏悔、改过，那末他决不配生在大熊的时代。”（E·3：658）

出色的尖刻辛辣的反语，使恩格斯的雄辩语言具有了摧枯拉朽的魔力。从他上述对“大熊”——诗人海尔曼的极其诙谐、充满挖苦和调侃语调的嘲笑里，可以看出，他对这些丝毫也不惊扰富人的好梦的伪善诗人是多么憎恶！“‘真正的社会主义’的真理，实际上是一切温情之中的温情！”它一语道破了这些伪善诗的真谛！

运用反语，关键是要让人听明白而不致产生误解，这就需要先创造一种特定的前提和“语境”，当人们听到雄辩家用漂亮的反语大赞普鲁士军人以“极其英勇的精神”消灭了房东的酒肉食品，填饱了爱国的肚子，只差没付膳宿费，否则一定名声更响时，有谁会不哑然失笑，油然而生对这伙酒囊饭袋的鄙夷之情呢？

寓言法

寓言是以假托的故事或拟人化的手法来说明某一深刻哲理的文学作品，往往带有劝诫或讽刺的意味。在论述辩题时采用一、二个意近旨远的寓言，往往可以使立论充实而坚牢，并产生一种镌刻人心的深刻印象及巨大的雄辩说服力。

引用伊索寓言《农夫和蛇》的故事，是说明不要怜悯恶人的有说服力的例子。毛泽东引用“愚公移山”的寓言，说明革命者只要锲而不舍，挖山不止，就可感动“上帝”——人民——一齐动手，挖掉压迫人民的反动势力的大山的道理，也是成功的运用寓言法雄辩术的著名例子。

旧意翻新，是雄辩家巧用寓言法的高招。有一则寓言写道：

有一个船夫准备好在激流的河水中驾驶小船，上面坐着一个想渡到河对岸的哲学家。于是发生了下面的对话：

哲学家：船夫，你懂得历史吗？

船夫：不懂！

哲学家：那你就失去了一半生命！

哲学家又问：你研究过数学吗？

船夫：没有！

哲学家：那你就失去了一半以上的生命。

哲学家刚刚说完了这句话，风就把小船吹翻了，哲学家和船夫两人都落入水中，于是

船夫喊道：你会游泳吗？

哲学家：不会！

船夫：那你就失去了你的整个生命！

这则阿拉伯寓言，原意似乎是嘲弄那些只知夸夸其谈，却没有实际本领的学问家，他们在平时总讥笑别人没有知识，自以为高明，而一旦遇到紧急情况和实际问题，他们就手足无措，束手待毙了。但恩格斯在引用这则寓言时却另有深意，那就是要人们尊重那些过去为人类文明做出贡献而现在却衰落了的民族（E·35：303－304）。

阿拉伯民族正是这样的民族。历史上，它产生过伟大的哲学家和学者，如创立了代数学的穆罕默德·伊本·穆萨、化学家札比尔·伊本·哈扬及“医中之王”、《医典》的著者阿维森纳等等。恩格斯反对现在的欧洲人对游牧的阿拉伯人的衰落和愚昧的嘲笑。他主张把自己放在稍微高一点的历史观点上，去公正的评价落后民族的历史贡献和展望他们的未来。这才不至于犯“哲学家”那样的“聪明反被聪明误”的错误。

从人们烂熟于心的寓言（或成语）里，提炼出幽默而发人深省的新意，是需要有深邃的历史眼光和哲人的头脑的。恩格斯以这则阿拉伯寓言说明了必须尊重那些只是暂时落后的伟大民族的道理，嘲笑了那些自以为高人一等的欧洲人，赋予了这一寓言以崭新的深刻含义。

哲理性的寓言一旦与逻辑严密的论证紧密结合起来，其产生的雄辩伟力将是无可估量的。多少筚路蓝缕的开拓者，至今仍以移山愚公为榜样，便为明证。

俗谚法

俗谚，是广泛流传于民间的定型的谚语俗话，它简练而形象，具有较强的感染力和说服力，不少是人民生活经验的宝贵结晶。在论辩中活用俗谚，

可以收到言简意赅，生动亲切，说理透彻的雄辩效果。

知识渊博的学者和雄辩家，大都很喜欢在其煌煌巨著中不时引用几句俗谚，增添论辩色彩。例如，马克思在嘲笑英国前首相迪斯罗里的时候，便引用了“瞎子国里独眼称王”这句法国俗谚，一针见血地戳穿了他不过是一个自私自利的小人：

> “他永远是一个自私的人，而这样的人，不论天赋本领如何，也永远欠缺点什么东西。不过是瞎子国里独眼称王而已！”（马克思 50：468）

“瞎子国里独眼称王”，是一句法国谚语，借用这句谚语，马克思尖刻地嘲讽了有自私自利的致命弱点的迪斯累里之流。有人认为，自私自利是一种催人奋发向上的原动力。这是一种糊涂观念。事实上，正如恩格斯所深刻分析的那样，“当一个人专为自己打算的时候，他追求幸福的欲望只有在非常罕见的情况下才能得到满足，而且决不是对己对人都有利”。（E · 21：331）从某种意义看，马克思对迪斯累里之流的无情嘲讽，对当代青年来说，也是一番语重心长的忠告吧！

好高骛远、见异思迁，常常是一些青年人在选择职业时的通病。恩格斯反对青年人无原则地频繁变动职业，尤其是已经干得相当出色了的职业，在谈到青年人应该脚踏实地的苦干适合于自己的本职工作的时候，他引用了“一动不如一静”这条英国谚语说：

> 像您这样的年青人，在自己的工作中成长得如此之快，而且又如此适合这一工作，当然应该继续做这个工作。……英国人常说：let well alone——一动不如一静。老实说，我对任何变动都是不信任和不满意的。（E · 35：207）

总之，青年人在选定了最能发挥自己的聪明才智的理想职业后，就应当持之以恒地干下去，直至做出应有的贡献。这就是恩格斯引用俗谚所说的“一动不如一静”的意思。

利用谚语忠告读者，往往有事半功倍的神效。这是因为谚语乃人民深思熟虑后的智慧结晶，意近而旨远之故。

后来，当他论证英国的法律是保护富人利益的法律的时候，他又引用了“法律压迫穷人，富人管理法律”和“对于穷人是一条法律，对于富人是别一条法律”这两条俗话（颇似中国俗谚“衙门八字朝南开，有理无钱莫进

来”），大大增强了说服力。（ME·9：328）

还有一次“一个外国通讯员”在《晨报》上发表文章，为机会主义头子巴枯宁鸣冤叫屈，他还引用了“诽谤、诽谤，总会留点影响”和“只有自己人才出卖自己人，宁愿和聪明的敌人打交道，也不愿和愚蠢的朋友讲来往”这两条谚语来攻击马克思，胡说什么“他的名字已与诬告联系在一起，对于这一点，他不必有什么遗憾了。”

马克思则说：“‘宁愿和聪明的敌人打交道，也不愿和愚蠢的朋友讲来往。’完全正确。正是‘愚蠢的朋友’，才不知道只有意见相反才有争论，只有从相互矛盾的论断中才能得出历史的真实，因而把这当作一种发现而表示大惊小怪。”他列举大量事实，证实这位外国通讯员才是货真价实的“愚蠢的朋友”，他为正确路线与机会主义路线的激烈斗争而大惊小怪，他不敢以自己的名义为巴枯宁辩护而只敢以巴枯宁的名义去攻击第三者……这不是“愚蠢的朋友”的写真吗？

不让论敌牵着自己的鼻子转，不在论敌布设的陷阱里挣扎，而是“以子之矛，攻子之盾”，把敌人搬来的俗谚变成他自我毁灭的重磅炸弹，这正是马克思嘲讽性雄辩语言的威力之所在。当然，在使用“俗谚法”时也应注意其思想性，有些俗谚的产生不可避免的打上了当时统治思想的烙印，就不宜生搬硬套，而要科学的说明它产生的历史背景和原因，否则便可能适得其反，如将“各人自扫门前雪，莫管他人瓦上霜”，“衙门八字朝南开，有理无钱莫进来”，“人为财死，鸟为食亡”之类的俗谚，如不加分析地硬要移到现今社会来，便是如此。

笑话法

笑话的表述形式是轻松活泼的，内涵却很深刻，使人如含一块精制陈皮，越品越觉有滋味，在论辩论过程的适当时候巧妙地加插一段意味隽永的笑话，不但可以改善论辩气氛，而且可以收到相当不错的雄辩效果。

一位雄辩家为了论证结婚费用铺张奢侈的危害性，在正面说理的同时，加插了一则有趣的笑话：从前，有一对以卖烧饼为业的夫妇，在烧饼铺前看人家送嫁妆。丈夫说，这副嫁妆至少值五百两银子。妻子不同意，说：“不值，最多三百两。”两人争执不休，愈吵愈烈，丈夫气得揪住妻子的头发扭打起来。妻子无奈说：“再添上五十两。”丈夫仍不松手，妻子负痛大叫：“算他四百两罢了！”旁观者劝架道：“你们俩只管打架，炉子上的烧饼都烤焦了。”丈夫却说：“烤焦一炉烧饼有什么要紧，埋没了人家一百两银子，情理难容！”在众人的哄笑声里，这对夫妻贪慕虚荣，不顾利害的蠢举受到了嘲笑，而当今崇尚奢侈，超前消费，大办婚礼的陋俗，也在笑声中受到微讽。雄辩家移风易俗，匡正时弊的目的也于温和的笑声中欣然实现了。

天气和散步之间的内在关系是妇孺皆知的。天气好的时候去散步，是一种怡情健身的美妙享受；而不顾天气变化，只凭一厢情愿出去散步的呆子，十有八九会被淋成个落汤鸡。“一般人都这样说：天气好的时候，可以碰到许多散步的人；可是蒲鲁东先生却为了保证大家有好天气，要大家出去散步。”（马克思 4：102 - 103）

蒲鲁东先生在现实生活中未必会是闹出这样笑话的呆子，但他在经济学原理的阐述中却犯了更糟的错误。本来，当供求互相均衡的时候，任何产品的相对价值都恰好由包含在产品中的劳动量来确定。但蒲鲁东却把它颠倒了过来，他以为只要先开始用产品中所包含的劳动量来衡量产品的相对价值，供求就会必然达到平衡。

用违反生活中众所周知的事实的笑话，揭穿论敌的逻辑错误，是马克思克敌致胜的雄辩术。在他无可反驳的雄辩面前，法国的庸俗经济学家和社会学家蒲鲁东是多么狼狈啊！

除了以往的笑话集外，正在民间流传着的许多新笑话（包括小幽默、政治笑话等）也是层出不穷的，细心的雄辩家只要留心搜集，就能使自己的雄辩如虎添翼！

辨析法

辩者，辨也。没有辨别，也就无从辩论。任何一种伟大的民族语言，都有大量的同义词和近义词，在使用中偶有不慎，轻则发生歧义，重则给论敌以口实，成为其定罪或量刑的依据。“辨析法”的作用，就是精确地辨析两个以上近义词的细微差别，为准确地把握事物本质创造必要前提。

比如说，“变卖”、“出卖”、“贱卖”、“盗卖”、“贩卖”、“售卖”、“义卖”、“专卖”、“叛卖”都有“卖”的意思，但具体所指却有区别。“变卖”、“售卖”、“贩卖”、“贱卖”是中性词，不一定指违法行为；“义卖”是为公益事业而售物，不违法，属褒义词；“盗卖”、“叛卖”一指将赃物非法售出，一指出卖国家或革命，均属违法行为，是贬义词；而“贩卖”、“出卖”、“贱卖”在特定场合也可指同一意思。“专卖”指国家指定部门的专项营业，其他部门私自经营就会触犯法律。明白了这些动词的微妙含义，雄辩家就可以据理力争，或定敌之罪，或洗己之“冤”。

区分近义词的细微差别和法律意义上的严格界限，常常是驳斥论敌的指控、陷害的有力手段，从马克思 1849 年 2 月 7 日在科伦陪审法庭上，对指控他侮辱检察长和诽谤宪兵的答辩词里，可以清楚地看到这一点。本来，“诽谤”是无中生有，说人坏话，毁人名誉之意；“侮辱”是使对方人格或名誉受到损害，蒙受耻辱之意，如不仔细辨别，二者之间很难看出有多大差别。为了驳斥反动检查机关给《新莱茵报》定下的诽谤官员罪，马克思根据国家《刑法典》对诽谤罪与侮辱罪量刑上的差别，以具体事实阐析了这一对近义词的细微差别。他说：

> “诽谤指的是什么呢？指的是把某些事实归罪于某人的詈骂。侮辱指的是什么呢？指的是谴责某种缺陷和一般的侮辱性言词。如果我说：‘你偷了一个银匙子’，那么照刑法典的理解，我就是对你进行了诽谤。如果我说：‘你是一个小偷，你有偷盗的习惯’，那我就是侮辱了你。”（M·6：271）

可见，诽谤是将肯定的事实归罪于人，而侮辱只是一般性的谴责某人的缺陷。二者在含义上有明显的区别，前者有“诬告”之罪，后者只是“冒犯尊严”而已。在此基础上，马克思根据法律有关条文，彻底驳斥了检查机关关于《新莱茵报》诽谤政府官员的指控。

当陪审法庭宣告被告——《新莱茵报》主编马克思等人无罪时，“出席旁听的广大群众发出了一片欢呼声。”而这如雷的掌声，除了群众对马克思正义事业的支持外，不也包含着对他那雄劲有力、掷地有声的辩驳的热烈赞赏吗？

再如：普鲁士刑法第151条规定：“凡蛮横、无礼地指责或嘲弄国家法律而激起不满情绪者，应处以六个月以上二年以下的徒刑或要塞监禁。”恩格斯一眼便看穿了这种旨在箝制进步舆论的反动法令的含混和乖谬，并予以有力的辩驳。

> “如果迎面走来一个我应当报答恩情的人，如果我看到了他却避开他，以免向他问候致意，这是无礼；如果我厚颜无耻地盯着他的脸，把帽子往下拉到眼际，擦身而过时用胳膊肘撞他的腰，这是蛮横；但是如果我当面对他表示轻蔑，扮鬼脸，这是嘲弄。有些人甚至把别人没有看到他们也视为无礼。难道可以把这样一些不相同的东西合并到一条法律里去，混为一谈吗？”（E·41：325）

在这里，恩格斯以日常生活中常有的“会面”为例，生动、形象、准确地说明了“无礼”、“蛮横”、“嘲弄”这三个概念的区别。他指出，无礼行为是一种过失，“蛮横是蓄意触怒人”，（E·41：325）它与嘲弄有动手与动口之别，无礼则与蛮横和嘲弄有无意与故意之别。法律的含混，利于法官的武断和不公正的判决，是反动派“欲加之罪，何患无词”的伎俩。恩格斯对此所作的辩驳，可谓有理有据，痛快淋漓，表现出雄辩家善用辨析法和语言明快泼辣的风格。

故事法

雄辩家不是故事成篓、绘声绘色的故事大王，更不是以惊险曲折、离奇古怪的传奇去取悦听众的说书艺人，但这并不排除他也可以在其主要是诉诸理性的滔滔论辩中插入一、两个妙趣横生、意味隽永的故事或童话，使听众从意外的惊喜和美学享受中得到深刻的启迪，这正是雄辩术之“故事法”的目的。

马克思正是这样，在严肃尖锐的政治问题的论辩里，他善于不失时机而又自然贴切地引进一则美妙隽永的民间故事，将似曾相识的故事情景和眼前的罢工事件对照起来，吸引广大读者的注意力，启发他们的丰富联想和得出正确答案，这可以说是他经常使用而且妙趣横生的手法。当年，英国的“群贤内阁”通过了大幅度降低马车费的几乎是“稀世之珍”的法令！为了抵制这一压榨贫苦马车夫的“法令”，马车夫举行了总罢工，令繁华热闹的伦敦市区变成了冷冷清清的空场子。马克思写道：

> “在《一千零一夜》中，描写了一个中国皇帝，一大早晨起床以后，他走到窗旁欣赏阿拉丁的宫殿，但是除了一块空场子以外什么都没有看见，……皇帝于是大怒，便命令卫士把阿拉丁抓起来。伦敦的公众在星期三早晨睡醒以后，也碰上了和传说中的中国皇帝的情况非常相似的情况。”（M·9：254）

众所周知，《一千零一夜》是集阿拉伯民间故事之大成的文学名著。善于思考，精于妙用的雄辩家，自然可以从中获得不尽的灵感，明白许多深刻的哲理。聪明的马克思正是这样，他把娓娓讲述《阿拉丁的神灯》中有关中国皇帝的故事与伦敦马车夫的总罢工事件联系起来，使神灯变出或收回一切的魔力与马车夫团结战斗的伟力互相对照，使中国皇帝的勃然大怒与伦敦公众的万分惊讶相映成趣，雄辩地表明了他声援马车夫正义斗争的鲜明立场和必胜信念。

这个故事里面提到的阿拉丁，是阿拉伯民间故事《一千零一夜》中的传奇人物，他有一盏神灯，能够随心所欲地变出或收回某种东西，因而使故事里的那位皇帝吃惊不已，勃然大怒，就像马克思所说的马车夫那样。后来，这场受到马克思声援的马车夫罢工斗争终于取得了胜利。而他转述的列萨日小说《山悌良那的吉尔·布拉斯奇遇记》里的桑格拉都学派的故事也很有深意，它将庸医不问病因只管放血的“疗法”与达费林侯爵不管人民死活只管将其放逐的反动国策联系起来考察，一针见血地揭穿了后者的反动与荒谬！

雄辩家转述的故事与评书艺人讲述的故事是不同的。评书艺人可以绘声摹形，不厌其详的把故事的来龙去脉讲得一清二楚，连细枝末节也可渲染一番，雄辩家却只要以概括的语言简述故事中与话题有关的内容，其余部分则可以略去不讲，以免枝蔓过多，喧宾夺主，反而冲淡了听众对论题的注意力。像马克思讲述《一千零一夜》中的阿拉丁神灯故事和辛伯达航海故事时，就只着重讲了中国皇帝的惊讶以及辛伯达的上当，对主人公的命运则略而不谈，从而有力烘托了论题。

房龙在其名著《宽容》中，也引用过薄迦丘《十日谈》中的一个故事。这个故事说，一位有钱人有一枚漂亮的戒指，他在遗嘱中说，将来这枚戒指留给哪位儿子，他就可以继承遗产。用这一方法，他的后代一代代的继承了他家族的家产，戒指也完美无缺的传了下去。后来，一位新主人非常喜爱他的三个儿子，无法决定将这无价之宝的戒指传给其中的哪一个儿子好，于是就将这枚戒指复制了三个，分别传给了三个儿子。然而过了不久，这三个儿子都同时宣布自己拥有惟一的戒指，是真正的继承人，而法官却无法判定这三枚戒指的真伪，使这个案子不得不永远的拖了下去。房龙说完了这个故事后指出，当年莱辛就是用这个古老的民间故事，雄辩的说明了自己的坚定信念，即没有一种宗教可以垄断真理。人的内心世界比他表面上尊奉某种规定的仪式和教条有价值，因此人们的任务就是友好的地相处，任何人也无权把自己视为完美无缺的偶像让别人崇拜，无权宣布“我比其他任何人都好，因为只有我掌握真理。”

对仗法

对仗，是中国古代写作律诗，骈文时，按照字音的平仄和字义的虚作成的对偶的语句，一名“对子”。对“对子”，写对联，并非文字游戏，它能锻炼人的思维能力、概括能力和应变能力，在论辩中也能起到醒目惊警，易诵易记，雄辩有力的效果。

一次，爱国将领冯玉祥前去参加汪精卫主持的高级会议，他走进会场一看，与会者三五成群，烟茶糖果，乌烟瘴气，十分恼怒，便写下了一幅对联：

一桌子点心半桌子水果哪知道民间艰苦

二点钟会议四点钟到齐这就是国民革命

横批　官僚旧样

这下把汪精卫批得又羞又恼，无地自容。

毛泽东在批评一些只把兴趣放在脱离实际的“理论”研究上，自以为是，狂妄自大，有哗众取宠之心，无实事求是之意，徒有虚名并无实学的人时，也借用了一副对子为他们画像，十分写意传神：

墙头芦苇，头重脚轻根底浅；

山间竹笋，嘴尖皮厚腹中空。

寥寥数语，借物喻人，含蓄幽默，鞭辟入里，若此辈真能依毛泽东之言，将其抄下挂在墙上，一日三省，岂不是一副治病良方吗？

妙喻法

诗歌离不开“赋、比、兴”这三种基本手法，已是普通的文学常识。而聪明的雄辩有也同样离不开恰切而说理深透的比喻，它往往可以使深奥的道理变得通俗易懂，生动有趣，增加论辩的说服力。

古代杰出的唯物主义思想家荀子，就是一个十分善于运用“妙喻法”来阐析事理的雄辩家。他在《劝学篇》里写道：

“锲而舍之，朽木不折；锲而不舍，金石可镂。螾无爪牙之利，筋骨之强，上食埃土，下饮黄泉，用心一也；蟹六跪而二螯，非蛇、鳝之穴无可寄托者，用心躁也。是故无冥冥之志者，无昭昭之明；无惛惛之事者，无赫赫之功。”

其大意是要说明：一个人如果不立志刻苦学习的话（无冥冥之志）就不会变得聪明（无昭昭之明），如果他做事不专心致志的话（无惛惛之事）就不会取得显著的成功（无赫赫之功）。为了浅显明白的说明的这个道理，荀子采用了许多恰到好处的妙喻，像“朽木”比喻“容易”，“金石”比喻

“艰难”，“蚯蚓”（螾）比喻身无长技，却用心专一，终能上通下达的君子；“螃蟹”比喻先天条件好，但心浮气躁，终于一事无成，只能靠别人的施舍混日子的庸人，都十分生动而传神；它雄辩地论证了荀子“劝学”的观点，是值得我们很好借鉴的妙喻法雄辩术。

齐国的门客当年也曾用“妙喻法”，成功阻止了齐王田婴在薛地大建城池的错误做法。当时，头脑发昏的齐王决心拒绝听一切劝谏，并通知了门卫。齐客设法见到他，只说了“海大鱼”三个字，转身就走。齐王不解，把他留下询问。齐客对齐王说，大王听说过大鱼吗？它在水里多自在啊，网也捞不住它，钩也牵不住它，可它一旦离开了水就会被小小的蚂蚁咬烂。如今的齐国，正如齐王的水，齐王的优势在于齐国的遮蔽，又可必把立足点放到薛地去？失掉了齐国的遮蔽，即使把薛地的城池加高到天上，也没有益处！齐王觉得有理，于是就停下了 薛地的建城工程。

埃斯帕特罗——西班牙自由派的领袖，是一个由工匠而摄政，由士兵而元帅的“幸运的赌徒”。当他以“革命之剑”“国家救星”的假相重登西班牙政坛后，马克思在《埃斯帕特罗》一文的开头说了这样的话：

> “一切革命都有一个显著的特点，这就是：正当人民似乎临近一个伟大的开端、一个新时代展现在他们面前的时候，他们却让自己沉缅于过去的幻想，自动地把自己好容易才争得的权力、一切影响让给过去时代人民运动的真正的或者冒牌的代表。历史上有这样一些人，人民惯于在社会危机时刻把他们背在自己的背上，而以后就很难摆脱掉他们，就像航海家李伯达很难摆脱掉用两腿夹着他的脖子的凶恶的老头子一样。”（M·10：401）

航海家辛伯达是《一千零一夜》中的《辛伯达航海旅行的故事》里的主人公。由于大意，他竟让一个凶恶的老头子骑在他脖子上作威作福，吃尽了种种苦头。马克思讲述辛伯达航海故事的用意，不仅在于揭露埃斯帕特罗一人，而且是对所有处于革命转折关头的善良人民的一个忠告：他提醒人民注意，不要靠幻想去塑造自己的英雄，不要把对抗专制人物的愿望建筑在复活幽灵的回忆上，一要警惕不让“凶恶的老头子”趁机骑在自己脖子上。

看哪，在雄辩术的点拨下，一个《天方夜谭》里的民间故事的人物形象，作为一个妙喻，对揭穿“幸运赌徒”的真实嘴脸，起到了多么富于启示性的政治教育作用！

情境法

在论辩的时候，为了争取主动，说明事理，常常需要先讲明事件发生时的具体情境，给听众予具体的感受，然后才能做到情境交融，境生情，情生理，理服人，这就是所谓的“情境法”。

鲁迅的许多杂文之所以既带文艺性，又带战斗性，生动泼辣，利如匕首，与巧用“情境法”亦有关系。例如，他的《“有名无实”的反驳》一文，旨在揭露国民党对日侵华的不抵抗主义，却不直捅捅说开去，而是转引了一则新近的《战区见闻记》，借一位排长之口，描绘了一幅国军被迫奉命从抗日前线后撤，爱国士兵莫不愤慨痛心的生动情境：

> “彼云，我军前在石门寨，海阳镇，秦皇岛，牛头关，柳江等处所做阵地及掩蔽部……花洋三四十万，木材重价尚不在内，………艰难缔造，原期死守，不期冷口失陷，一令传出，即行后退，血汗金钱所合并成立之阵地，多未重用，弃若蔽屣，至堪痛心；不抵抗将军下台，上峰易人，我士兵莫不额手相庆……结果心与愿背。幸生为中国人！尤不幸生为有名无实之抗日军人！”

接着，鲁迅笔锋一转，借责排长不知“有名无实”真谛为名，把国民党政府换汤不换药，坚持不抵抗主义，置大好河山于不顾，弃阵而逃的卖国行径一一揭露，痛快淋漓，使读者对国民常“有名无实”的“抗日”政策以及愚民政策的认识，从感性阶段上升到理性阶段。

警语法

名人的警语与格言，是其思想宝库里最为闪光珍贵的明珠。经常翻阅名人著作或格言警语集，分门别类的及时摘录下来，日积月累，默记深识，烂熟于心，论辩时便可信手拈来，妙语如珠，熠熠生辉，增强论证的雄辩色彩。马克思在谈到演说风格时，曾引用过伏尔泰的一句警语：“除了乏味的体裁之外，其余的一切体裁都是好的。”而恰到好处的引用警语格言，正是使文章或演讲摆脱乏味，变得生动而深刻的好办法。

“警语法”的又一含意，是指除了摘引名人的妙句良言，格言警语之外，还应努力把自己的智慧结晶锤炼为一、两句警语，使之成为自己整篇演讲中最具光彩，最能引人深思，历久难忘的部分。

马克思在批评英国首相罗素时指出：“作为一个演说家，他没有给人留下任何值得一提的独到见解，没有一句至理名言，没有一点真知灼见，没有一点鲜明的记叙，没有一点美妙的思想，没有一个生动的隐喻，没有一点幽默的描写，没有一点真实的感情。”其中的“至理名言”，正是我们所指的集中反映了雄辩家的独到见解、美妙思想和真实感情的“警语”，它是一个关系到雄辩家能否说出自己的“真知灼见”，文炳史册，口齿留香，不被世人遗忘以及能否获得较好雄辩效果的关键。

收录警句的格言集，最能反映编纂者的兴趣爱好、研究范围、见识高低和思想倾向。从马克思、恩格斯于1850年发表的一篇关于道梅尔的格言集的书评里，可以充分看出这一点：

> “从歌德和席勒对第一次法国革命的市侩味的抨击以及“惊动狮子很危险”这样的经典警句起，到现代的文学作品止，这位新宗教的高僧从其中所竭力寻取的所有语句，都表现了德国人对他们讨厌的历史运动鼓吹不满的因循心理。”（ME·7：237）

歌德和席勒，是德国的伟大作家和思想家，但当他们被德国小市民的庸俗气所毒化的时候，也说过一些市侩味很浓的话。道梅尔却如获至宝，将其作为警句辑录起来，和许多表达类似观点的思想垃圾混编成册，以创立其维护德国旧文化、旧制度的“新宗教”。他坚信，“只有通过新的宗教才能产生全新的世界秩序和关系。”马克思和恩格斯据此而称他为“新宗教的高僧”，由于尺寸合适，令其出乖露丑的“高僧帽”一经戴上，便像紧箍圈一样，再也摘不下来了。

注释法

在雄辩过程，“注释法”是必不可少的方法，它能及时扫清语言障碍，使思辩的坦途畅通无阻，取得最佳的雄辩效果。

在论辩进行时，对一些容易产生歧义的词，或一些生僻的专用术语以及某些有特殊含义的概念，需要用插话进行一些解释，如“我刚才说的××这个词的意思是……”等等。解释性的插语力求精炼简短，明晰无误，切不可拖得过长，以至转移了论题、中断了听众的思路。

在用书面语言进行雄辩时，“注释”可以用“附注”“脚注”或加“括号”的方法。其中，巧用括号，还可以取得讽刺性或幽默性的特殊效果。请看一例：

> 再没有比一个大拇指般的小人物装模作样地想扮演（正在扮演）帖木儿·塔梅尔兰的角色更令人作呕的了。对他说来，采取残暴行动不仅是一项职务，而且是他的想入非非的虚荣心的戏剧性表演（舞台效果）。……他对自己所起的重要作用以及他在全世界制造的喧嚣洋洋得意！他满以为自己是一个伟人：他这个侏儒，这个淌口水的议会小丑，在世人眼里该是多么高大（雄伟）！在这次战争的一幕一幕可怕的场面中，看到爱好虚荣的梯也尔所装出的滑稽像，的确令人忍俊不禁！梯也尔先生是一位有丰富想象力的人，他身上具有艺术家的气质和艺术家的虚荣，甚至能骗得他自己也相信了自己的谎言和自己的伟大。（M·17：564）

这段话是马克思对镇压巴黎公社的刽子手梯也尔的辛辣嘲讽，它有力地揭露了这个渺小的侏儒，正拼命扮演一个历史伟人的可憎可笑的丑恶嘴脸。

就是这个侏儒，一个靠着充当对付贝里公爵夫人的密探和监狱产婆而博得了国王信任登上政坛的小丑，竟以帖木儿帝国的创立者、中亚细亚的统帅和征服者自居，愚不可及地想使人相信并居然能使自己也相信自身的高大雄伟，这怎能不令人啼笑皆非呢！用小丑饰演英雄的自欺欺人作类比，马克思从历史与现实的结合上揭穿了镇压巴黎公社的刽子手——资产阶级的腐败的最完备的思想代表——梯也尔的丑恶面目。

从雄辩术的技巧看，用小小括号加以注释也可收到妙不可言的幽默的奇效，马克思引文中括号的运用确是耐人寻味的。

诗词法

诗人艾青在其《诗论》中写道：“最高的理论和宣言，常常为人民的权利，自然地迸发出正义的诗的语言。”他主为：“诗是自由的使者，永远忠实地给人类以慰勉，在人类的心里，播散对于自由的渴望与坚信的种子。诗的声音，就是自由的声音，就是自由的笑。”

所谓诗词法，含义正源于此：一方面，它指的是雄辩家以诗的激情，诗的语言，发出正义的诗的宣言，揭露欺蒙者，慰勉战斗者；另一方面，它指的是雄辩有广泛引用古今中外的诗词名句，为滔滔的雄辩增添诗的光彩。

金钱，是在商品生产和商品交换的长期发展过程中，固定地充当一般等价物的“特殊商品”，它具有价值尺度、流通手段、贮藏手段、支付手段、世界货币五种职能，直接体现社会劳动，成为财富的代表。金钱的这一本质，使它成为致富欲望的唯一对象，这种欲望实质上就是万恶的“求金欲”。所有被这种“求金欲”迷了心窍的人们，都虔诚地拜倒在金钱的脚下，在他们看来，金钱的力量是万能的。它能使丑汉得到美女，使跛子长上24只脚，使邪恶者备受尊崇，使愚钝者买到头脑，使虚伪者买到诚实，使无能者享有人的一切能力……

为了深刻揭示金钱（货币）在现代社会中形成的这种与个人的独特性相对立的，成为人类异己力量的本质，马克思曾多次引用了莎士比亚名剧《雅典的泰门》的精彩台词。他称赞“莎士比亚把货币的本质描绘得十分出色。”指出：“莎士比亚特别强调了货币的两个特性：(1) 它是有形的神明，它使一切人的和自然的特性变成它们的对立物，使事物普遍混淆和颠倒；它能使冰炭化为胶漆。(2) 它是人尽可夫的娼妇，是人们和各民族的普遍牵线人。”(M·42：152－153) 并运用了诗词法加以强调说：“金钱是财产的最一般的形式，它与个人的独特性很少有共同点，它甚至还直接与个人的独特性相对立，关于这一点，莎士比亚要比我们那些满口理论的小资产者知道得更清楚。

“金子，只要一点儿，
就可以使黑变成白，
丑变成美，
错变成对，
卑贱变成高贵，
懦夫变成勇士，
老朽的变成朝气勃勃！
啊！这个闪闪发光的骗子手……
它使人拜倒于多年不愈的脓疮之前；
它使年老色衰的孀妇得到丈夫；
那身染毒疮的人，连医院也感到讨厌而要把他逐出门，
但它能使他散发芬芳，像三春天气一样的娇艳！……
……你，我们看得见的神，
你可使性格全异的人接近，
使他们接吻！……”
(ME·3：254－255)

在这里，通过引用莎翁的妙喻诗句，使抽象的政治经济学问题变得生动可感；而通过马克思的阐述，莎翁对金钱的直感变得更为深刻了。诗歌与经济学的联姻，生出了雄辩之力！

清末进步思想家龚自珍曾有诗曰：“九洲生气恃风雷，万马齐喑究可哀。我劝天公重抖擞，不拘一格降人才。”此诗常被呼吁大胆破格使用人才的雄辩家所引用。王勃诗曰：“海内存知己，天涯若比邻”，这又是胸怀祖国，放眼世界的雄辩外交家所乐于用的名句。“横看成岭侧成峰，远近高低各不同，不识庐山真面目，只缘身在此山中。”苏轼的这首咏庐山诗，对于雄辩家说明事物的复杂性和“当局者迷”的道理，也是颇有意味的。

正如咏山诗可以成为哲理诗一样，善解诗意，富有文学修养的雄辩家，是一家能从中外诗库的灿烂宝藏中寻觅到自己需要的宝贝的。

三、斗智类

棒喝法

“棒喝”原是佛教禅宗用语。禅宗师父常趁禅僧提问时予以当头一棒，或厉声一喝，以考验其对佛理的理解程度及有无慧根。后来，“当头棒喝”又有了转义，即指施予严重警告或打击，以警醒执迷不悟者。

“棒喝法”正取其转意，意指在洞察世情，或判明论敌执论的要害后，先发制人，开门见山，旗帜鲜明地亮出自己的观点，这不啻于给迷悟者或论敌以“当头棒喝”，使之或呆若木鸡，哑口无言；或如醍醐灌顶，幡然醒悟；或如警钟震响，迷途知返，从而给他一个下马威，夺得论辩的主动权，取得先声夺人的雄辩奇效。

反问，据理力争、拍案而起的反问，有时正是一种使辩驳充满了阳刚美的雄伟气势的功能的棒喝法，从马克思的以下的这段引文看就是如此：

> “其实，当不能让公众蔑视理应受到公众蔑视的东西的时候，究竟还有什么出版自由呢?”（M·5：272）

出版自由，当然不只是歌功颂德的自由，创新文化、学术争鸣、传播新知、针砭时弊的出版自由，是人民所珍惜的自由，是时代呼唤的出版自由。然而，在“四人帮”猖獗的年代，报刊失去了“人民的喉舌”的功能，报喜不报忧，对社会的阴暗面视若无睹，置若罔闻，一味唱着“形势大好，越来越好”的高调，成了千篇一律的官样文章，书籍也成了伟人英雄的语录本和豪言壮语集。

改革开放以来，国内报刊真实报导改革进程的艰难，大胆抨击不正之风，倡导时尚，移风易俗，使那些躲在阴暗角落里的理应受到公众蔑视的肮脏东西暴露于光天化日之下，受到了正义的蔑视，真是人心大快！

荀子为了强调后天学习的重要性，一反传统的“人之初，性本善”的观点，提出了“性恶论”。在阐明这一观点的《性恶》篇里，他开章明义地写道：“人之性恶，其善者伪也。”（意思是：人的本性是恶的，人性善是人为的）这就无异于给那些迷信“性善论”的人们以当头棒喝，为下面的宏论鸣锣开道。荀子的“性恶论”与孟子的“性善论”一样，各有其片面性，但他强调后天学习的重要性则是正确的。他关于“性恶论”的警世恒言，对于点醒一般以为“龙生龙，凤生凤”，人的本性自然向善，无须学习的冥顽者，不啻是一帖醒脑药。

“棒喝法”实为雄辩术“开场法”之一种，应用得当，它能挫败论敌的锐气，使其功势减弱，一蹶不振。周瑜在接见蒋干时，便是如此，他洞察其奸，当面警告蒋干不得为曹操作说客，声言莫谈国事，使蒋干如棒中顶，目瞪口呆，未辩先屈，口讷难言，最后中计而逃。

易位法

“己所不欲，勿施于人”，原是先哲的古训。当论敌囿于私利，不顾事理，胡搅蛮缠的时候，不妨试用一下“易位法”，则将他“易位”成为你，你“易位”成为他，然后再逼其表态。这样一来，对方只好不得不设身处地的检点自己，或者承认先前的“一叶障目，不见泰山”的错误，或者仍然固执己见，在众人面前出乖露丑，陷入难以自圆其说的尴尬境地。

当今城市建设工程很多，有的不甚注意安全，没有树立警示标志，导致一位行人在夜间行车跌入了坑中，受了腿伤。违法挖坑者在与他论辩时却拒绝赔偿医药费，理由是行人自己不长眼才跌倒的，不关己事。行人据理申辩，挖坑者仍固执己见，毫不让步。

这时，伤者便以“易位法”对挖坑者进行了驳斥和教育。他指出，假如有人在河里放了农药毒鱼，又不通知你河水有毒，你喝了河水中了毒，是应该怪他私自放了毒又不通知别人，致人中毒，应予赔偿呢，还是应该怪你自己不小心喝了河水，活该倒霉呢？”

挖坑人将心比心，哑口无言，只好承认了自己乱挖路坑，又不设警告标志，致人受伤的错误，老老实实的偿付了医药费。

比较法

比较是医治受骗的良方。常言道：“不怕不识货，就怕货比货。”要揭露论敌偷贩的是假货赝品，最快捷稳便的方法莫过于将真货正品拿出来两相比较。所谓“比较法”，是将两件以上事物的性质、范围、作用等等进行定量或定性的对比分析，从而推出雄辩的结论。它是雄辩家迅速摆脱困境，克敌致胜的好方法。

法国皇帝拿破仑是18世纪欧洲杰出的政治家和军事家，他以武力铁腕一举粉碎了神圣罗马帝国，清扫了德国封建统治的“奥吉亚斯奥牛圈”，为其工业发展和思想解放创造了条件，建立了伟大历史功绩。然而，拿破仑的敌人却以“暴虐”，的罪名强加干他，企图以“专横跋扈的暴君”的恶谥来贬损他的光辉。要回敬论敌的攻讦，单纯去抠“暴君”这个贬义词的具体所指，或是否认进步战争所造成的物质破坏都是于事无补的。在这种情况下，雄辩家恩格斯并不与论敌争辩拿破仑是否“暴虐”，而是巧妙地将他的“暴虐”与反动势力的暴虐作了鲜明的对比。他指出：

> 对德国来说，拿破仑并不像他的敌人所说的那样是一个专横跋扈的暴君。他在德国是革命的代表，是革命原理的传播者，是旧的封建社会的摧毁人。诚然，他的行动表现出来的是暴虐的，但是他的暴虐甚至不及公会的代表们可能表现出来并且实际上已经到处表现出来的一半，不及被他打倒的王公贵族所惯于表现出来的一半。（E·2：636）

从引文本身看，恩格斯的比较法雄辩术相当高明，他首先驳斥了论敌对拿破仑的恶毒攻击，开门见山地提出了自己的鲜明观点，正面赞扬了拿破仑的伟大；然后以退为进，先承认拿破仑专政确实暴虐，继则以两个“一半”为革命暴力与反革命暴力的暴虐程度作定量分析，以拿破仑的暴虐不及反动势力所曾经显示出来及正在显示出来的暴虐的一半的事实，粉碎了论敌诬称拿破仑是暴君的谰言！从而再度强化了自己的论点。行文不长，却有驳有立，有理有据，跌宕起伏，雄辩有力。

由此可见，善用比较，是雄辩家使大众识破论敌玩弄鱼目混珠、叶障泰山的鬼计，认可自己的正确论断的有效办法。同时，比较也可用于肯定双方的场合。

再如，恩格斯作为马克思最忠实的亲密战友，不掠人之美，不掩己之长，不耻为配角，不贪天之功，表现出作为马克思主义创始人之一所表现出来的虚怀若谷的伟大人格。他是这样用比较法来评价马克思和自己的：

> 不幸的倒是，自从我们失掉了马克思之后，我必须代替他。我一生

所做的是我注定要做的事，就是拉第二小提琴，而且我想我还做得不错。我高兴我有像马克思这样出色的第一小提琴手。……我们之中没有一个人像马克思那样高瞻远瞩，在应当迅速行动的时刻，他总是做出正确的决定，并立即打中要害。诚然，在风平浪静的时期，有时事件证实正确的是我，而不是马克思，但是在革命的时期，他的判断几乎是没有错误的。(E·36：219)

人贵有自知之明，应包含两层意思，即不但知道己之所短，而且知道己之所长。只知己长，不知己短，固然愚蠢；只知己短，不知己长，也未必聪明。只有对人长人短、己长己短都有恰当评估的人，才是真有自知之明，才是彻底的唯物主义者。恩格斯正是如此。他把马克思比作主角（第一提琴手），把自己比作配角（第二提琴手），表现出谦虚的美德；而他在赞扬马克思在尖锐激烈、风云变幻的革命紧要关头的高瞻远瞩、英明果断的同时，也不讳言自己在风平浪静的时候对某些事件做出的更准确判断的能力，以及在“第二提琴”的岗位上干得还不错的事实，这同样是实事求是的伟大谦虚，而不是虚矫伪饰的做作。

整段话以自己的善拉第二小提琴映衬马克思的善拉第一小提琴，以自己在风平浪静时期对个别事件的正确判断，映衬马克思在狂风暴雨时期对几乎所有事件的迅速的正确判断，寓谦虚于自信，寄敬佩于惋惜，真乃雄辩式的比较法。

比较也是说理的方法。如燕昭王为了招贤纳士，强大国家，于是向贤人郭隗请教。郭隗让燕昭王先从重用自己做起，并用“比较法”向燕昭王说明了其中的道理：如果天下贤士知道燕昭王重用才能一般的郭隗，那许多比郭隗更有才干的贤士就一定会争相投奔燕国，这和古时候一个国王通过重金收买千里马的骨头，而后得到了真正的千里马的道理是一样的。果然，燕王重用郭隗的消息一传开，比郭隗更有才华的乐毅、邹衍、剧辛等贤人，就纷纷投奔燕国来了。

避锋法

论辩犹如剑术比赛，不但要有攻，而且也要有防。有攻有防，攻防结合，才能克敌致胜，只攻不防，看似骁勇，实则并非善战，疏于防守，弄得遍体鳞伤，又怎能养精蓄锐，战胜论敌呢？常言道：“君子避三端：武士之剑端，文士之笔端，辩士之舌端。”就是这个道理。

在论辩的时候，遇到于己不利的论题，如不够了解，缺少证据，没有道理，毫无理由等，如果不及时避开，一味纠缠不休，就会为其“笔端”或“舌端”所害。“避锋法”的要则，就是要善于及时避开论敌“笔端”“舌端”的锐利锋芒，必要时不惜“丢卒保车”，甚至“丢车保帅”，寻觅新的战机，化险为夷，东山再起，变被动为主动。

例如，律师在为一个实施正当防卫的被告辩护的时候，如果一味与控方律师争辩原告的伤是重是轻，谁下的手重，日后伤势的后果是严重还是轻微等，只能是被动受责。只有及时撇开这一话题，转入被告为何实施正当防卫，以及他若不防卫又会招致何种后果这一关键论题，并予以充分的论证和有力的辩护，才能维护被告的合法利益，取得论辩的主动权。

罪状法

法官在给犯人判罪的时候，都要列举罪状，然后依法判决。雄辩家在驳斥论敌或鞭挞某种不良现象的时候，有时也可以借鉴法官判案时罗列罪状的做法，这就是加强论辩气势的“罪状法”。

毛泽东当年在延安干部会上作“反对党八股”的雄辩演讲时，就来用了“罪状法”，开列了“党八股”这个窒息革命精神的不良文风的八大罪状，使这个把五四运动反对老八股、老教条的斗争引向新八股、新教条的歧途的怪物成了人人喊打的过街老鼠——其罪状具体如下：

一、空话连篇，言之无物。
二、装腔作势，借以吓人。
三、无的放矢，不看对象。
四、语言无味，像个瘪三。
五、甲乙丙丁，开中药铺。
六、不负责任，到处害人。
七、流毒全党，妨害革命。
八、传播出去，祸国殃民。

“罪状法”能够提纲挈领，一目了然地将所论对象的错误事实和严重后果一一罗列于前，具有发人深省、易读易记的优点。使用“罪状法”要有事实根据，并加以充分论证，才能使论敌“罪名成立”，无计可避，被钉上历史的耻辱柱。

此外，罪状的罗列还必须与罪过的真相的揭露结合起来，才能收到理想的效果。马克思说得好：“人类要洗清自己的罪过，就只有说出这些罪过的真相。”（M·1：418）只有彻底揭露剥削制度的罪过的真相，人类才能洗清自己的罪过，重建崭新的世界。这正是引文以条件句形式雄辩地阐述的精义。

一部耗尽马克思毕生心血的《资本论》，就是一部开列“资本”的罪状并说出“资本”罪过的真相的控诉书。它揭示出：“资本是死劳动，它像吸血鬼一样，只有吮吸劳动才有生命，吮吸的活劳动越多，它的生命就越旺盛。”（M·23：260）“资本认为，在煤矿和其他矿井使用裸体的妇女和少女，而且往往让她们同男子混在一起的做法，是完全符合它的道德规范的，尤其是符合它的总帐的。”（M·23：432）

需要指出的是，这里所说的“资本”，与我们为了发展社会主义生产力而吸纳的民间资本与引进外来资本，还是有时代与民生意义的不同的。但无论“资本”在今天的经济生活中如何重要，孙中山关于“节制资本”的忠告是不能忘记的。这也是防止资本再度造孽的社会公正的需要。

动情法

“动之以情”与“晓之以理”，是相辅相成的。人是世界上唯一具有喜怒哀乐等复杂感情变化的动物，用具体、真实、感人的事实去打动听众的感情，有助于在燃起他们的激情的同时点亮他们的智光，这就是雄辩术“动情法”的妙用。

法国著名革命家弗朗斯瓦·诺埃尔·巴贝夫（1760—1797）出身于穷苦人家，因参与组织革命秘密团体“平等会”，筹划举行自由起义，推翻反动政府而被捕。凡多姆高级法院搜集假证，罗织罪名，想将他置于死地而后快。在法庭上，巴贝夫以被告身份为自己辩护，在揭露反动政府炮制假证，加罪于己的阴谋的同时。他满怀悲愤之情地控诉了反动政府对人民以及对自己一家人的残酷迫害。他说，在他被捕入狱期间：

> 我得知我极钟爱的孩子受尽痛苦，在那可怕的饥饿的恐怖下，同许多别的人一起，饿得憔悴不堪，这点我们得感谢屠杀人民的刽子手波瓦赛·唐格拉斯的大德。我有一个七岁的女儿，不久我就得到悲痛的消息，她由于罪恶的削减面包配给量两盎司的结果而死亡了。当我在弗鲁克梯陀尔重新看到我的另外两个孩子时，他们已经衰弱到我几乎不认得他们了。我在周遭看到的成千上万人家的情况，和我家庭这幅景象相同。巴黎大部分居民都是衰弱不堪，差不多所有的脸都很瘦削，他们几乎站立不住。这些触目惊心的惨状，我现在还历历在目。

惨痛的事实，忧国忧民的真挚感情，使巴贝夫的这段辩护词既有愤怒的火焰，又有诚挚的同情，深深感染了法庭听众的心。使他们更为理解他所投身的革命事业的伟大意义。在恩格斯对英国工人生活状况的考察报告里，在马克思缜密精深的《资本论》里，类似充满感情色彩的描述也是不少的，它使冷峻缜密的思辩插上了活力充沛的感情翅膀，飞进了读者的心灵深处。

史鉴法

温故而知新。“历史上常常有惊人的相似之处。”这是马克思与恩格斯说过的一句名言。在他们卷帙浩繁的著作中，随处可见一些借用典型，分析史实，联系现状，引古鉴今，洞若观火的精辟论述。这些都可谓成功运用“史鉴法”雄辩术的范例。正如马克思所言：

> “现代的旧制度不过是真正的主角已经死去的那种世界制度的丑角。历史不断前进，经过许多阶段才把陈旧的生活形式送进坟墓。世界历史形式的最后一个阶段就是喜剧。在埃斯库罗斯的“被锁链锁住的普罗米修斯”里已经悲剧式地受到一次致命伤的希腊之神，还要在疏善的“对话”中喜剧式地重死一次。历史为什么是这样的呢？这是为了人类能够愉快地和自己的过去诀别。”（M·1：456－457）

埃斯库罗斯是古希腊著名的悲剧家，被恩格斯称为“悲剧之父”、“有强烈倾向的诗人”。在他的杰作《被缚的普罗米修斯》里，他塑造了一个“哲学日历中最高尚的圣者和殉道者”——普罗米修斯的形象：他敢于违抗宙斯的禁令，盗取天火送给人类；他忍受酷刑，坚持正义，宁死也不泄露宙斯必将毁灭的秘密。疏善则是古希腊杰出的讽刺作家，无神论者，在他所写的《对话》里，希腊诸神成了受嘲弄的世俗之人，宣扬宗教迷信的统治阶级的种种罪恶暴露无遗，受到无情讽刺。

马克思引用的是神话题材作品，本意却在以历史表述他独具只眼的对历史的看法：当旧制度本身还相信而且也应当相信自己的合理性的时候，它的历史是悲剧性的；但是，当旧制度由于失去了合理性（它的主角已死去——如拿破仑）而变成了倒行逆施的丑角，却依然自诩为英雄的时候，它的历史就是喜剧性的了。

作为一位善用史鉴法的雄辩家，马克思令人叹为观止的是，他描绘的历史漫画不是一时一地、时过境迁的时事讽刺画，而是含意隽永、意味深长、耐人寻味的活的历史漫画，一出盛演不衰的历史剧的精彩剧照：

他们战战兢兢地请出亡灵来给他们以帮助，借用它们的名字、战斗口号和衣服，以便穿着这种久受崇敬的服装，用这种借来的语言，演出世界历史的新场面。（M·8：121）

一个个虔诚的信徒，扛着亡灵的偶像、穿着它的服装、用着它的语言、喊着它的口号、迈着它的方步……演着历史的新场面。这种历史剧难道人们看得还少吗？从路德换上使徒保罗的服装，到拿破仑侄儿代替其伯父；从1789年—1864年的革命依次穿上罗马共和国和罗马帝国的服装，到张勋的复辟和袁世凯的称帝……不都是这样的吗？

马克思的历史漫画和史鉴法之所以达到炉火纯青的艺术境地，是因为他有广博深厚的历史知识，并且掌握了历史唯物主义和历史辩证法的缘故，它使马克思的雄辩语言充满了迷人的魅力。

1927年7月23日，在国民党政府广州市教育局主办的广州夏期学术演讲会上，鲁迅应邀参加了演讲。当时，他目睹反动派发动广州“四·一五”反革命大屠杀的血腥暴行，郁愤积胸，心潮难平，但碍于时局险恶，难以明言，便借着学术演讲之机，以《魏晋风度及文章与药及酒之关系》的题目合作了一番精彩演讲。

在演讲中，鲁迅以翔实的史料，生动由激的语言，郁愤沉缓的情绪，描述了魏晋时期文章由清淡而通脱清理，又由通脱清竣而华丽壮大，再由华丽壮大而空谈超脱的演变过程，以及当时文人在司马昭之流捏造罪名，铲除异己的高压政策下，以酒浇愁，借药泄愤的社会情景，巧妙影射和猛烈抨击了蒋介石实行白色恐怖的反动政策。

鲁迅精通史学，“所阅颇众，聚感积虑，发为狂言”，写成此文。他的这篇演说谈古论今，曲折巧妙地揭露和讽刺了反动当局，不愧是我们学习“史鉴法”的范本。

自鉴法

借鉴的力量是无穷的。“自鉴法”，便是以自身的经历、经验、教训、进步、愿望、缺陷、长处等等为借鉴，说服别人的雄辩术方法。

最高境界的雄辩是诱导别人赞同你的结论，而不是大话压人。压服的结果，是压而不服。根据切身的体会去说服别人，引导他们自己得出结论，远比把大道理强加给他们要好。

周恩来在谈到中国知识分子问题时，就曾用过“自鉴法”。他认为，从现在看，自己属于革命知识分子，但也曾受过资产阶级教育。因此，不能笼统地说受了资产阶级教育就一点都不好，它在当时有启蒙作用，使自己受到启发。周恩来通过现身说法，一方面说明了中国从旧社会来的知识分子过去都属于资产阶级知识分子类型，另一方面说明了他们过去深受三座大山压迫。一部分参加革命，一部分同情革命，多数人逐渐靠近革命，只有极少数人投靠反革命，因此大部分是革命联盟中的一部分，具有极大的说服力。这比泛泛空谈知识分子应该如何自我改造的“雄辩家”不知要高明多少倍！

运用“自鉴法”的前提是，要有彻底唯物主义者的胆量，要有自知之阴，而文过饰非、表里不一者是不敢运用此法的。毛泽东在谈到知识分子应与工农感情融洽一致时，就曾以自己学生时期嫌工农脏，后来参加革命后思想感情才发生根本变化为例。这正是伟大雄辩家有胆有识，光明磊落的表现。

双簧法

“双簧”是曲艺的一种，由两人表演，一人表演动作，一人藏在后面或说戏唱，配合默契，如出一人。“双簧法”则是用书面语进行论战的聪明的雄辩家采用的一种方法，它像“双簧戏”一样，由观点相同，目标一致的两人同演，一个扮演攻方，一个扮演守方，配合巧妙，收效显著。

在中国现代文学史上。钱玄同与刘半农就曾演出过一场引起了强烈反响的“双簧戏”。他们先由钱玄同化名“王敬轩”代表复古派的观点，指责新文学“流弊甚多”，“大放厥词”，力主“以保存国粹为当务之急”；然后再由刘半农出面，写了《复王敬轩》，针对“王敬轩”的反动论点，痛快淋漓的逐一批去，大灭了复古派的威风，大长了新文学的志气。

在论敌分散而隐蔽，或企图用沉默战术来拖延战机的时候，“双簧法”的确可以收到树立黑靶，提供战机，振聋发聩的作用。当恩格斯为了对付敌人企图用沉默战术来封杀《资本论》的阴谋，首先向马克思提出使用这种“作战方法”的建议时，马克思当即予以赞同。通过恩格斯以“军事机智”给资产阶级报刊撰写的一系列似乎是从资产阶级观点来批评《资本论》的书评的及时发表，资产阶级官方科学界企图以保持沉默来使《资本论》自生自灭的阴谋，终于被彻底粉碎了。事后，马克思赞赏恩格斯善用此法道：“你从资产阶级观点对书进行抨击的计划是最好的作战方法。”（M·31：352）因为它打破了敌人用沉默战术来扼杀《资本论》任其自生自灭的阴谋，使这部经典巨作的革命观点迅速为世人所知，引起了思想界的一场地震，而马克思在这里所赞扬的“作战方法”，正是指恩格斯采用的，一种由自己人以反对者的面目出现，攻击己方人士，从而引起社会的兴趣和重视的

“双簧戏”论战方法。

从提高论者的雄辩术水平来看，能够从论敌的角度说出反对自己的歪理、或撰写反驳自己的挑战性文章是很有必要的事。孙子曰：“知己知彼者，百战不殆；不知彼而知己，一胜一败；不知彼不知己，每战必殆。”写论战文章也是这样。只有像马克思、恩格斯这样对论敌的观点以至论据都了如指掌的雄辩家，才能成竹在胸，稳操胜券，每战不殆。

除口头论辩可以即时模仿对方口吻加以讥讽外，在笔战论辩实战中运用“双簧法”最好有志同道合，深察敌情的战友。只是在偶然而又确属必要的情况下，才由一个人单独运用，自导自演。

复述法

根据表达的需要，使同一个词语，句子甚至段落一再出现，在修辞学里叫做“反复”。“反复”可以连续出现，也可以间隔出现。在诗中，“反复”是一种升华意境，淳化诗情的重要手段。雄辩术的“复述法”有其独特的含义，除了与修辞学“反复”相同的功能外，还有一些不同之处。

所谓雄辩术的“复述”，可以是重申过去的一贯主张。可以是强调刚刚阐述过的重要观点，也可以是总结式的结语，使听众再次加深对自己雄辩结论的印象。

“复述法”的又一妙用，是为自己树立轰击的黑靶。当论敌在夸夸其谈中无意露出破绽的时候，机智的雄辩家应当立即抓住这三载难逢的战机，主动要求对方“复述”一下他刚才说过的观点，待论敌不知是计，或过于自信，果然又将错漏百出的谬论重述一遍，使听众有更深的印象后，雄辩家再一把抓住其“鸡脚”，予以狠狠反击，论敌便有口莫辩，插翅难逃了。

总而言之，“复述”自己的主张，类似于修辞学的“反复”，就像是使论题更加醒目的放大镜；而“复述”论敌的主张，则是照亮敌阵的探照灯，发起反击的信号弹。

幽默法

伟大的雄辩家无不具有幽默感。舌战群儒的诸葛亮巧计安排，不但让周输扣留刘备换取荆州的如意算盘落了空，还叫士兵对着鞭长莫及的东吴追兵大喊：“周郎妙计安天下，赔了失人又折兵！”真是幽默得很。

马克思对幽默的美国总统更是青睐有加。他说：“林肯是史册上‘有其独特之处’的人物。他从不首倡什么，从不表现激情，从不装出姿态，从不使用历史帷幄。最重大的行动，他也总是使之具有最平凡的形式。别的人在为几平方英尺土地行动时可以宣布"为理想而奋斗"，而林肯即使在为理想而行动时，他所说的也只是"几平方英尺土地"。他犹豫不决地、违背本意地、勉勉强强地演唱着他这个角色的雄壮歌词，好像是在请人原谅他是为情势所迫，不得不'充当英雄人物'似的。他向敌人迎面投掷过去的、永远也不会失去其历史意义的最严厉的法令，都像——他本人也力求使它们像——一个律师送交对方律师的普通传票，像在法律上玩弄狡计，像小气地附有种种保留条件的诉状。（M·15：586）

在这里，马克思用的"犹豫不决"、"勉勉强强"、"玩弄狡计"、"小气"等贬词，却恰恰雄辩地指出了林肯最具闪光的"独特之处"，整段话用对比和比喻的方式，极高地评价了美国总统林肯寓伟大于朴实，寓理想于平凡的优秀品质。特别是当林肯为着美国独立繁荣的伟大理想，所发布的美国史上最重要的文件——废除奴隶制的解放宣言——竟像是一张律师的普通传票和一份小气的诉状时，他是把最重大的行动赋予了最平凡最幽默的形式的，这和一些为了几平方英尺的土地的争夺而大唱高调的市侩相比，真有霄壤之别！

理性的幽默高于理性的激情，这大概正是马克思寄希望于伟大政治家的优秀品质。林肯向敌人投掷过去的最严厉的法令，竟然像一个律师的普通传票和附有种种保留条件的诉状，这不是伟大的幽默吗？正如马克思所赞扬的那样，林肯是一位英雄，他"用幽默的微笑照亮为热情所蒙蔽的事态；他谦虚地、质朴地进行自己宏伟的工作，决不像那些天生的统治者们那样做一点点小事就大吹大擂。总之，他是一位达到了伟大境界而仍然保持自己优良品质的罕有的人物。"

要而言之，狂妄自大，胸无点墨之辈，是与幽默无缘的，只有谦虚而不自卑，睿智而不偏狭，心胸坦荡无私，乐观开朗的人才可能成为幽默风趣的雄辩家。

"幽默法"可以使人产生冷静、有智慧，有自信心的印象。作为雄辩术之一种，它的具体手法是不可胜数的，像幽默的描述，俏皮话，双关语，歇后语，戏谑嘲弄，以子之矛攻子之盾，比喻，夸张，反语，引用等等。曾用"幽默"者能如鲁迅，自己不笑，却更引起哄堂大笑，便进入了幽默的妙境。

嘲讽法

"嘲讽法"就是运用一切辛辣尖刻、讽刺讥笑的语句去奚落、挖苦、嘲弄论敌，以收到刺痛、暴露、鞭挞论敌目的的特殊效果的推辞方法。

在希腊神话里，普罗克拉斯提斯是个蛮横凶残的强盗，他强迫所有过路人躺在他所设置的一张铁床上，比床短的就把他拉长，比床长的就砍掉他的双脚。马克思和恩格斯说：

> “从桑乔对那位久被遗忘的、永享极乐的克洛普什托克所做的评语中已经可以看出，桑乔根本很少想到要把每一个‘唯一者’作为衡量他自己的‘唯一性’的标准，却非常想把他自己的“唯一性”当作衡量其他一切人的标准和道德规范，他要作为一个真正的道德学家硬把所有其他的人捆在他的普罗克拉斯提斯床上。”（ME·3：321）

“桑乔”是堂吉珂德的忠实随从，在这里，它成了马克思和恩格斯送给自命不凡的青年黑格尔分子、主观唯心主义者施蒂纳·麦克斯的外号。

马克思和恩格斯在文章中引用这个典故，讽刺了施蒂纳强迫别人接受他的观点的粗暴无理。克洛普什托克是德国资产阶级启蒙运动初期的诗人，他对宗教抱有独特的态度。但在施蒂纳眼里，他对宗教的态度还算不得“独自的”，因而非按自己的道德箴言去办不可，这和将过路人放在铁床上作践的强盗又有何两样？整段引文寓批判于诙谐，化“唯一性”为“强盗床”，显示了马克思与恩格斯的雄辩术的锐利锋芒，以严密的论证和嘲讽法指出了论敌的荒谬可笑。

“嘲讽法”法无定法，只要是能够达到嘲笑讽刺论敌的方法，都可归入“嘲讽法”。恩格斯认为，当敌人的造谣诬蔑手段无所不用其极，越来越卑鄙无耻的时候，单纯使用一些厉害的字眼来回敬他们是远远不够的，而且效力也会逐渐减弱，因此，“最好是采用其他办法，不要厉害的字眼而又能保证有力量和富有表达力。这种办法是有的，即主要是利用讽刺、讥笑、挖苦，这要比最粗暴的愤怒语言更能刺痛敌人。”他还认为：

> “对小小的刺激，根本用不着管它。这是斗争的第一条规则，并且要记住：
>
> 从来没有这样快活过，
> 刺痛敌人乐呵呵，
> 单拿蠢货来开心，
> 单拿傻瓜来奚落。”
> （E·36：174－175）

只有温和的庸人，才喜欢四平八稳、不痛不痒的文章，才害怕尖锐的讽刺和刻薄的嘲弄；而对于所有有胆魄有头脑的革命者来说，用无情的讽刺去刺痛愚蠢的敌人，却是一件令人开心的事，正如格·维尔特在《从来没有这样快活过》一诗中所形容的那样。

马克思和恩格斯是一对善于以辛辣的嘲讽刺得论敌暴跳如雷的革命战友。恩格斯认为，在敌人采用的手段越来越卑鄙无耻的时候，用最厉害的字眼来评论它们也显得太软弱，只有用讽刺、讥笑、挖苦的手法作战才能更有力和更富于表达力，“这要比最粗暴的愤怒语言更能刺痛敌人。”（E·35：336）他在回忆自己与马克思所写的讽刺文章时不说：“我们那时都是大胆的小伙子，海涅的诗篇同我们的散文相比，不过是天真的儿戏而已。”（E·36：33）

以胜于著名讽刺诗人海涅的尖锐泼辣的战斗风格去刺痛敌人，正是马克思与恩格斯对敌斗争所遵循的“第一条规则”——一条使他们的伟大论著具有雄沉犀利风格的不朽原则。

在论战中，马克思曾用嘲讽法讽刺道：“这种以为只要假装看不见危险就能逃避危险的鸵鸟的才略在我们的时代是不中用的。”（M·10：135）的确如此，在“鸵鸟”们看来，再大的危险也无关紧要，只要把头插进沙堆，祈祷奇迹来解救，就可以逢凶化吉，遇难呈祥了。这种以为假装看不见危险，就能躲过危险，以为只要在自己的想象中驱逐了敌人，就算打败了敌人，以为相信奇迹，就能获救于奇迹的“鸵鸟才略家”，不过是自欺欺人。正如雄辩而睿智的马克思所嘲讽的那样，这种鸵鸟才略在当今世界是不中用的。

恩格斯赞赏“嘲讽法”的巨大威力，并把勇于使用它当作斗争的第一条规则，可见“嘲讽法”对于雄辩家之重要。然而，正因为“嘲讽法”杀伤力极强，所以在争辩中应该慎用，以免误伤好人，造成不应有的损失。培根指出：“要紧掣缰绳，但少打鞭子。那些喜欢出口伤人者，恐怕常常过低估计了被伤害者的记忆力和报复心。”这是很有道理的。例如律师在法庭辩护，就应以法律为准绳，感情冲动，不看对象，随意讥嘲别人，是大不可必的。

博引法

“博引法”是广泛摘录引用各种思想资料，以增强演讲或论文雄辩力的方法的总称。

完全抛弃了“博引法”，丝毫也不吸取任何一点别人的有益思想成果的雄辩家恐伯是绝无仅有的，即使有，其论证材料也必然十分贫乏，其思想也必然显得苍白。

“博引”的范围十分广泛，举凡可以论证、强化，帮助论题的各种思想材料，都可以“拿来主义”态度待之。像家喻户晓的俗谚，名人惊警的格言，著名诗人的诗句。大剧作家剧本的台词，文学名著的片断、典型，脍炙人口的神话故事、民间传说，寓意深刻、短小精悍的寓言，文笔优美的散文。乃至新闻报道，调查报告，经典著作，年鉴报表等等，都可根据论证问题的需要酌情引用。有时候，为了树立黑靶，也有必要引用敌论或其他反面材料。请看恩格斯是如何运用博引法的：

> 英国的戏院应该把《扬恶学校》这个剧目从节目单上勾掉了，因为事实上最大的扬恶学校已经出现在巴黎的众议院。……
>
> 这时候，德·日拉丹先生看出内阁已彻底瓦解，毫无力量，他终于认为该把自己那个装满丑事秘闻的潘多拉的盒子拿出来了，……（E·4：199－201）

《扬恶学校》，是理·谢里敦所写的一部五幕喜剧，而“潘多拉的盒子”则是一个装满罪恶纠纷的盒子。它源出于希腊神话。由于潘多拉的好奇心切，打开了这个盒子，于是各种祸害便都被散布出来了。

呜呼！支持基佐反动政府的堂堂法国众议院，竟成了丑闻集装箱，令远隔英吉利海峡的英国的“扬恶学校”自叹弗如，闭幕谢客。而众议员日拉丹打开他的“潘多拉的盒子”的泄私愤的行为，更如火上浇油，使行贿、欺诈、卖官鬻爵成风的众议院恶名远扬，成了世界公众的笑柄。

在恩格斯的笔下，文学典故成了多有威力的论战武器！而从论战本身看，也颇有恩格斯雄辩术的一贯特色：它起语突兀，言此意彼，悬念极强。而后以潘多拉之盒为导火索，纷纷扬扬，铺陈事实，尽揭丑闻，令人于真相大白之后，更因其广采博引，韵味无穷……

旁征博引，纵横捭阖，包罗万像的“博引法”，是检验一个雄辩家的知识面与鉴赏力的试金石。对于一个雄辩家来说，知识面越广，可选的思想材料越多，论辩的弹药储备就越足，雄辩致胜的可能性就越大；而鉴赏力越高，就越能去芜取菁，去伪存真，为听众与读者提供美味丰盛的精神食粮，反之则可能会大“掉书袋”，离题万里。

激赏法

“激赏法”就是通过满怀激情地颂扬赞赏的方式，以各种称颂、赞美、褒扬的言词，对特定对象做出肯定性评估的方法。

以激励的方式催人奋发，在国外已成为专门的学问。而习见的“激赏”，一般见于对某一成果的评估或对某一伟人的赞评。这就需要对该成果所产生的影响做出真实描述，需要对这一伟人的成就、能力、学识、品德等，有全面的了解和准确评价。

为了肯定某个有缺陷的对象，在对其进行“激赏”论证时，可采用“对比”或“以退为进”的办法。“对比”的方法就是将其人与同时期的其他伟人相比，将其事与历史上的相同事件相比，以突出其独特的地位和作用。“以退为进”法是首先承认激赏对象的缺陷，然后将其功过相比，或将其与反面角色的“过”相比。以助于人们对其功过有个全面的比较和准确估计，避免片面化，这是一个比掩盖其缺点，盲目拔高的办法聪明百倍的高招。

对大名鼎鼎的法国皇帝拿破仑这个“寡头的民主”如何评价，可以直接检验出雄辩家的是非观念和才华高低。在《德国状况》一文里，恩格斯列举了拿破仑摧毁神圣罗马帝国、颁布承认平等的拿破仑法典，从封建压迫下解放农民、促进德国工业的发展、使德国人得以为伟大理想和公共利益服务等历史功绩，热情赞扬其为“革命的代表”、“革命原理的传播者”、“旧的封建社会的摧毁人”，激赏艺术十分高明。

“激赏”的目的是树立正面的形象，贬抑皮面的形象，因此在选用对象时必须慎重，应具有代表性和榜样的资格。除了正面赞扬的方法外，在演讲的开场或中途，播入一段充满激情的诗朗诵，也可收到良好的效果。

黑格尔是德国最大的客观唯心主义哲学家，他创立了包括逻辑学、自然哲学和精神哲学的庞大而完整的哲学体系，成为德国古典哲学的集大成者。马克思称赞他说：“如果人们要像黑格尔那样第一次为全部历史和现代世界创造一个全面的结构，那么没有广泛的实证知识，没有对经验历史的探究（那怕是一些片断的探究），没有巨大的精力和远见，是不可能的。”（ME 3：190）马克思和恩格斯对那种缺乏历史观点，只满足一二个实例，只知道利用和改造现成结构来达到自己的目的的“理论家”嗤之以鼻，对黑格尔这样的具有历史眼光、广泛知识和巨大精力的思想巨人则予以了充分的肯定。黑格尔的巨大功绩在于，他第一次把整个自然的、历史的和精神的世界描写为一个过程，即把它描写为处在不断的运动、变化、转变和发展中，并企图揭示这种运动和发展的内在联系。正是在对黑格尔的辩证法的合理内核的批判吸取之后，马克思和恩格斯创造了唯物辩证法。

在引文中，马克思和恩格斯以三个“没有”排比成句，用否定之否定这种更为肯定的论证方法，表明了对像黑格尔这样为人类思想的发展做出了伟大贡献的哲学家的尊崇。

“激赏”不是廉价的赠品，不能不看对象的随意奉送。恰如其分的“激赏”，不但能催人向上，而且能表明论者的鲜明立场、火热激情、高尚情操和美好理想，大大增强论辩的正面说服力，是雄辩家最乐于采用的雄辩术之一。

同化法

巧妙地与大众化为一体，沟通心灵，交流感情，是雄辩家获胜的高招之一。

约翰·亚伦在竞选美国国会议员一职时，遇到了老上司铁格将军。铁格将军在演讲将毕时说：“在十七年前的昨天晚上，鄙人曾率领健儿，在那座山苦战竟夕，出生入死。还记得在那一丛林之下，安设露营。我希望诸君。在投票时不忘这个曾为同胞舍生效力的忠仆！”这对听众的影响可谓深矣。

然而，亚伦的演说却更为动人。他说：“亲爱的同胞们！铁格将军在丛林间设营，确系事实。那时，鄙人身充守卫，在将军安歇时，鄙人竭力守卫，克尽职守。凡诸君身任将军，睡时需哨兵守卫的，请选举铁格将军。若也是哨兵，需为酣睡的将军守卫的，请选举亚伦。”事实很清楚，在南北战争中充任将军的，毕竟是极少数人，而浴血奋战的普通士兵毕竟占了绝大多数。亚伦运用的同化法的精彩演说使他获得了大多数选民的同情，终于在竞选中获胜当选。

善于将自己化为最广大群众中的一员，融入其中而不是以高居其上的救世主面目出现，更不是将对方置于理亏的地位，是“同位法“与”易位法”的区别之处。只有前者，才能与广大听众息息相关，心心相连，同声相应，同气相求，为他们所理解所支持，这正是“同化法”的克敌致胜的奥秘之所在。

婉言法

雄辩术的“直言法”是开宗明义，提纲率领，要言不繁，一语中的的论辩方法。然而，雄辩的言词并不永远都是剑拔弩张，锋芒毕露，直截了当，一览无余的。有时候，用动听入耳的言词，温和委婉的语气，平易近人的态度，曲折隐晦的暗喻，更能使对方理解自己，信任自己，从而达到说服的目的。这就是“婉言法”。

春秋战国时期，纵横家苏秦周游列国，力主抗秦，被推为“合纵抗秦”的纵约之长，身披六国相印。一些人妒嫉他的飞黄腾达，便在燕王面前进了谗言，说他是个不守信用的小人。燕王听信谗言，疏远了苏秦。苏秦察觉此事后，有苦难言，便以委婉的方式对燕王作了自我辩解。他说：“臣以忠信得罪了君王。”燕王奇怪，追问何故。苏秦说：“君王不知道，我家邻居的妻子有外遇，怕丈夫知道，便在酒中下了毒。他的小老婆奉命献酒，既怕毒死丈夫，又怕他知情后赶走主母，便假装失手摔碎了酒杯，结果挨了一顿鞭打。我的处境跟邻居的小老婆一样，本来为燕国取回十城，却因忠信得罪了君王，引起了猜疑。”燕王终于被苏秦委婉诚恳的言辞所打动，又再度信任他并委以重任。

“婉言法”有时的确能比“直言法”更巧妙更顺利地达到雄辩家的目的。

四、巧胜类

侦破术

古代杰出的大军事家孙子指出：“知彼知己者，百战不殆，不知彼而知己，一胜一负，不知彼，不知己，每战必殆”。雄辩家在论辩中也同样如此，只知道自己有哪些理由和根据，不知道论敌有哪些理由和根据，便匆忙与之争辩，只能是若明若暗，胜负难卜。

而要了解论敌的意图，所持的论点和论据，就必须使用“侦破术”。“侦破术”是诱敌深入，察言观色，后发制人的方法。具体做法是，偃旗息鼓，先不贸然出击，让对方先把话说完，从中了解对方的意图、论点、论据和论证方法，找到其弱点及突破口，再一鼓作气，发起猛攻。

当论敌也采取静观战术，按兵不动时，还可采用“佯攻法”：在不暴露自己的真实意图和实力的前提下，向对方提出几个辩题，迫使对方反驳，察知其实情后，再予以有力反击。

“侦破术”的“侦”与“破”是密不可分的，“侦”是为了“破”，“破”是“侦”的目的，“侦”是“破”的手段。只有“侦”得准，才能“破”得狠。如果缺少准备，实力不雄厚，难以破敌，那么，“侦”得再多再细，也是没有意义的。

攻心术

善战者，以攻心为上。俗话说，“树怕剥皮，人怕伤心”。而“攻心术”正是通过心理分析的方法，由论敌的意识活动，乃至潜意识活动进行“爆光”，达到群而胜之的目的。

罗巴克（1801—1879）是个英国议会的饶舌家，常常火冒三丈地乱发议论，莫名其妙的狂吠一通，为各种怀有卑鄙的甚至是敌对目的的政治集团服务，这是出于什么原因呢？马克思从罗巴克是个小律师，却始终无法开业，充满了职业的苦恼讲起，继而分析了他百般钻营政治权术，以初出人头地，在历届辉格党都充当过一种受人委托的“秘密代表”的角色，事成之后却竹篮打水——一场空的经历，刻画入微而令人信服地剖析了他在这种境况下的烦燥感和变态心理。马克思写道：

> “我们可爱的罗巴克被自己的美好希望所迷惑，他遭到自己党的轻视和自己的反对者的嘲笑。他意识到他的心已经变得冷酷了，而且充满了悲哀，于是他渐渐变成了一只不定在什么时候就要在议会里尖吠一通的最贪婪、最凶恶、最惹人生气的劣种狗。他以这种身份来轮流为所有善于利用他达到自己目的的人服务，甚至不希望得到任何方面的感激或尊重。”（M·11：39－40）

这，正是雄辩家在论战中活用“攻心术”，使论敌无遁其形，束手就擒的生动战例。也完全符合孙中山在其著名的《三民主义与中国前途》的讲演中，曾加以强调的古代中国的“攻心为上”的兵法要诀。当年蔺相如能完璧归赵，也正是摸准了秦王既想恃强索要无价之宝和氏璧，又不想给城，还想要在各国使者面前保持面子的心理，从而据理雄辩，声势夺人，攻心取胜，最终在秦国全身而退的。它启示我们：攻心为上，确非虚言。

侧击术

“侧击术”，就是一种不正面攻击论敌的观点或揭露其丑恶本质，而是左右迂回、包抄，旁敲侧击，战而胜之的论辩方法。

马克思和恩格斯曾经用侧击术辛辣的讽刺驳斥了“资产阶级社会主义”的代表日拉丹主张以“保险单”取代收税制的谬论。他们说：“有一个罗马人希望有一栋玻璃房子，以便使周围的人都能看到他的一切行动。资产者希望他的房子不是玻璃制的，而他邻居的房子是玻璃制的。这一愿望也实现了。……有一个乞丐来叩门乞讨。要叫他拿保险单来！公民应当肯定他救济了应该救济的人。以前雇一个女仆时，把她带到家里，盲目地予以信任；而现在则是叫她拿保险单来！”（ME·7：337）

按照日拉丹的空想，只要每个社会成员都根据自己的财产多少如实填报保险单，交纳保险费来代替交税，普遍的信任就可以建立起来，破产和危机就可以消失，社会的和平与安宁就可以实现了。这不啻是痴人说梦！其实，且不说当时收入甚少的广大劳动者无金可保，就是家有巨万的资产者，也不愿住进让别人一目了然的玻璃房里，老老实实地按财产比例交纳保险金。而日拉丹甚至以为男女双方“将来互相吐露心曲的时候。只要交换保险单就行了。这样，现在造成人生欢乐与痛苦的欺骗就会消失，真正的真理王国便会实现。”（ME·7：737－738）更是无稽之谈！

在引文中，马克思和恩格斯采用了由远而近，由浅人深的迂回侧击式雄辩术，以浅显的社会常识，驳倒了论敌的“保险单万能论”。

在《夏三虫》这篇言简意深，借物喻人，旨在揭露一伙杀人喝血不算，还要在饮血前先发一通人血该喝，饮后再发一通人血不洁的“伪君子”的杂文里，鲁迅便成功地运用了“侧击法”。他首先不是说吸人血、传病菌的夏三虫——蚤、蚊、蝇谁危害最大，谁最可恨，而是问“最爱哪一个？”这正是起语突兀，暗埋伏笔。果然，他在肯定了叮人血时干脆直捷的“蚤”最“可爱”之后，对叮了人血还要哼哼的“蚊子”略示了不满，接着笔锋一转，继续用曲笔扯起野雀野鹿，以及“苍蝇”的种种不雅行为来。等到占全文最长篇幅的这两大段文字叙述过后，他才在末两节中以精炼的语言点出题旨：那些吃了牺牲，反嘲其不洁的伪君子，才是禽兽不如！

通观全文，褒中有贬，贬中有褒，迂回曲折，一波三澜，旁敲侧击，语中有话，使人在对“蚤”“蝇”之辈有了深入了解之后，对“蚊”类的伪君子更生鄙恶之心，这正是“侧击法”的妙处，它先不直攻论敌，却能最后使论敌画皮脱落，原形毕现！当年齐国著名雄辨家晏子在借鸟喻事，说服齐景公时，也是用此法奏效的。

模拟术

传神达意，惟妙惟肖地模仿论敌粗暴无礼或愚不可及的种种论调及口吻，可以使论敌的谬误大白于天下，令听众或读者发出会心的一笑，它“以子之矛，攻子之盾”，是戳穿赝品销售者骗人伎俩的高招，能令骗子陷入无法自圆其说、哭笑不得的尴尬境地，出丑露乖。

“在一切宗教中，忏悔、牺牲、乃至于自我牺牲，是祈祷式即膜拜的真正本质。”（M·6：413）为了揭穿宗教的这种愚弄信徒的本质，教员沃尔弗·威廉（1809—1864）——一个西里西亚农奴的儿子，曾因投身革命而被捕入狱，后来当上了法兰克福市议员，曾巧妙地从一本旧赞美诗集中选取了一首流行的悔罪者的“歌词”，登在地方报刊上，模仿信神者的口吻发表了一首赞美诗。诗曰：

“我真是一个卑贱的罪人。
我全身浸透了罪过。
就像浸透大葱味的俄国人。
主耶稣呀，请您抓住我这狗的耳朵，
扔给我一根仁慈的骨头，
把我这有罪的蠢驴，
扔到您那仁慈的天国。”

这段悔罪者的歌词像闪电一样传遍了整个德国，使得不信神的人捧腹大笑，令伪善的宗教骗子又羞又恼，无地自容；令“虔诚的人”恼羞成怒而又无计可施；令稍有头脑的信徒们都不能不扪心自问，把自己降到“有罪的蠢驴”的地位是否明智？

在揭露德国柏林大学讲师杜林散布唯心主义和庸俗唯物主义谬论的时候，恩格斯也曾模仿其蛮横口吻说道：“恶就是猫。所以魔鬼没有犄角和马蹄，而有爪子和绿眼睛。当歌德使靡菲斯特斐勒司具有黑狗的形象而不是黑猫的形象的时候，他犯了一个不可饶恕的错误。恶就是猫！这是不仅对于一切世界，而且对于猫也适用的道德”。（E·20：104）

从历史的观点看，“恶”只是一定时期一定阶级对“非道德”现象的总称。没有什么超历史的超阶级的“恶”，“恶”的产生离不开一定经济条件的发展，离不开私有制的产生和发展。因此，像杜林那样武断地主张从人类的“猫的类型”中去寻找“恶”的起源，是荒唐可笑的。不幸的是，“如果他不把自己对烟草、猫和犹太人的厌恶作为普遍适用的规律强加给包括犹太人在内的全人类，他就不能制造出这套现实哲学”。（E·20：158）

为了更好揭露杜林的这套哲学货色，恩格斯在引文中用归谬法和模拟术把杜林的谬论推向前台，恶就是猫！暴露出杜林不学无术的学霸派头。其实，魔鬼也有长角的（如牛鬼），歌德名著《浮士德》中，魔鬼靡菲斯特斐司幻化为黑狗的形象，都证实了“恶”并非是猫的专利。

了解了杜林关于“恶就是猫”的真相的读者，有谁会不为恩格斯有意对杜林学阀式口吻的惟妙惟肖的模仿而发出会心微笑呢？而这正是幽默武雄辩术之微妙论辩效果之所在。勿须多言，杜林的学阀嘴脸，经恩格斯“模拟术”的显影定形，早已须眉毕现，不遗纤毫了。

纵擒术

欲擒故纵，先纵后抗，是军事家捕获顽敌的斗智手段。它的秘诀是，先张网退避，示敌以虚，待敌骄纵冒进，再反守为攻，一网打尽。聪明的论辩者在论战中也可以成功地运用这种“纵擒术”雄辩方法这到力挫论敌的目的。

鲁迅在他的《半夏小集》中记叙了这么一段有趣的论辩：

A：阿呀，B先生，三年不见了！你对我一定失望了罢？

B：没有的事……为什么？

A：我那时对你说过，要到西湖上去做二万行的长诗，直到现在，一个字也没有，哈哈哈！

B：哦……我可并没有失望。

A：您的“世故”可是进步了，谁都知道您记性好，“贵人严”，不会这么随随便便的，您现在也学会了说谎。

B：我可并没有说谎。

A：那么，您真的对我没有失望吗？

B：唔，无所谓失不失望，因为我根本没有相信过你。

从这段论辩中可以看出，A明明是一个恬不知耻的撒谎者，却偏要指斥B也是撒谎者。B以退为进，欲擒故纵，先用“为什么？”引蛇出洞，让对方自陈其伪，然后话锋陡转，以“我根本没有相信过你”作结，给予撒谎者以致命反击，令他无言以对，赧然自惭。而B先生的纵擒术雄辩法也就得胜鸣金了。

应变术

论局如战局，攻守易位，瞬息万变，胜负难测，需要雄辩家当机立辩，“或因势利导，或反诘设问，或激将诱敌，或化害为利，或转守为攻，或指桑骂槐，或顺手牵羊，或出奇制胜，或直捣要塞……。

这种因势而变，随物赋形的方法，就是“应变术”。即以“激将法”而论，就有明激、暗激、智激等方法。而以“攻守易位”而论，也能有效检测雄辩家对“应变术”掌握的熟练程度。有经验的雄辩家，在知己知彼，胸有成竹，理直气壮之际，可以当头棒喝，直言相陈，主动出击，掌握主动权；在战况不明，决心难下时，可以静观默察，伺机待变，以守为攻，在形势陡转，战局已定，条件成熟之际。又能转守为攻，步步推进，后发制人。

“应变术”是雄辩思维的论战性与应变性所决定的，其形式和用法也是丰富多挛，在实践中不断发展的。像“六言对策答辩法”所列举的根据不同情况而采用的直言答辩、婉言答辩、借言答辩、预先发言、沉默待言、合理纳言等方法，与“应变术”的精义就是完全一致的。那就是：主动迎击，审时度势，随机应变，因事立言，因势利导，争取胜利。

要而言之，“应变术”的要诀大体如下：

一、正气凛然，胆壮无畏；二：有备无患，经验丰富；
三、以理生情，稳定情绪；四、据理力争，以理服人；
五、坚决果断，表达准确；六、迅速灵活，随机应变。

借箭术

聪明的军事家不仅勇于摧毁和占领敌人的堡垒，而且还善于缴获和利用敌人的武器，达到“以子之矛，攻子之盾”的妙用，取得化害为利，借箭致胜的效果。机智的雄辩家同样的聪明，他们像草船借箭、料敌如神的诸葛亮一样，善于用雄辩的草船将论敌射来的攻讦利箭一齐收住，再反射回去，夺得论辩的胜利！这就是所谓的借箭术雄辩法。

曾经有一个外国通讯员在《晨报》上为混入革命阵营中的机会主义头子巴枯宁鸣冤叫屈，并引用了“宁愿和聪明的敌人打交道，也不愿和愚蠢的朋友讲来往”的谚语，来恶毒攻击马克思对巴格宁的严正批判。马克思接过了这支箭，并没有否认它而将其拆断，而是肯定它并将它射向了它的发射者。他说：

“完全正确，正是‘愚蠢的朋友’，才不知道只有意见相反才有争论，只有从相互矛盾的论断中才能得出历史的真实，因而把这当作一种发现而表示大惊小怪。”

妙哉！经马克思的巧手点化，谚语所闪射的人类智光更为耀眼夺目了：实际上，像这位外国通讯员才是真正的革命者的“愚蠢的朋友”！只有他才不懂得，革命者与机会主义者的意见相反和互相争论是正常现象，只有他才为革命的蟊贼打抱不平而为正义的批驳而大惊失色。

“借箭术”用在“六言对策答辩”时，属于“借言答辩”之类。

入瓮术

据《资治通鉴·唐纪》记载，武则天当政时，推行严刑峻法。一次，有人告了周兴，武则天便命来俊臣审问。来俊臣请来周兴喝酒，假意向他请教审讯的法子。周兴不知是计，醉熏熏的说：“这有何难，只要把犯人装进大坛子里，放在炭火上一烧，便会什么都招认了。”来俊臣依计烧好炭火，备好一只大坛子，然后脸色一变，厉声说：“周兴兄，有人告了你的状，请你老兄进瓮去吧！”把周兴吓得面如土色，冷汗淋漓。后来，“请君入瓮”便成了成语，比喻用其人治人之道，还治其人之身。

在论辩中，“入瓮术”特指诱使论敌自掘陷阱，自蹈覆辙，自陷罗网的雄辩方法。请看一例：在审讯冒牌记者乙的时候，审讯员甲是这样设瓮诱敌，戳穿其伪的：

甲：你是干什么的？（开门见山）

乙：×报记者。

甲：你当了很久记者吗？（乘势深入）

乙：是的。

甲：那一定写了不少报道吧？（点火备瓮）

乙：当然。

甲：请指出你最近发表的一篇文章！（请君入瓮）

乙：这……

甲：看来，你是个冒牌货！（瓮中捉鳖）

乙：（汗颜，无言以对）

再看一例：墨子为了阻止楚国攻宋，在作好充分备战的基础上，到楚国面见楚王。墨子对楚王说，如果有人丢弃自己华丽的轿车，而想偷邻居的破车，舍弃自己的锦绣衣服，而去偷邻居的粗布短衫，舍弃自己的美味佳肴，而去偷邻居的粗劣食物，这是怎样的人呢？楚王答：这人一定是害了偷盗病！墨子见楚王进了“瓮”，马上指出了楚王的贪婪昏昧：楚国富足而宋国贫弱，发起攻宋不正像害了偷盗病一样吗？楚王哑口无言，再弄清了宋国早有准备，只好打消了攻宋的念头。

捣虚术

论辩的搏击，要讲究策略。“批亢捣虚”，语出《史记·孙子吴起列传》，其言曰：“救斗者不搏撠，批亢捣虚，形格势禁，则自为解耳。”意思是：抓住斗者咽喉，用棒痛击他的要害，用戟刺人的殴斗者就会因形势的限制而自然分开，不得不降服。所谓“捣虚术”，就是或者抓住问题的实质一言道穿，或者抓住捏造罪名兴师问罪的论敌的要害一举击破的雄辩方法。

马克思曾经这样深刻地揭露过资本主义文化工业惟利是图者的实质。他说：

> “没有一个宦官不是下贱地向自己的君主献媚，并力图用卑鄙的手段来刺激君主的麻痹了的享乐能力，以骗取君主的恩宠，工业的宦官即生产者则更下贱地用更卑鄙的手段来骗取银币，从自己的按基督教教义说来应该爱的邻人的口袋里诱取黄金鸟。”（M·42：132－133）

在这里，把顾客奉为上帝的文化产品“生产者”的秘密被马克思揭穿了。他们投合消费者的最下流的意念而不是他们的正当需求，以满足其病态的欲望的狡计来骗取银币。在他们眼里，人们的每一个现实的或可能的需要都是骗取其银币的弱点，甚至于人们的每一个急难都是一个机会，可以让他们设法敲诈一下。他们千方百计在别人身上唤起某种新的需要，以便迫使他做出新的牺牲，使他处于一种新的依赖地位，诱使他追求新的享受方式，从而陷入经济上的破产。“工业的宦官”，是马克思对唯利是图、卑鄙无耻的文化“生产者”的讥称，与真正的宦官为了邀宠而不择手段一样，他们在骗取银币时也是无所不为的。就这样，马克思用类比论证的雄辩语言嘲笑了这些丑类，用捣虚术揭穿了他们的实质！

1931 年底，进步学生为日兵占据我辽宁省与吉林省而到南京请愿，却遭到了镇压。国民党政府在 12 月 18 日通电全国各地军政当局文中，给学生加上了“捣毁机关、阻断交通、殴伤中委、拦劫汽车、攒击路人、私逮刑讯、社会秩序，悉被破坏”等一系列吓人的罪名。鲁迅目睹此景，愤怒填膺起而反驳。但他并没有平均用力，按论敌开列的“罪名”逐一驳去，而是抓住了“友邦人士，莫名惊诧，长此以往，国将不国”这莫须有的罪名的要害予以痛击！他列举日寇侵华事实，撕下了“友邦”的面纱，还其凶暴残酷的真相，猛烈抨击了国民党认敌为友，畏敌残民，放虎入室，闹得“国将不国”的卖国投降政策。经鲁迅用此“捣虚术”致命一击，正中论敌要害，其欲置学生于死地而后决的论据，也就一一不攻自破了。

还是鲁迅说得精辟：笔战，就也如别的兵战或搏斗一样，不妨伺隙乘虚，以一击制敌人的死命，如果一味鼓噪，正是《三国志演义》式战法。(《南腔北调》)

产婆术

据柏拉图在其对话录《泰阿泰德篇》记载，他的老师哲学家苏格拉底宣称，他虽无知，却能帮助别人获得知识，正像他自己的母亲是一个产婆，虽然年迈体衰不能生育，却能助产接生一样。从此，“产婆术”因此而得名，成了专指帮助别人获得如识的方法的代名词。从雄辩术的角度看，“产婆术”就是一种通过问答揭露对方的矛盾，使之逐步达到对事物普遍性认识的方法。

请看苏格拉底是怎样用“产婆术”说服弟子亚理斯提普斯，使他承认了自己的关于“美与善的统一，它们都以功用为标准”的观点的：(大意)

问：你知道有什么东西是美的？

苏：我知道有许多东西都是美的。

问：这些美的东西彼此相似吗？

苏：不一定，有些毫不相似。

问：与美不相似的东西怎么能是美的？

苏：因为看的观点不同。从某个观点看来是美的东西，从同一个观点看来也就是善的。

问：粪筐能说是美的吗？

苏：能。金盾却可是丑的，如果粪筐适用而金盾不适用。

问：同一事物可以既是美的又是丑的吗？

苏：是的。因为任何一件东西如果它能很好的实现它在功用方面的目的，它就同时是善的又是美的，否则它就同时是恶的又是丑的。

从上述苏格拉底与学生间的简短对话看，他确不愧为“产婆术”的发明家，就在一问一答之间，把对方心中的疑团和矛盾一一解开，澄清了似是而非的观点，达到了美与善地与功利有关的普遍性认识。

巧辩术

雄辩家在一些特殊的场合，必须立即回答一些难以回答的或者是挑衅性的问题时，以某种巧妙的往往有时是非逻辑的方式做出解答从而摆脱困境的方法，即“巧辩术”。

在一次中外记者招待会上，基辛格向周恩来总理提出了一个颇具讽刺意味的怪问题：“为什么中国人走路总喜欢低着头，而美国人走路总是拾着头?”周总理机智而风趣地回答：“因为中国人正在走上坡路，所以总是望着地，美国人正在走下坡路，自然要两眼望天了。”话音刚落，记者会上便响起了一片友善的哄笑声，而基辛格却哑口无言了。

又有一次，一位西方记者在宴会上向周总理提问，你们国库到底有多少人民币？这个问题既不能厉声拒答，伤了和气，又不能和盘托出，泄露机密。于是，周总理便巧妙作答道：“共有十八元八角八分。”接着，他又详加解释道：中国的人民币面值有十元、五元、二元、一元、五角、二角、一角、五分、二分、一分几种，加起来正好十八元八角八分。那位记者一听，连连点头，出席宴会的中外宾客，也无不佩服周总理的谐趣机智和妙语巧辩。

“巧辩术”看似答非所问，不合逻辑，实则以巧解困，妙趣天成。

抽薪术

“釜底抽薪”，比“扬汤止沸”绝对高明的地方，就在于前者是从锅底下把木柴抽掉，从根本上解决了热源问题，使汤水冷了下来；而后者则是将开水暂时从锅里舀出来然后再倒回去，热源不去，办法不彻底，汤还是会继续滚沸。“抽薪术”则从前者成功的启示而来，它不是“扬汤”而是“抽薪”——即把论敌的论据驳倒，使其沸沸扬扬，气焰万丈的论证不驳自倒。

例如，有一家养鸭场，向一家饲料公司购进了一批饲料，投放喂养后造成了鸭群的大量死亡，于是便起诉饲料公司，索赔五万元。饲料公司的辩护律师以卫生部门的检验单和鸭群死因分析单为论据，指出饲料本身并无质量问题，其他鸭场使用后从未发生过类似事故，鸭群的死因是农药中毒，是鸭场无意中在鸭料中掺入了有毒茶叶所致，从而驳回了控方的起诉。

法院判决的结果，自然是饲料公司无须赔偿鸭场损失。由此可见巧用“抽薪术”，是化被动为主动，化理屈为理直的好办法。

镇定术

雄辩家在论辩的关头，一忌慌乱，二忌狂躁，一慌一躁，阵脚不稳，头脑发胀，言词过激，语无伦次，漏洞百出，就会给论敌以可乘之机，陷己于被动之巾。因此，在论辩形势紧追或不利时，要及时采用“镇定术”，以稳定情绪，思谋对策，伺机反击。

最简单的镇定术是在演讲台上略为停顿一下，如整理一下讲稿，扶一扶话筒，品一口茶，微微地笑一笑，看一看表，踱一下步，斟酌一下语句，为思考对策留下一点必要的时间。

不论是由群体交际的恐惧感造成的心慌意乱，还是由论敌的攻讦引起的狂怒暴躁，都是一种产生负效应的心理活动，因此，不论采取何种镇定方式，最重要的是控制自己的情绪。君子一言，驷马难追。而情绪波动，激情喷发，却往往如野马脱缰，黄河决堤，导致你说出一些不应说的话，做出一些不应做的举动而后悔莫及。狡猾的论敌有时会故意用一些挑衅性、侮辱性、甚至是诽谤性的言词激怒你，若你照样镇定自若，口若悬河，引经据典，逐一批去，他就无计可施了，若你火冒三丈，粗言烂语，大张挞伐，出言不慎，则可能由主动转为被动，被论敌牵着鼻子走。

总之，聪明的雄辩家从来不会做正中论敌下怀的蠢事，他们不会做激情的俘虏，让感情牵着鼻子走。他们善于在震惊、震怒、羞愤之前的一刹那冷静下来，审时度势，妙言应对，化险为夷。这，正是"镇定术"的要义。

此外，在演讲时开一个好头，先声夺人，抓住论敌的漏洞单刀直入，顾头顾尾地及时补救自己的失言，适当放松自己的情绪，拒绝无谓的枝节问题的纠缠，利用语调高低语速快慢，掌握论辩的节奏和主动权等，都是自我镇定，调节心理，站稳阵脚，克敌制胜的良策。

控场术

雄辩家不仅要善于控制自己，而且也要善于控制会场，才能唤起听众的良如，激动听众的热情，开启听众的心智，获得演说的最佳效果。这就是"控场术。"

一般说来，会场的骚动大都是由于论者的话激怒了听众引起的，因此，控场术的要义，是设法与听众保持一致，而不是加剧彼此之间的对立情绪。用高压政策强迫听众"静"下来实属下策，或是引起听众反感，加剧对立情绪，"话不投机半句多"，白费口舌，或是声嘶力竭，强争硬辩，干脆被听众轰下台，彼此不欢而散。

在安葬独裁者凯撒的时候，安东尼在反对凯撒独裁政策的人群面前开始了一场演说，为了改变听众对凯撒的敌视态度，为了不被敌视的人群撵走，他巧妙地运用控场术，首先顺乎人心地大赞刺客布鲁达士是高尚的人，打消听众的敌意，然后利用凯撒的遗书卖关子，做文章，激发听众的好奇心，然后才宣读遗书，树立凯撒的高大形象，激起听众的正义感，把他们的愤火引向了布鲁达士。安东尼的目的终于达到了，但如果他不首先顺乎民意，控制场面的话，在众口滔滔、群情激愤之下，就难以尽述己意，获得成功。

“控场术”还要因时因事而变，关键是雄辩家要及时发现“乱因”。如果是语误或解释不清，就要及时承认或详加解释，如果是外界因素，则要设法加以排除等等。下面是《司法口才学》中介绍的几招“控场术”。

1. 不怯场：不管听众有多少，场所大小，室内室外，何时演讲，哪怕轰场、吹口哨、喝倒彩、乱鼓掌、大笑、高声喧哗等，都能使听众重新稳定情绪；

2. 不怕冷场：听众打瞌睡、打毛线、昏昏沉沉、麻木不仁等，都能使听众情绪重新活跃，集中起注意力；

3. 不怕质疑：听众站起来或坐在台下大声提问或传条子提问题，要求演讲者进行解释、回答等，都能巧妙有效地迅速予以回答；

4. 不怕乱场：在特殊情况下，演讲时发生突发事故时，演讲者迅速组织听众离开或排除险情，抢救人员，制止混乱等。

穿插术

在围绕某一论题展开的叙述中，巧妙嵌入一些并非无关宏旨的插话的说话艺术，谓之“穿插术”。

“穿插术”可分为插叙式、即兴式、趣闻式，接语式四种。插叙式插话是将预先准备好的素材，以穿插的方式融入叙述之中，它看似打断了话题，实际上却为重新展开这一话题蓄积了力量，埋下了伏笔，布下了关子，一经点破，便立即起到其强化雄群力量的效果。

即兴式、趣闻式、插语式三种插话都是在演说中临时添加的，因而更能检验雄辩家的机敏性和应变力。即兴式的插话一般在演说之前，它可以是一时的感触，由衷的感激，也可以是历史的回顾，现实的体会。趣闻式插话是为了活跃会场气氛，引起听众兴致而临时添加的笑话或幽默小品。接语式插话是为了回答听众的提问，而临时增加的答话，它对演说能否继续顺利进行的影响有时是很大的。

接语式穿插有时也发生在演说主持人的介绍辞之后，一次，哥伦比亚大学校长在介绍名律师柯特时竟称他为“美国第一个国民，”柯特知道该校长是莎士比亚研究专家，便在接话中指出了这一点，并将校长的意思理解为是把自己比做莎翁戏剧中的普通角色（莎翁剧作中的角色分为第一角色，第二角色、第三角色……无高下之分），从而既赢得了听众热烈的好感，又不使校长过于难堪，真可谓巧用“穿插术”之举。

纳言术

智者千虑，必有一失，患者千虑，必有一得。任何伟大的雄辩家，都不可能不说一句错话，不留一个漏洞，而其论敌也不可能不说一句对话，不占一次上风。遇到这种时候，聪明者往往顺势附合对方，承认己错，吸纳其正确的一面，然后继续展开论战。冥顽者则拒不认错，死搅蛮缠，一味反驳。结果引起对方情绪反感，咬住不放，越辩越被动，直至论辩失败，恨恨而返。

聪明的雄辩家却不是这样，他善于以人之长，补己之短。他不会因为良言忠告出自对手之口而用如排斥，陷己于可笑的波动地位，而是笑而纳之，显示出虚怀若谷，闻过即改，不固执己见的大将风度，这就是“纳言术”。

“六言对策答辩法”中的“合理纳言”，与“纳言术”的精义是一致的。所谓“合理纳言”，在法庭辩论上是指公诉人不是对所有的辩护意见都要加以论辩。这是因为，公诉人是代表法律向被告提起公诉的，如果被告人、辩护人依据法律提出了合理的辩护，公诉人就应该合理的采纳，从而有效地维护法律用尊严。“在法律面前人人平等。”公诉人根据事实和法律准绳而采纳被告人、辩护人的合理意见，不但不会丢脸失面子，反而显示出实事求是，主持正义的高大形象。

1912 年竞选美国总统时，罗斯福作为候选人在新泽西州的一个小城市里发表演说。他在论及女人选举权时振振有词，极力赞成妇女参政。这时，听众中忽然有人狂呼：“上校！你五年前不是反对过妇女参政吗?”罗斯福坦然回答道：“是的，我五年前因为学识不足，所以主张错误，现在已有进步了!”其人哑然，而广大听众则对罗斯福勇于自责，诚于纳言的宽广胸怀所感动。后来，罗斯福终于成为美国人民爱戴的总统。

由此观之，纳言术的要则是：闻过则喜，欣然正之；其句式是：“是的……，但是……。”总之，纳言术不是一种故作姿态的权宜之计，而是雄辩家伟大人格的自然流露。海纳百川而深广，山容万木而葱茏。真正的雄辩家，是从来不怕修正错误，也从不拒绝接受哪怕是论敌的正确意见的。

第六章　雄辩术与改革家

当今的世界，是全球化的世界；当今的时代，是改革开放的时代。

雄辩术，是改革家用以宣传施政纲领，描绘建设蓝图，争取民众支持，批驳谬论邪说，维护真理尊严的有力工具。

在人类社会的发展史上，大至一个主义，一个纲领，一项规划，一项改革，小至一个提案，一项计划，一个建议，一个主张，哪怕再伟大，再正确，都不可能不经过激烈争辩而立即得到所有人的无条件拥护，更不用说顺利实施了。从殷朝盘庚的举国迁都，到赵武灵王的胡服骑射；从孙中山的三民主义，到毛泽东的新民主主义；从哥白尼的日心说，到欧文的合作社；从法国的巴黎公社，到俄国的十月革命；从历史转折的遵义会议，到意义深远的中共十一届三中全会，无不如此。

一位企业家说得有理：一个提案，如果等到百分之百的人都同意才去办，那这个提案肯定是一个落后的提案；一个提案，如果有 60% 的人一听就表示同意，那这个提案一定已经有很多人都在考虑实行它了；一个提案，如果只有 40% 的人同意，但经过说服之后，又有 20% 的人表示赞成（赞成者共占 60%），那么，这个提案就是最新的最有成功效率的提案。从改革成败的角度来看问题，如何运用雄辩术来最有效的宣传新提案的正确性和必要性，尽可能将 40% 以外的那部分人争取过来，使之达到 60% 甚至 90% 以上的大多数，最大限度地孤立极少数反对改革的保守派，自然是最迫切的了。

从历史上看，每次重大的改革似乎都与雄辩术有缘，每一位杰出的改革家，都正是成功的运用了雄辩术才击退了政敌的挑衅，使改革措施得以顺利实施的。

在秦孝公执政期间，泰国的都城曾爆发了一场著名的宫庭论辩。其论辩的焦点是：秦国究竟应不应该变法革新？在这场由秦孝公主持的事关秦国命运的重大决策论辩中，新兴地主阶级的政治代表商鞅提出了“治世不一道，使国不必法古”的改革主张，为经济上推行废除井田制，摧毁奴隶制的经济基础，法律上承认封建地主阶级的土地所有制，解放生产力的变法改革措施大造舆论，与代表奴隶主贵族利益的士大夫甘龙、杜挚展开了激烈的争辩。

甘龙以“圣人不易民而教，智者不变法而治”为借口反对变法，杜挚则以“利不百，不变法。功不十，不易器”为由，重弹“法古无过，循礼无邪”的烂调，阻挠改革。商鞅站在时代的高度，根据历代帝王“各当时而立教因事而制礼”以及“三代不同礼而王，五霸不同法而霸”的历史事实，辛辣地嘲讽了“拘礼制法”（受制于陈规旧法）之徒，提出了“反古者未必可非，循礼者未足多是”的响亮的战斗口号，坚定了秦孝公变法图强，实行改革的决心。历史证明，没有商鞅的变法，秦国就不会从一个落后贫穷的西北弱邦，一变为兵精将猛，民富粮丰的强国，最后建立中国历史上第一个封建大一统帝国。而商鞅如果不以其滔滔的雄辩粉碎甘龙、杜挚之流复古倒退的谬论，其改革主张也就难以为秦孝公所采纳。

被列宁赞之为“中国十一世纪时的改革家”的北宋宰相王安石，在实行其改革变法的政治主张时，同样遇到了一位顽固保守派的阻挠。在《答司马谏议书》这篇针对保守派首领谏议大夫司马光的复古谬论进行驳斥的复信里，王安石从“名实之辩”入手，指出司马光攻击新法（包括水利法、青苗法、方田均税法、将兵法、免役法等）的四条罪状，即“侵官、生事、征利，拒谏”等，是名不符实的。这是因为，“受命于人主，议法度而修之于朝差，以授之于有司，不为侵官。举先王之政，以兴利除弊，不为生事。为天下理财，不为征利。辟邪说，难小人，不为拒谏。”又怎能颠倒黑白，诬人有罪呢？

王安石以一种老练雄辩家特有的柔中带刚的委婉语气正告司马光，如果你责怪我在位日久，却不能大有作为，造福人民，那么我是知罪的。如果你的意见是让我死守陈规陋习，什么改革的事也不要做，那就不是我所愿意领教的了。表现出一个伟大改革家雄才大略，不畏谗言，正气凛然的精神风貌。

列宁本人也是一位在领导俄国十月革命胜利后，主张大刀阔斧实施“新经济政策”的改革家，这一改革虽然最后流产了，但在俄国民众的心目中，列宁却不愧为一个善于鼓动革命和推进改革的雄辩家，他在雄辩术方面的造诣和丰富经验，是值得我们学习的。据安得烈耶夫在《忆弗拉基米尔·伊里奇·列宁》中回忆：

“列宁出来做报告的时候就是这个样子的。手里只拿着一个很短的报告提纲，可是他在讲话的时候连这也很少去看。……一切基本原则他都首先考虑好了。而所要提出的论据多半是他在讲台上想出的。因为他是一个卓越的辩论家，记忆力非常好的，知识又渊博，所以他讲话很流利很有逻辑，善于多方面分析事件，预见事件的发展前途，令人惊叹。

他讲话的体裁并不是提纲式的。他的讲话很生动，激烈，精确，并且总是具有深刻的原则性。在他所提出的理论性原则中，总掺杂着一些对于具体事例的见解和论据。在他的讲话常都有很多实例和比较，但并不是数字。他在论证自己的理由时经常是采用恰当的字眼，常用的民间俗语；在这方面，像列宁这样能利用丰富的俄国语言的人，恐怕是没有了。

列宁无论在那里讲话，无论是在代表大会上也好，在群众大会上也好，一开始讲话就能完全把听众吸引住，……情形所以能够这样，是由于问题的重要性，问题提得直截了当，真理的力量，以及在最初几句话中包含着的热忱和很强的说服力，另外还由于他本身的诱人魅力和人们对他的信任。

他的演说，形式上总是很简单的，但是内容却总是深刻的，总是提到实际的情况和千百万人所关心的问题。因此，他的演说一下子就会被最普通的人所理解。

他的演说也像他的文章一样，没有抽象的推论和原理。列宁所讲的理论上的原理总是和实际有联系，他总是用生动的例证来解释理论。在他的每次演说或是每一篇文章里总有些新的独特的东西，甚至连以前已经说过的主张也会用新的形式或是在提到其他问题时再度提出来。”（《回忆列宁》，人民出版社 1958 年版，第 196 页）

改革常常是社会矛盾激化或社会进步力量急于奋进的产物。但与公开实行政治改革、经济改革的东方先辈改革家不同，德国的马丁·路德（1483—1546）是高举着“宗教改革”的旗帜，喊出了德国新兴资产阶级和广大人民突破教会统治的心声的。作为一个神学教授，路德在莱比锡的激烈的神学论战中大胆否定了神圣的教皇权力，并不顾威胁，坚持在帝国议会上雄辩地发出了教会改革的倡议！

路德这位雄辩的宗教改革家，得到了恩格斯由衷地称赞。他说；“路德不但扫清了教会这个奥吉亚斯的牛圈，而且也扫清了德国语言这个奥吉亚斯的牛图，创造了现代德国散文，并且撰作了成为 16 世纪《马赛曲》的充满胜利信心的赞美诗的词和曲。”（《自然辨证法》）恩格斯对路德的赞词启示我们，一个立志改良社会的仁人志士，不仅要有坚强的斗志，而且也应该有驾驭语官。净化语言的深厚功底，这才可能成为一个有号召力的无敌雄辩家。

在文学的贡献上更胜马丁·路德一筹的鲁迅，是一个“从天上窃得火来，本意却是煮自己的肉”的大文豪。他不是依靠政治权力自上而下的实行改革的“商鞅”或“王安石”，也不是从教会内部实行改革的“路德”，而是敢于与当时腐败政治权力相抗衡的思想战线上的伟大的社会改革家。鲁迅留学日本，原是想当一名治病良医，而麻木不仁，浑浑噩噩的同胞之惨状，又使他萌生出“文艺救国”，“改造国民性”的强烈愿望。经过现实铁锤的敲击和痛苦的反省，他看清了嘲骂改革，后来又赞成改革，最后又嘲骂改革者的穿着“拟态的制服”的家伙的本相（《热冈》序），认识到了“改革自然常不免于流血，但流血非即等于改革”（《空谈》）以及“改革，是向来没有一帆风顺的，冷笑家的赞成，是见了成效之后”（《中国语文的新生》）的道理。

鲁迅是一个兼擅口诛笔伐的雄辩的社会改革家，他对中国的改革之难有切肤之痛。他说，“我独不解中国人何以于旧状况那么心平气和，于较新的机运就这么疾首蹙额；于已成立局那么委曲求全，于新兴之事就这么求全责备?”（《这个与那个》）他寄希望于依靠大众的知识分子。认为“凡有改革，最初，总是觉悟的智识者的任务。但这些智识者，却必须有研究，能思索，有决断，而且有毅力。……他只是大众中的一个人，我想，这才可以做大众的事业。”（《门外文谈》）鲁迅的大量杂文，不仅记载着一个为社会改革和大众解放而写作的文学家和革命家的光辉战斗足迹，而且也是一个贮满了闪耀着思想家智慧光芒的雄辩术珍珠的宝库。

作为一个雄辩的社会改革家，鲁迅对雄辩术“史鉴法”的运用是炉火纯青，叹为观止的。他曾说过：“总之：读史，就愈可以觉悟中国改革之不可缓了。”（《这个与那个》）这正是他的杂文和演讲，常常以史为鉴，立论坚实，纵横捭阖，雄辩有力的秘密。

在中国历史上，堪与鲁迅媲美论坛，或在社会实践方面更胜一筹的雄辩家是不乏其人的。这里面，有他的老师——羽扇鹑衣，痛斥国贼的章太炎；有号称“孙大炮”——“笔端、舌端、剑端”三者并用，能著书善雄辩敢率军的中国革命先行者孙中山；有中国新文化革命的又一面旗帜，参加过北伐战争的诗人郭沫若；有力挽狂澜，拨正航向，为新中国奠基立业的一代伟人毛泽东，以及他的亲密战友刘少奇、周恩来、彭德怀、陈毅等等。

从社会学的角度看，人们为了达到改革的目的或个人的要求，为了适应社会的需要以发展自我，总是在自觉或不自觉地扮演着某种角色，并凭藉自身的特殊条件而被社会确认具有一定的身份，而与他人区别开来。人们获得身份的条件或方式是大不一样的，大体可分为赢得性身份、世袭性身份、伴随性身份、欺骗性身份四大类。

赢得性身份。是人们靠自己的努力、竞争、学识、工作换来的身份，带有荣誉性的意义，如技师、教授，总统等等。世袭性身份是人们凭藉与祖先的血缘关系而获得，带有偶然性，并不能以它断定一个人的真正价值。伴随性身份是由人们的社会地位即主要身份所带来的各种次要的非职业性的身份，如技师兼任小厂顾问，教授兼任某研究会会长，总统兼任世界和平组织的理事，等等。欺骗性身份是人们利用不正当手段骗取的“合法身份”，带有危险性，其身份的名目与骗子的素质表里不一，一捅即破，一钱不值。像有些人编造假学历骗取职称或头衔，就是如此。

对于所有的经济界、政治界、思想界、艺术界、教育界的职业改革家来说，他们在本职工作中所具有的合法身份是赢得性的，而取得“雄辩家”的身份则是赢得性兼伴随性的（就主要工作与次要工作而言），而绝不可能是世袭性的，更不可能是欺骗性的。这不仅因为各行各业的雄辩家需要有各种专业的知识、敏捷的思维和善辩的口才，而且因为做一个“雄辩家”需要有崇高的志向和实践的考验，而这一切都是无法世袭或骗取的。

必须看到，对于每个改革家来说，“雄辩家”虽然只是他们赢得的（就其获得的不易而言）一个伴随性身份，但却不是一个可有可无的身份；是否掌握雄辩术，具备不具备雄辩家的素质（参见第二章），对一个改革家来说是关系重大的。如前所述，商鞅、王安石若不具有雄辩才智，就会被论敌甘龙、杜挚、司马光之流的攻击和气焰所压倒，丧失改革的良机。马丁·路德若无雄辩才干，其宗教改革就会寸步难行，马克思主义的奠基人和捍卫者若无雄辩才华，也就难以击退巴枯宁、蒲鲁东、王明、陈伯达等形形色色的机会主义头子的猖狂进攻，捍卫革命思想的先进性和科学性；孙中山、毛泽东、鲁迅等中国革命的伟人若无雄辩才能，也就难以批驳种种奇谈怪论，引导中国人民取得政治革命、文化建设的胜利。

要而言之，对于每一个真正的改革家来说，努力学习雄辩术的技巧，加强文学、史学、哲学的修养，都是十分有益的。当他们经过顽强努力终于具备了“雄辩家”的素质之后，定将如虎添翼，威不可当，成为政治界、经济界、思想界、艺术界、教育界的发射出灼目光亮的改革家之星。

20 世纪 80 年代，苏美首脑之间高级会晤十分频繁，终于达成了销毁中程导弹的协议。这对那些怀疑对话、谈判、雄辩的作用的人来说，是很有启示的。1989 年 6 月，前苏联元帅还与担任北约军事集团总指挥的西欧将军就裁军问题展开了辩论，胜负虽一时难以判定，但可证明，有许多世界范围的对抗性问题，也是有望通过辩论、对话来增进了解，消除分歧的。由此可见，要实现改革的预期目标，掌握雄辩术，加强协商对话，避免无谓的对抗，是十分必要的。

其实，不仅在事关国际问题的决策性辩论对话中，改革家需要成为雄辩家，就是在日常工作中，掌握雄辩术也是很有利的。在改革开放初期，有一次，一位来乡镇企业家在登机出国考察前被保安人员给拦住了，理由是，他的护照上使用了彩色照片。这位乡村企业家急得满头大汗，眼看就要误机，却一筹莫展，呆在一边干着急。这时，另一位来自沿海开放城市的青年企业家也被保安人员以同样理由拦住了，但他却毫不示弱，据理力争，雄辩地说明了照片只要与本人相符，达到验证目的即可，没有必要计较它是黑白的还是彩色的。事实上，登机验证规定虽说要乘客提交黑白照片，却并无不准使用彩色照片的明文规定。何况彩照更能真实反映一个人的相貌呢？机场保安人员理屈词穷，只得放行。乡村企业家见状乘机提出了同样的合理要求，也获准放行。这件小事从一个侧面说明，每个人只要多少具备了雄辩家的素质，掌握了雄辩术的要领，善于在各种场合合理的论证与推理，就能使其主张、提议、看法、意见为人所乐于接受，顺利的完成预定的计划，在各自的岗位上，为伟大的改革事业做出应有的贡献。

雄辩术的发展是与改革开放的实践紧密相连的，它的成熟也是时代催生的。可以说，目前它的热点和生长点，就在于知识经济时代的两个关节点上。

其一是推进与经济发展民主法治息息相关的政治改革。这方面，来自东莞石龙镇的报告值得注意。据报载，在当年周恩来总理发表雄辩演说的中山公园演讲台上，镇政府立起了周总理的一尊铜像，并在铜像前常设了“城镇论坛”，由镇领导和镇有关部门负责人出面，公开论政，与全镇人民直接对话，商讨国家大事和全镇发展大计，多年来已举办了多期，收到了意料不到的良好效果。如果说，雄辩善言的周总理当年两过石龙，向全镇各界人民宣讲了东征军为国为民，铲除军阀的革命宗旨，不拉夫、不强购、不强住民房的革命纪律，鼓舞了石龙人民的革命斗志，连夜打造了300多张攻城竹梯，为攻下惠州立下汗马功劳的话，那么，今朝石龙镇政府的筑像设坛之举，则真可谓“树先贤光辉形象，开民主新政气象，承伟人雄辩英风，鼓勇往直前干劲”！

其二是推进为信息经济文化繁荣提供动力的高新科技发展。据报道，中国高科技研究成果的产业化正面临兴衰成败关口。对此，联想集团控股公司董事局主席柳传志独有见解。他应邀在南海“知识经济论坛”上发表演说，针对当前中国大批科研院所的大批科研成果转化为产品时遇到困难，把钱转变成技术为中国人所擅长，把技术转变为钱则不擅长的弱点，他先以“当年的计算机是干果，现在是新鲜水果，一摆放就会贬值”为开篇妙喻，进而指出实力雄厚，发展迅猛的“联想”成立后，最重要的也不过是做了两件事，“第一是建立了好的运行机制，第二是砸实了好的企业管理基础。”实际上，“高科技企业绝大多数都是在滚动中发展起来的，很少是一开始就投入几千万的。”因此，高新科技的发展无须坐等环境的过热和高额资金，他雄辩而形象的指出：“在中国做企业，好比鸡蛋孵小鸡，正常情况是 37 摄氏度～39 摄氏度孵出小鸡。1984 创办联想时，环境温度好比 42 摄氏度，大多数的鸡蛋无法孵化，而今天的温度已经到了 39. 5 摄氏度，大量的鸡蛋可孵化，但比正常温度还高 0. 5 摄氏度，希望政府能继续努力，提供最合适的温度，而我们的企业则提高自己的生存能力，两方努力，中国的高科技企业必然快速发展。”

第七章　雄辩术与诡辩术

雄辩与诡辩的界定在远古时期是清浊莫辨的，因此也无所谓雄辩术与诡辩术的区别，甚至连亚里士多德这样博学聪明的大哲学家，也这么认为。在《论智者的驳辩》一文中，他将推论分为有效益的推论、辩证的推论、检验的推论、雄辩的推论四种，并明确地指出雄辩推论所依据的是虚构的或然命题或虚构的证明，这与“诡辩的推论”又何其相似乃尔！

古希腊的“智者”与古中国的“辩者”之所以很难用现代的“雄辩家”或“诡辩家”来界定，其创造的论辩术也很难用“雄辩术”或“诡辩术”来硬套，是由于当时的科学研究还缺少实证的材料和手段，认识水平还处于较低层次，许多论题还无法用科学来证实，只能靠论辩取胜之故。像古希腊有名的“飞矢不动”的命题，古中国名家的“自马非马”，“鸡三足”，“火不热”等命题，就是以似是而非的论辩“取胜”的著名例子。

由于私有制的建立和剥削阶级统治的需要，混淆是非，无理狡辩的“诡辩术”得到了长足发展，被用来论证贵人统治天然合理，贱人天生愚蠢活该任人驱使。皇帝是受命于天的“真龙天子”，人民是无知群氓，不得反抗的谬论。阶级斗争的现实和科学认识的深入，使人们对封建皇权、宗教神权、愚昧迷信所编造的形形色色的“诡辩”产生了永世长存的怀疑和与之斗争的渴望。斗争的需要产生出为民请命的、为民立言的、无神论的雄辩家，并由他们丰富和发展了科学意义上的“雄辩术”，从而使“雄辩家”与“诡辩家”分道扬镳，使“雄辩术”与“诡辩术”划清了本质的界限，成为冰炭不能同炉的对立物。

何以看出二者的区别与对立呢？

首先，雄辩术是合乎逻辑的论辩方法，而诡辩术则是违反逻辑的论辩方法。雄辩术坚信辩证法，同时遵循形式逻辑的基本规律，而诡辩论则冒充辩证法，玩弄“此亦是亦非，彼亦是亦非”的折衷主义，蔑视形式逻辑的基本思维规律，否定真理的客观性，搞唯心主义的一套。

其次，雄辩术是实事求是，据理力争，以正视听，而诡辩术则是张冠李戴，强词有理，混淆视听。雄辩术努力探讨各种论辩致胜的诀窍，却不否认

“事实胜于雄辩”的真理，并自觉地以客观事实作为论辩的依据；而诡辩术则闭眼不看最起码的客观事实，或无中生有，或倒打一耙，或诬陷造谣，把水搅混，混水摸鱼。

最后，雄辩术是为追求真理，捍卫真理而设，诡辩术则是为谋求私利，坚持谬误而设。只有维护正义，信仰真理，志向远大的人们才可能成为雄辩家，才可能掌握、运用和发展雄辩术。而那些蝇营狗苟，尔虞我诈，争权夺利，歪曲事实，践踏真理，花言巧语之辈，才会津津乐道于诡辩术，以充当人见人憎的诡辩家为荣。如果说，过去还有过一些能言善辩的唯心主义者曾博取过“雄辩家”的美名的话，那么，时至今日，历史和人民，是再也不会把“雄辩家”的桂冠，奉献给那些专事诡辩、蔑视真理的人们了。

诡辩术尽管可以五花八门，花样翻新，玄妙莫测，而诡辩家的惯用伎俩却不过是就那么几套，细心者只要稍加留意就不难识破。

一曰：偷换概念

在否定文艺的社会作用时，苏格拉底曾玩弄过偷换概念的把戏。他首先把“床”分为三种：即神制造的“床”，木匠制造时“床”，画家制造的“床”。他断言，神制造了床的理式，是最聪明的创造者；木匠根据神创造的“床”的理式去制造床，其产品与真理已相隔一层；画家根据木匠制造的家去画床，其画出的床已与真理相隔两层，不过是等而下之的摹仿品罢了。不难看出，苏格拉底的结论是偷换了“制造”这个概念后进行的，充满了唯心主义的诡辩。众所周知，“制造”的真实含义是指“用人工使原材料成为可供使用的物品”。以此观之，木匠造床，桌子、凳子，是名符其实的“制造”。而画家的画“床”则属于创作，它虽然离不开人工而且也使用原材料（颜料、画布等），却不是使之成为可供使用的物品，而是一种由审美主体对审美对象进行审美观照，是为了满足人们的审美需要而进行的审美创造活动，自有其不可取代的社会作用（陶冶高尚情操，培养良好审美鉴赏力的熏陶作用）。至于神对各种事物的“理式”的“制造”，则是一种唯心主义的臆说，毫无事实根据。由此可见，苏格拉底极力贬低劳动者和艺术家的工作及创造，吹捧“神”的万能和伟大，是在玩弄偷换概念、抹煞事物本质的花招，一经戳穿，其诡辩也就不攻自破了。

值得注意的是，当诡辩家所欲偷摸的概念正好是双方争辩的“话题”时，偷换概念就成了人们常说的“偷换论题”。

二曰：违反演绎规则

演绎推理的三段论形式必须遵守一定的规则，才能得出正确的合乎逻辑的结论，而诡辩式的三段论推理却反其道而行之。

三段论的规则之一是，中词在前提中至少要周延一次，才能起到媒介作用，将大词与小词联系起来。而诡辩论却常常违反这一规则。请看例句：

所有的生物学家都是科学家。

祖冲之是科学家，

祖冲之是生物学家。

这一推理里的“中词”——“科学家”在大小前提中都不周延，因而推出了错误的结论。事实上，生物学家只是科学家中的一小部分，因此，不可能每一个科学家都是生物学家。硬执已见，必成诡辩。

三段论的又一规则是：两个否定的前提不能推出结论。如果两个前提都是否定的，则中词就会既不能与大词相容，也不能与小词相容；诡辩论硬要从两个否定性前提中推出结论，只能是牵强附会的武断行径。试看例句：

心理学不是美学。

美学不是人学。

所以人学是心理学。

这段话的两个前提都是否定性的，中词“美学”既不等同于大词“心理学”，也不等同于小词“人学”，因此结论是不可靠的。实际上，人学不仅研究人的心理，也研究人的行为，因此不能将其等同于“心理学”。

三段论常常使用省略形式以达到精炼有力的目的，而诡辩家则往往利用省略式来推销谬论。鲁迅曾在《中国文坛上的鬼魅》一文中揭露过此类诡辩家的伎俩：“如果有谁和有钱的诗人辩论，那诗人的最后的结论是：共产党反对资产阶级，我有钱，他反对我，所以他是共产党。于是诗神就坐了金的坦克车，凯旋了。”诗神的诡辩结论是如何得出的呢？他首先省去了小前提：“我是资产阶级”（这一小前提本身并不可靠），又将“我”（资产阶级一分子）与资产阶级（集合概念）相提并论（犯了“回名词”错误），从而炮制了强加于人的诬陷式诡辩。

三曰：轻率概括

归纳推理是从特殊到一般的推理，在前提真实的条件下，它的结论中的知识可以超出前提中的知识。然而，归纳推理所依据的前提往往是不够充分的，其结论也或多或少地带有某种程度的或然性，只能在某种距离上接近真实的结论，需要实践的进一步检验。这就给轻率概括的诡辩家留下了可乘之机。

所谓诡辩术的“轻率概括”，无非是根据不充分的论据，或以偏概全，或以偏见主观臆断，或先后为因果，推出蛊惑人心的谬论。诚如鲁迅所言，如果将沦为异族的奴隶之苦——告诉大家，是不错的，但如果因此而得出到底不如做自己人的奴隶好的结论，就是“以偏概全”的诡辩了。又如：“有缺点的战士终竟是战士，完美的苍蝇也终竟不过是苍蝇。”假如有人在战士倒下之后，像苍蝇一样围着他的身躯团团乱转，到处寻觅他的创伤和缺点，贬低他的伟大，自诩自己的完全，这就成了一种不从整体看人，单挑毛病诋毁人的“偏见概括”的诡辩。

此外，如果仅仅根据两种现象在时间发生上的先后顺序，便断定其有内在的因果关系，将猫头鹰叫声与灾祸临头相联系，把眼皮跳与发横财或遭人骂相联系，把洪水暴涨与龙王爷发怒相联系，就是一种“先后为因果”的诡辩。

轻率概括式的诡辩尽管表面上振振有词，且有一定的“事实根据，”但骨子里却是一种不尊重事实的伪科学的主观臆断，只要提出更充分的事实，就能将其一一粉碎。

四曰：冒充辩证法

雄辩思维是辩证的思维，雄辩术离不开辩证法的指导。首先，辩证法从客观实际出发，而不像诡辩论那样从主观主义出发。其次，辩证法不仅承认事物的绝对的对立与运动，也承认事物的相对的统一与静止，而不像诡辩论那样根本否认事物的统一与静止，鼓吹“亦此亦彼”，是非不分的谬论。再次，辩证法主张历史的、全面的、发展的看问题。而不像诡辩论那样，以孤立的、片面的、静止的观点看问题，抓住一点枝节问题无限上纲，断章取义，攻其一点，不及其余，一言定调，一捧打死。

其四，辩证法尊重形式逻辑的规律，以形式逻辑作为思维的基础，不像诡辩论那样，根本否定形式逻辑的存在，以破坏形式逻辑的规则的方式来兜售其种种谬论。其五，也是最本质的一点，就是辩证法是彻底唯物主义者的思想方法，而不像诡辩论那样只是剥削阶级的偏见或小资产阶级虚荣心的表现。马克思早在批判蒲鲁东时就说过：

“蒲鲁东是天生地倾向于辩证法的。但是他从来也不懂得真正科学的辩证法，所以他陷入了诡辩的泥坑。实际上这是和他的小资产阶级观念有联系的。……科学上的招摇撞骗和政治上的投机，都是和这种观点分不开的。对这种人来说，只有一种动力，那就是虚荣心”。(M·16：38)

在这段引文里，马克思揭露了蒲鲁东在诡辩的泥坑里打滚、在科学上招摇撞骗和在政治上投机的思想根源——小资产阶级观点。由于它的作祟，蒲鲁东一度具有的真实热情变成了虚浮的狂热，他的高卢人的敏锐智慧变成了冒充德国哲学风格的傲慢和思辨的胡言乱语。

马克思的忠告确是发人警醒的。对于一切讨厌诡辩而喜欢雄辩的人们来说，他们即使天生地倾向于辩证法，但从来也不懂得真正科学的辩证法，像一切爱虚荣的人一样，他们所关心的只是眼前的成功、一时的风头。无政府主义的创始人、小资产阶级思想家、企图充当凌驾于资产者和无产者之上的科学泰斗的法国经济学家蒲鲁东，正是这类人物。

识破了诡辩家的惯用伎俩后，要攻破它们就不会十分困难了。而我们前所列举的种种雄辩术，正是粉碎诡辩术的克星！我们可以用“辨析法”，去对付诡辩论的“偷换概念”，用“演绎法”，去对付诡辩论的“违反演绎规则”。用“归纳法”，“举证法”，去对付诡辩论的“轻率概括”，用“两分法”、“归谬法”去对付诡辩论的“冒充辩证法”，用雄辩术的抹布，擦去诡辩论敌在真理女神像上的胜水，还她一个光彩照人的美丽形象！

在与旧中国文坛上的魑魅魍魉进行激烈争辩的论战中，中国文化革命的伟人鲁迅早已炼就了一双识破种种诡辩的火眼金睛，我们这从他的杂文中挑出几例他所列举的诡辩者玩弄的花招，试用雄辩术逐一驳之。

中国文艺界上可怕的现象，是在尽先输入名词，而并不介绍这名词的涵义。于是各各以意为之。看见作品上多讲自己，便称之为表现主义；多讲别人，是现实主义，“见女郎小腿肚作诗，是浪漫主义；见女人小腿肚不准作诗，是古典主义；天上掉下一颗头，头上站着一头牛，爱呀，海中央的青霹雳呀……是未来主义……等等。

还要由此生出议论来。这个主义好，那个主义坏……等等。

——鲁迅《扁》

文艺上的各种流派——“主义”——都自有其发生的背景，特定的涵义。不顾它们的特有涵义便以意为之，还拿来作批评的武器。不是无的放矢，便是诡辩瞎说。要戳穿它们，只须运用雄辩术的“正名法”，“辨析法，”便可逐一击破。

“你说中国不好。你是外国人么？为什么不到外国去？可惜外国人看你不起……。”

——鲁迅《论辩的魂灵》

诡辩家在这里省略了一个大前提。即“凡说中国人不好的都是外国人。”这个大前提本身就不确切，结论当然也是荒谬的。这类诡辩可用雄辩术之“演绎法”辩驳之。

“洋奴会说洋话。你主张读洋书，就是洋奴，人格破产了！受人格破产的洋奴崇拜的洋书，其价值从可知矣！但我读洋文是学校的课程，是政府的功令，反对者。即反对政府也。无君无父之无政府党，人人得而诛之。”

——鲁迅《论辩的魂灵》

会说洋话，主张读洋书的便是洋奴，这个推理的大前提本身便是错误的，可用雄辩术的“归谬法”质问之：这么说，会说中国话，主张读中国书的人就都是华奴了吗?！诡辩家以谬论为大前提椎出谬论，谬论成了谬论的根据，可用雄辩术“连环法”破之。更荒唐的是，这位诡辩家一边在攻击别人读洋书是洋奴，一边却在为自己的读洋书作辩护，要批驳他，只须使用“借箭术”雄辩方法即可奏效。

“戊能算什么英雄呢？听说，一声爆竹，他也会吃惊。还怕爆竹，能听枪炮声么？怕听枪炮声，打起仗来不要逃跑么？打起仗来就逃跑的反称英雄，所以中国糟透了。”

——鲁迅《论辩的魂灵》

仅仅根据传闻的“怕听爆竹”就断定戊打起仗来要逃跑。这已经违反了形式逻辑的“充足理由律,”可用“举证法”“归纳法”驳之。诡辩家最后的错误结论是建立在“戊非英雄”的虚假前提上的，因此不可能是正确的，可用“演绎法”驳之。

A：你们大家来品评一下罢，B竟蛮不讲理的把我的大衫剥去了！

B：因为A还是不穿大衫好看。我剥它掉，是提拔他，要不然。我还不屑剥呢。

A：不过我自己却以为还是穿着好……

C：现在东北四省失掉了，你不管，你嚷你自己的大衫，你这利己主义者。你这猪猡！

——鲁迅《半夏小集》

在这段三人争辩里，A首先要辩明的是B为什么要“蛮不讲理”他剥去他的大衫，B却偷换话题，以“不穿大衫好看”，来为自己的强盗行径诡辩。C比同伙B要更加狡诈无耻，他于脆将“不管国事”的利己主义的大帽子向A扣去，倒打一耙，用B的“罪状”来为A的丑行开脱。要揭穿BC的诡辩，可用“类比法”暴露之，亦可用“易位法”“捣虚术”击破之，还可用“嘲讽法”讽刺之，使其强辩狡辩的流氓嘴脸大白天下。

文章一定要有注解，尤其是世界要人的文章。……

然而另外有一种文章，却是注释不得的。………

总之，这类文章混沌一体，最妙是不用注释，尤其是那种使人扫兴或讨厌的注释。

——鲁迅《不求甚解》

在这篇文章里，鲁迅借谈世界第一要人美国总统罗斯福的《和平宣言》，揭露了帝国主义者纸面上写满正义和平，字缝间暗藏杀机的诡辩伎俩。而揭穿这种伎俩，最有效的便是“注释法”——一种使敌人的阴谋暴露于光天化日之下的雄辩术。就引用的文章部分看，鲁迅还使用了“反语法”和“幽默法”。

在鲁迅这样的大思想家、大文豪的论著里，运用雄辩术战胜诡辩术的例子可谓比比皆是，限于篇幅，就不一一举证了。总而言之，雄辩家是在与诡辩家的论辩中成熟起来的，雄辩术也是与诡辩术相比较而存在，相对立而发展的。魔高一尺，道高一丈。有多狡诈的诡辩术，就会有多巧妙的雄辩术，正义与真理，终究是会战胜邪恶与谬误的。在这一意义上可以说，一部人类思想认识的发展史，也就是一部雄辩家运用雄辩术与各种诡辩展开无情斗争并不断取得胜利的光荣史。

第八章 雄辩格言 妙语赏析 融会贯通

历代中外名人所留下的雄辩格言、精辟警语，目光深邃，独具只眼。它不仅可使我们学到许许多多有关社会、人生的宝贵知识，洞察已往，拓展未来，而且可以成为我们雄辩时的有力论据。在这方面，文化名人和经典雄辩家的格言妙语，尤足珍视。其对社会的剖析，人生的透解，确乃金玉良言，振聋发聩。

笔者广泛收集，从名人言论中精选近400余条格言，分类辑编，结合现实，略加析赏，以飨读者。

本书文中凡引用马克思、恩格斯原话需注明出处时，或在人名后写明卷数与页数，如（马克思·20：75），或以M代表马克思，E代表恩格斯；冒号前后的数字分别代表卷数和页数，括号内数字代表上下分卷。如（E·20：75）即恩格斯，20卷75页。

一、人类与社会

——人与动物——

任何人类历史上的第一个前提无疑是有生命的个人的存在。

——马克思、恩格斯

通过劳动，人成为有思想的高级动物，成为创造自身历史的伟大存在。

动物只是按照它所属的那个种的尺度和需要来建造，而人却懂得按照任何一个种的尺度来进行生产，并且懂得怎样处处都把内在的尺度运用到对象上去；因此，人也按照美的规律来建造。

——马克思

人的内在尺度，就是人的设计构思、艺术追求和美好理想。人凭藉它按美的规律去建造美的大厦。

人是最名副其实的社会动物，不仅是一种合群的动物，而且是只有在社会中才能独立的动物。

——马克思

群居动物在各自的社会里分工合作，延续着种族的生命。但是，只有人，才是有独立性的社会动物。

赤贫的人们生殖得很快，完全像在动物界一样：种类越小，它再生产的量就越大。

——马克思

越是贫困，越是多产；越是多产，越是贫困。人类生产的这种恶性循环，只能靠文明和富裕才能打破。

这种可怜的两栖动物和两重人格的人，是不适于进行那种只有具有坚强性格的人才能开始并坚持下去的斗争的。

——恩格斯

人具有双重性格不足为奇，但切勿堕落为无所适从的两栖动物。

假如我们自由的历史只能到森林中去找，那么我们的自由历史和野猪的自由历史又有什么区别呢？

——马克思

如果以为茹毛饮血的原始人也有什么自由的话，那确是比野猪自由不了多少的自由。不管个体怎样，客观的伦理都同样起作用，只有这种伦理性才是永存的东西，才是支配个体生命的力量。

——黑格尔

子曰："三军可夺帅也，匹夫不可夺志也。"

——孔子

子曰："志士仁人，无求生以害仁，有杀身以成仁。"

——孔子

子曰："知者乐水，仁者乐山；知者动，仁者静；知者乐，仁者寿。"

——孔子

——人与他人——

只有友谊才能认识你的价值的全面。

——［德］歌德

哪怕全世界的人都恨你，都相信你坏，只要你自己问心无愧，你也不会没有朋友的。

——［英］夏洛蒂·勃朗特

个人在社会的等级上站得越高，他所联系的人就越多，他控制别人的势力就越大，他每一行动的命定性和必然性就越明显。

——［俄］列夫·托尔斯泰

每个人可能的最大幸福是在全体人所实现的最大幸福之中。

——［法］左拉

人的一生中最大的幸福就是你能把感情贡献给人们，而人们也能同样地对待你。

——［苏］捷尔任斯基

无论一个人的天赋如何优异，外表或内心如何美好，也必须在他的德性的光辉照耀到他人身上发生了热力、再由感受他的热力的人把热力反射到自己身上的时候，才能体会到他本身的价值的存在。

——［英］莎士比亚

人生到世界上来，如果不能使别人过得好一些，反而使他们过得更坏的话，那就太糟糕了。

——［英］乔治·艾略特

孔子曰："君子有三戒：少之时，血气未定，戒之在色；及其壮也，血气方刚，戒之在斗；及其老也，血气既衰，戒之在得。"

——孔子

只有在集体中，个人才能获得全面发展其才能的手段，也就是说，只有在集体中才能有个人自由。

——马克思　恩格斯

只有尊重集体的自由，个人才会得到充分自由；只有致力于集体的发展，个人才会得到充分发展。

一个人的发展取决于他直接或间接进行交往的其他一切人的发展；……

——马克思　恩格斯

公益事业、良师益友，是一个人得以全面发展的基本条件。

每一个单独的个人的解放的程度是历史完全转变为世界历史的程度一致的。

——马克思　恩格斯

只有人们都意识到自己的国家应参与世界市场，共同谱写世界历史的新篇章的时候，个人才可能获得完全的解放。

大凡一个人精神痛苦到了极点就会产生一种严肃的力量，使旁人望而生畏，特别会使心地仁慈、富于同情的人为之感动。

——［英］司各特

只有尊重自己的人，才会尊重别人。

——［美］亨利·詹姆斯

只有肚子饿的时候，吃东西才有益无害，同样，只有当你有爱心的时候，去同人打交通才会有益无害。

——［俄］列夫·托尔斯泰

平等是人在实践领域中对自身的意识，也就是人意识到别人是和自己平等的人，人把别人当作和自己平等的人来对待。

——马克思　恩格斯

人的平等意识，人尊重别人具有的与自己同等的权力的平等意识，是人对弱肉强食的动物的超越。

只从事一项手艺的人要比从事多项手艺的人做得更出色。

——马克思

一专虽可多能，基础还在一专。因此需要社会分工，需要人与他人的合作。

天才应当说服群众，使群众相信自己思想的正确，这样就不必担心自己的思想是否能够实现，因为思想被掌握以来就会自然而然地实现。

——恩格斯

为人类造福者方为真天才，否则会变成“养在深山人不识”的废才。

如果我有哪一点对不起你，那我随时准备承认自己的错误。“人所具有的我都具有”。

——马克思

人难免有错，承认错误者，才能赢得他人的信任与友谊。

一个人只有当他的心灵充满对某种崇高事物的爱时，他本人才是最可爱的。

——［苏］苏霍姆林斯基

见贤思齐焉，见不贤而内自省也。

——孔子

夫仁者，己欲立而立人；己欲达而达人。能近取譬，可谓仁之方也已。

——孔子

锲而舍之，朽木不折；锲而不舍，金石可镂 。

——荀子

不积跬步，无以至千里；不积小流，无以成江海 。

——荀子

君志所向，一往无前，愈挫愈奋，再接再厉。

——孙中山

安危他日终须仗，甘苦来时要共尝。

——孙中山

自己应为之事，勿求他人；今日应为之事，勿待明日。

——孙中山

——人与神灵——

谁要是没有人民，他也就没有上帝。

——［俄］陀思妥也斯基

不尊重别人信奉的神就是真正的不敬。

——［美］马克·吐温

我们要求把历史的内容还给历史，但我们认为历史不是“神”的启示，而是人的启示，并且只能是人的启示。

——恩格斯

历史是人的历史。它可以成为造神的历史，但决不会是神造的历史。

人所固有的本质比臆想出来的各式各样的“神”的本质，要伟大得多，高尚得多，因为“神”只是人本身的相当模糊和歪曲了的反映。

——恩格斯

人，是比任何神都更伟大的存在，如果他不在任何神前低下高贵的头颅的话。

为什么城市异教要如此激烈地反对教会戒律例如禁止娶妻令呢？此中道理没有人比薄伽丘透露得更清楚了。

——恩格斯 · 7：402

恩格斯这段设问式评语，言简意赅，寓赞于答，雄辩有力，既是他对意大利文艺复兴时期的伟大作家薄伽丘的进步思想，艺术才华和深邃眼光的激赏，也是他对以神性压制人性的神甫、修士的教义的揭露。

在《十日谈》这部故事集里，薄伽丘把躲避黑死病而相遇的十名少男少女所讲述的一百多个故事串联成册。这些故事分别取材于历史事件、法国中世纪传说和东方民间故事，通过他人文主义思想的再创造，成为嘲讽教会腐化堕落和歌颂人文主义理想的艺术精品。在书中，薄伽丘批判的笔锋直指僧侣的奸诈和虚伪，无情地揭示出，这班宣扬禁欲、谴责教徒们心中淫念的神甫、修士，正是为了将那些“罪徒”们赶跑，好让自己去勾引良家妇女的色魔。

《十日谈》出版后，风行欧洲，以其进步的思想和大胆的“透露”，成为世界文学史上第一部现实主义的力作。

人类是一件多么了不得的杰作！多么高贵的理性！多么伟大的力量！多么优美的仪表！多么文雅的举动！在行为上多么像一个天使！在智慧上多么像一个天神！宇宙的精华！万物的灵长！

——［英］莎士比亚

培根说，真正杰出的人物，同自然界和世界的联系是这样多，他们感到兴趣的对象是这样广，以致他们能够轻松地经受任何损失。我不属于这样的杰出人物。我的孩子的死震动了我的心灵深处，我对这个损失的感受仍像第一天那样的强烈。

——马克思 · 28：626

人所具有的我都具有。是马克思最喜欢的格言，从他对家人的一往情深里，可以看到它是如何像血液一样，贯注于他全身心的。

“无情未必真豪杰，怜子如何不丈夫。知否兴风狂啸者，回眸时看小於菟”。鲁迅的这首诗，正能表现出伟人马克思那种不以摒弃常人之情为乐，而是以保持常人之情为荣的心境。实际上，他为爱子的早逝而痛不欲生；他把对妻子的爱提高到“使一个人成为真正意义上的人”的高度。难怪乎在燕妮去世后他会如此沉痛地说：“我已是双重残废了；精神上是由于失去了我的妻子，生理上是由于病后胸膜硬结和支气管应激性增强。”

当然，培根关于杰人兴趣广泛，因而易脱烦恼的廉洁，是不无根据的；但若由此而断定：凡具常人之情者均非杰人，则大谬不然了。事实上，正是那些“人所具有的我都具有”的人之常情，才使伟人成其为伟人，而不是神。

神不是什么别的东西，而是集经验恶行的一切后果之大的共同体。

——马克思

人，越是给神的脸上贴金；神，便越是走向它的反面。

宗教就是人的自我空虚的行为。

——恩格斯

真正的哲学，是人的自我充实、自我升华的行为。

如果一个私人敢以具有神的灵感自夸，那末，在我们社会里只有一个论敌能正式驳斥他，那就是精神病医生。

——马克思

无限夸大自己的灵感和天才，是一切主观唯心主义者的通病。

神学在知识活动的整个领域中的这种天上权威，是教会在当时封建制度里万流归宗的地位之必然结果。

——恩格斯

神学的权威升得越高，科学的权威就降得越低，神学统治了一切，科学就寸步难行。

仅仅用嘲笑和攻击是不可能消灭像基督教这样的宗教的，还应该从科学方面来克服它，也就是说从历史上来说明它，而这一任务甚至连自然科学也是无力完成的。

——恩格斯

自然科学与社会科学，是真理战车的双轮，仅有只轮转动，是不可能战胜宗教的。

——人与历史——

事功者一时之荣，志节者万世之业。

——孙中山

历史有两部：一部是官方的，骗人的历史，做教科书用的，给王太子念的；另外一部是秘密的历史，可以看出国家大事的真正原因，是一部可耻的历史。

——［法］巴尔扎克

宗教的历史就是所有惶恐不安的民族试图找到一个藏身之处以抵御那未知的黑暗与恐怖的历史。

——［美］欧文·斯通

科学的历史，从某种意义上说，就是错觉和失败的历史，是伟大的顽愚者以笨拙和低效能进行工作的历史。

——［日］寺田寅彦

要解释人性，必须看他的整个历史。

——［美］爱默森

整个历史也无非是人类本性的不断改变而已。

——马克思

人类本性的微妙变化，与历史进程相同步，这可以从艺术之镜窥见。

世界历史确实是最伟大的诗人，它甚至能够模仿海涅。

——恩格斯

海涅，用文字写他的讽刺诗，一行行、一首首；历史，用史实写他的讽刺诗，一天天，一年年……

恰巧某个伟大人物在一定时间出现于某一国家，这当然纯粹是一种偶然现象。但是，如果我们把这个人除掉，那是就会需要有另外一个人来代替他，并且这个代替者是会出现的，——或好或坏，但是随着时间的推移总是会出现的。

——恩格斯

经济条件归根到底制约着历史的发展，它是一条贯穿于政治、法律、哲学、宗教、文学、艺术的全部发展进程的有决定意义的红线；人们在创造历史时，意向是互相交错的，所以，经济的必然性是通过各种偶然性来为历史的发展开辟道路的。伟大人物的产生正是如此。当经济的发展到了一定阶段，需要一个伟大的政治家、思想家、军事家或经济学家来为自己开辟通衢的时候，它就或迟或早，或此地或彼地的给自己造就一个。这就是人们对“伟大人物”不必特别尊崇，奉若神灵的原因。

歌德写成了“维特”，是建立了一个最伟大的批判的功绩。“维特”绝不像那些“从人的观点”来读歌德的人至今所想的那样，是一部平凡的感伤的爱情小说。

——恩格斯 · 4：259

德国启蒙作家歌德，是在全国性反抗专制暴政，挣脱封建束缚，唤醒民族意识，鼓吹个性解放的“狂飘突进”运动蓬勃展开之际，登上世界文坛的。《少年维特之烦恼》，便是他写于此时期的现实题材佳作。

书中的主人公维特，是一个觉醒的市民青年。他不满官场腐败黑暗，要求人格独立和个性解放；他蔑视封建等级观念，反对等级特权和等级偏见。由于事业的挫折，爱情的破灭，以及自身性格的软弱，精神的颓唐，维持以自杀为消极反抗形式，结束了宝贵的生命。有人因此而攻击他过于感伤和消极。但是，正如恩格斯所指出的那样，“维特”毕竟建立了一个最伟大的批判的功绩，它批判了德国当时令人窒息的腐败气息，批判了贵族、官僚的麻木、庸俗、虚伪，批判了小市民的消极和软弱。

从维特这一典型的审美意蕴看，它还揭示了深刻的人性，从而冲破了古典主义文学过于崇尚理性乃至神性的枷锁。恩格斯对此大为褒奖，他说：“歌德很不喜欢跟‘神’打交道；他很不愿意听‘神’这个字眼，他只喜欢人的事物，而这种人性，使艺术摆脱宗教桎梏的这种解放，正是他的伟大之处。在这方面，无论是古人，还是莎士比亚，都不能和他相比。”（E · 1：

652）这确是对歌德的文学贡献的充分肯定。

人类历史上存在着某种类似报应的东西，按照历史上报应的规律，制造报应的工具的，并不是被压迫者，而是压迫者本身。

——马克思 · 12：308

“善恶到头终有报，只争来早与来迟”的所谓报应思想，对正在作恶的压迫者（尤其是稍有头脑者）来说，是正义的心理威慑力；对正在受压迫的劳苦大众来说，是惩罚压迫者的感情积蓄和讨伐理由。

历史上常常有惊人的相似之处。

——马克思 恩格斯

历史上的惊人相似，不仅可以从整个国家整个民族的兴、衰、分、合这样的大的历史场面上看到，甚至还往往可以从某一国家某一时期的一场冲突、一次政变、一项运动这样的小的历史场面上看到。

在我们的时代，事件以惊人的速度一个跟着一个地发生，从前一个民族需要整整一个世纪才能完成的事情，现在只要几年就能轻易地完成。

——恩格斯

历史的车轮的飞转是如此的迅速，以致每个不愿意本民族被开除球籍的改革者都心急如火，快步如风。

人们最后也开始注意到：在今天，时间即金钱。

——恩格斯

历史，赐予每个民族经济繁荣的良机，稍纵即逝。

历史可以说是所有女神中最残酷的一个，她不仅在战争中，而且在“和平的”经济发展时期中，都是在堆积如山的尸体上驰驱她的凯旋车。而不幸的是，我们人类却如此愚蠢，如果不是在几乎无法忍受的痛苦逼迫之下，怎么也不能鼓起勇气去实现真正的进步。

——恩格斯

谁害怕付出应有的代价，谁就无法实现伟大的改革。

“历史”并不是把人当作达到自己目的的工具的利用的某种特殊的人格。历史不过是追求着自己目的的人的活动而已。

——恩格斯

历史不是无所不能的神，也不是英雄手中的玩具。历史，是人民与英雄实现人类理想的共同活动。

历史活动是群众的事业，随着历史活动的深入，必将是群众队伍的扩大。

——马克思

高举伟大理想旗帜的改革家，必将吸引越来越多的群众与之一起奋斗。

——青年与未来——

我们的未来比任何时期都更多地取决于在成长的一代，因为他们必须解决日益增长的矛盾。的确，老年人非常抱怨青年人，青年人也确实很不听话，可是，让青年人走自己的路吧，他们会找到自己的道路的，谁要是迷了路，那只能怪他自己。要知道新的哲学是青年人的试金石；他们要以顽强的劳动去掌握新的哲学，同时又不丧失青年人的热情。

——恩格斯

一个成人不能再变成儿童，否则就变得稚气了。但是，儿童的天真不使他感到愉快吗？他自己不该努力在一个更高的阶梯上把自己的真实再现出来吗？

——马克思

成人的纯真，是人类最高意义上的真实——一种充满魅力与活力的纯美。

我很高兴，您已经下决心，不再留恋过去，而是着意于未来，着意于新的事业。

——马克思

人不可不回顾，更不可不前瞻。为了美好的未来，为了新的事业，轻装前进吧！

人民生命的源泉——青年

——马克思

要使人世间的生命源泉不致枯竭，就要爱护青年；要使民族振兴的希望不致落空，就要培育青年；要使国家的发达不致停顿，就要信任青年。

青年文学有一种武器，这种武器使它不可战胜，并将一切青年天才集合于它的旗帜之下。我指的是现代风格。现代风格生动具体，措辞锋利，色调丰富，因而为每个青年作家自由发展各自的才能——不管是小溪还是大河——开辟了天地，而不使他们自己的特色，只要他们具有这种特色，掺杂太多的别人的东西，诸如海涅的尖酸，或谷兹科夫的讥讽。令人高兴的是看到每个青年作者都力求把握住具有傲然飞腾着的激情焰火的现代风格，焰火到达顶点后，洒下阵阵五彩缤纷的、富有诗意的火花雨，或者迸射出劈啪作响的智慧火星。

——恩格斯

现代风格是青年文学的武器。这一著名论断，是恩格斯在研究了德国众多知名或不知名的现代作家群（包括海涅、白尔尼、让·保尔、谷兹科夫诸人）的作品后作出的。恩格斯把他们异彩纷呈的写作风格，比作在夏夜星空上迸射的明艳奇目的火花雨，是多美丽迷人的妙喻！

风格如人。对恩格斯这样有独特风格的经典作家来说，最好的风格当然是充满阳刚美的论战风格，“严密坚实总比软弱无力好些！”冒着显出女子气质的危险，替雄辩语言绷紧的经络裹上一层美丽柔和的皮肉，是不值得的。

正是在这种意义上，恩格斯对具有男子气质美的论战的“现代风格”作了精彩概括，他说：“现代风格包括了文风的全部优点：言简意赅，一语中的，同长长的，平铺直叙的描写相互交织；简洁的语言同闪闪发光的形象和迸发出耀眼火花的妙语相互交织。总之，它就像是头戴玫瑰花、手执刺死皮顿的标枪的年轻力壮的加尼米德。同时，为发挥作者的个性开辟了最广阔的天地，……”

啊！头戴玫瑰花、手执刺死论敌的标枪的英姿飒爽的美少年，不正是集中了现代文风的突出优点，妙语如烟，雄辩滔滔的雄辩家论战风格的生动写照吗？

由于胜利来得太容易，这些年轻人便骄傲自大，自命不凡。他们认为自己是具有世界历史意义的人物。只要什么地方出现一个新作家，他们就立刻把手枪对准他的胸口，要求他无条件屈服。每个人都想在文学上成为独一无二的神明。除了我，你就不应该有别的神！

——恩格斯

在文坛上拉帮结派、党同伐异、称王称霸，决不是一时一地的新鲜事。有志于文学的青年，若能像鲁迅那样针砭锢弊、激扬文字，可望磨砺思想，锐利笔锋；若能像巴金、老舍、曹禺那样潜心构置、辛勤笔耕，可望收获硕果；倘若像古今中外的文坛小丑那样不务正业、一味钻营、搬弄是非、喊喊嚓嚓、翻云覆雨、争名夺位、明枪暗箭、含沙射影……那么，即使出过一、两本得意之作，也必将如过眼烟云，难成气候。

我们的未来比任何时期都更多地取决于正在成长的一代，因为他们必须解决日益增长的矛盾。的确，老年人非常抱怨青年人，青年人也确实很不听话，可是，让青年人走自己的路吧，他们会找到自己的道路的，谁要是迷了路，那只能怪他自己。要知道新的哲学是青年人的试金石；他们要以顽强的劳动去掌握新的哲学，同时又不丧失青年人的热情。谁害怕思想之宫所在的密林，谁不敢执利剑冲进密林又不敢以热吻来唤醒沉睡的公主，谁就得不到公主和她的王国……只有这样的热情才是真正的热情：它像苍鹰一样，不怕思辨的乌云和抽象顶峰的稀薄空气，朝着真理的太阳飞去。

——恩格斯 · 41：175

在历史的长河里，常会出现这样的时代：青年人的基调响起来了，青年人的情绪表达出来了，青年人的性格成了时代的性格！它终将填平横在不思进取、暮气横秋的老年人与常思进取、朝气蓬勃的青年人之间的代沟、把历史推向前进。

在这段引文里，恩格斯用“以热吻来唤醒沉睡的公主”和“不怕思辨的乌云和抽象顶峰的稀薄空气”来形容和鼓舞青年人追求真理的热情，是何等好啊！它不仅符合青年人的形象和心理，而且具有一种热爱真理、捍卫真理的无穷力量！

——自强与自爱——

人家的切切私语与你何干？……让人家去说长说短：要像一座卓立的塔，决不因为暴风而倾斜。

——［意］但丁

慎重和检点就是女孩子的最好的才智。

——［英］夏洛蒂·勃朗特

生活的目的就是自我发展。我们这儿每个人都在追求完善地认识自己的天性。现在人们怕他们自己。他们忘了最高尚的责任，就是个人对自己应负的责任。

——［英］奥斯卡·王尔德

人们在被命运眷宠的时候，勇、怯、强、弱、智、愚、贤、不肖都看不出什么分别来；可是一旦为幸运所抛弃，开始涉历惊涛骇浪的时候，就好像有一把有力的大扇子，把他们揭开了，柔弱无用的都被扇去，有毅力、有操守的却会卓立不动。

——［英］莎士比亚

患难可以试验一个人的品格；非常的境遇方才可以显出非常的气节；风平浪静的海面，所有的船只都可以并驱竞胜；命运的铁拳击中要害的时候，只有大勇大智的人才能够处于泰然。

——［英］莎士比亚

我正在运用我对他的一切影响，使他不致于过分迷恋写作（因为这个小伙子还没有成熟到进行写作的程序）并使他明白没靠美文学写作收入生活更可悲的了。我劝导他越快掌握资产阶级的散文技艺越好（因为他根本不爱学习，而不学习，他就不会有任何坚实的基础，就会完全给毁掉）。如果他这样做，获得更多的生活经验，并且不再这样束手无策，那末我不怀疑，他将会成为一个十分像样的人，在文学方面也会创作出某些有价值的东西来。

——恩格斯

从事创作是一项需要丰富的社会阅历和很好的艺术鉴赏力的艰苦的工作，而像济贝耳这样初涉文坛的青年，更应该从学习艺术技巧和学习生活开始，打下创业的坚实基础，才可能取得某些成就。

遗憾的是，尽管济贝耳有些小天才而且并不狂妄，还为宣传马克思主义作过许多有益的工作，但毕竟因为没有听取恩格斯对他的谆谆教诲而长进甚微。他在诗歌创作上无大建树，在生活上不甚检点，年仅32岁就过早去世了。

对于每一个有为青年，恩格斯的忠告都是应予记取的：（1）写作技巧本身并无阶级性，要继承、学习而不应拒绝人类创造的一切文化财富；（2）当个空头美文学家是最可悲的，要在实践中积累生活经验，打下写作的坚实基础。

尊严就是最能使人高尚起来、使他的活动和他的一切努力具有崇高品质的东西，就是使他无可非议、受到众人钦佩并高出于众人之上的东西。

——马克思

内心空虚而故作姿态的尊严，则是滑籍可鄙令人忍俊不禁的东西。

凡是那些需要当机立断，果敢执行的计划，我们对于自身的过分顾虑，几乎是成功的惟一阻碍。

——［法］大仲马

荣誉这东西，不会给一个偷盗它、但配不上它的人带来愉快；它只在一个配得上他的人的心里才会引起不断的颤动。

——［俄］果戈理

有两种勇敢：卓越的勇敢和智慧贪乏的勇敢，后者从自己的官职中，从它在斗争时可以使用特权武器等这种意识中吸取力量。

——马克思　恩格斯

卓越的勇敢是智慧的勇敢，其结果是胜利和成功。愚蠢的勇敢是官僚主义的勇敢，其恶果是惊人的浪费和巨额的损失。

最先朝气蓬勃地投入新生活的人，他们的命运是令人羡慕的。

——马克思

投入新生活的标志是实干和多思，而不是空谈和翘盼。

具有某种程序的热情对于一个战斗者倒是相称的，一个无动于衷地拔剑出鞘的人，很少是满腔热忱地对待他为之奋战的事业的。

——恩格斯

思考需要冷静，战斗需要热情。没有战斗热情的冷静是冷漠，没有冷静思考的热情是狂热。

妄自菲薄是一条毒蛇，它永远啮噬着我们的心灵，吮吸着其中滋润生命的血液，注入厌世和绝望的毒液。

——马克思

谦虚是美德，妄自菲薄却不是谦虚。它使人自惭形秽，自暴自弃，堕入绝望的深渊。

天生的本能胜于意志。

——马克思

只有最坚强的意志，才可望升华天生的本能。

有教养人的共同特点是保持自信的姿态，其他人的特点——至少是自负，或达到固执程度的刚愎自用。

——恩格斯

自信，还是自负？这是检验一个人知识程度的标准，也是区别有教养者与愚昧者的分界。

对于各个个人来说，出发点都是他们自己，当然是三定历史条件和关系中的个人，而不是思想家们所理解的“纯粹的”个人。

——马克思　恩格斯

“人皆先爱其身”（M·5：270）。然后推己及人，爱人，爱人类，成为一个完全的人。

——庸才与蠢才——

人类社会在某些时候是有它的谜的，对于智者这些谜变成光明，对于无知者这些谜变成黑暗、暴力和野蛮。

——［法］雨果

名誉之于无赖正如铃铛之于驴子一样，愈是遐迩闻名，愈是丑态毕露。

——［俄］克雷洛夫

有财富不用，从没有达到目的这人角度上来看，就等于没有财富。

——［印度］《五卷书》

世界历史在沿着自己的道路前进，不去理会这些聪明而温和的庸人。

——恩格斯

庸人，便是那些由于害怕一切改革而抛弃了历史，因而也被历史所抛弃的人。

贪财、极欲和虚荣心，弄得人痛苦不堪，这是大众意识的三根台柱，无论何时何地，它们都支撑着毫不动摇的庸人世界。

——［苏］艾特玛托夫

道路一旦踏出来，不会后继无人。

——恩格斯

庸人和蠢才从来不愿从失败中吸取应有的教训。

只诉诸于庸人的温情，而看不见和不愿意看见不知不觉被这种温情所支配的利害关系，这也是德国特有的庸人习气的主要标志之一。

——恩格斯

庸人，是从来只迷恋于温情脉脉的纽带，而厌恶利害关系的利剪的；这也正是他们在历史的进程中常常停下脚步的原因。

办事要像成年人那样，而不能像庞坏了的孩子那样，既要吃蛋糕，又要蛋糕不咬掉，……

——恩格斯

办事像庸人一样，瞻前顾后，畏首畏尾，患得患失，只能是一事无成。

一切已死的先辈们的传统，像梦魔一样纠缠着活人的头脑。

——马克思

怯于挣脱传统梦魔束缚的庸人，永远无法获得自由与新生。

自己都不想帮自己一点忙的人，别人是无法帮助的。

——恩格斯

那些把“蜗壳”当作避风港，不敢在人生的大海上扬起生命的风帆的庸人们，是可悲而可怜的。

他始终缺少一种重要的品质——始终如一。在其一生中，他更像是一位触景生情的即兴诗人，而不是要给世界打上自己独特思想的烙印的创造性的人物。这种思想的不稳定性不能不反映在他的行为的两面性上。

——马克思

庸人，永远是见风使舵，没有主见与脊梁骨的两面派。

像任何半开化的人一样，他只要看到打架就不问情由疯狂地冲过去，他的眼睛里燃着渴求复仇和破坏的不熄的火焰，这种渴求完全无所谓方向，只要能痛打和破坏就行，难道这还有什么奇怪吗？

——恩格斯

受不起刺激却又想寻求刺激者，难免成为只知破坏不懂建设的蠢才。

何必用大炮轰蚊子呢？

——恩格斯

蠢才从不考虑实现其目的的手段是否经济。

智力的贫乏最终企图靠性格的软弱，靠道德败坏的无聊的冒失行为来增强自己。

——马克思

无知导致愚蠢，愚蠢导致盲动，盲动导致恶行，恶行导致腐败。

恐惧心理绝不能把一群胆小鬼纠集在一起，而是他们驱散到四面八方。

——恩格斯

被一种恐惧心理纠集到一起的愚蠢庸众，必将为另一种新的恐惧所驱散。

无论是感情还是回忆，在交易所时都没有行情。

——马克思

聪明人变成了痴愚，是一条最容易上钩的游鱼；因为他自恃才高学广，看不见自己的狂妄。

——［英］莎士比亚

蠢才妄自尊大：他自鸣得意的，正好是受人讥笑奚落的短处，而且往往把应该引为奇耻大辱的事，大吹大擂。

——［俄］克雷洛夫

——妇女与家庭——

人类社会始终希望不断繁衍。它用持久不误用的感情代替性质短暂的欢乐，创造了人类最伟大的业绩和各种社会的永恒基础——家庭。

——［法］巴尔扎克

一个女子最能使人心醉的迷人之处，莫过于在一个男子汉大丈夫的胸怀前表现出来的娇弱。

——［英］查尔斯

女人是一种奇妙的创造物，甚至那些才智卓绝的也是这样。

——马克思

忽喜忽悲，忽愁忽怨，忽怒忽乐，富于活力，这是感情世界丰富多变如海如潮的女子的特有禀赋。

孩子的发展能力取决于父母的发展，存在于现存社会关系中的一切缺陷是历史地产生的，同样也要通过历史的发展才能消除。

——马克思　恩格斯

没有妇女的酵素就不可能有伟大的社会变革。社会的进步可以用女性（丑的也包括在内）在社会地位来精确地衡量。

——马克思

妇女解放的程度和社会地位的合理，是社会变革成功与否的标志之一。

妇女解放的第一个先决条件就是一切女性重新回到公共的劳动中去；而要达到这一点，又要求个体家庭不再成为社会的经济单位。

——恩格斯

家务劳动社会化，妇女才能充分自由地从事公共劳动，自我解放并造福人类。

所谓争取妇女权利的特殊的运动——纯粹是资产阶级的把戏。

——恩格斯

企求人权之外的妇女权力，正如追求人类幸福之外的妇女幸福一样，是不会成功的。

对于妇女们来说愿望是她们的天堂。

——马克思

对优美高尚的妇女来说，最美好的愿望莫过于让别人与自己一样的幸福。

要知道女人总是习惯于要求做不可能办到的事情。

——马克思

对于所有不愿了解办事的必要条件的人来说，这种错误是无可避免的。

你们妇女比我们男人刚毅、坚强。你们要需要时所忍受的事情，我们是忍受不了的。

——恩格斯

为了祖国献出亲人，为了未来忍辱负重，承受着超常的负荷，这正是伟大妇女的可敬之处。

参天巨树，在坚硬岩石间的沃土上长成；孩子的发展，决定于父母的文化修养。新一代总是在比老一代较好的历史条件下成长，并为下一代的成长创造更好的历史条件。

我了解一家之母对一个人口众多的家庭的成员起着什么样的纽带作用，即使在子女们亲密无间的情况下，她也是必不可少的。

——恩格斯

母亲，是家庭的天然纽带和快乐的源泉。

女人身上最可爱的东西有二：一是具有吸引力的美，一是纯洁无污的名誉。

——［西班牙］塞万提斯

任何家庭没有妇女的帮助是不成的，每个家庭，不论贫富，总有而且不能不有保姆，不管是自己的亲戚，还是雇佣的人。

——［俄］夫·托尔斯泰

理智的妇女为了家庭和孩子的幸福应该是宽宏大量，胸怀开阔的，应该要比男人要能容人。

——［科威特］穆尼尔·纳素夫

如果我们这些新时代的儿女们为之奋斗的思想是真理，那么，妇女的心很快也将为现代精神的思想之花而热烈跳动，就像为教父的虔诚信仰而热烈跳动一样；——只有到那时，年轻的一代才会同吮吸母乳一样吮吸新事物，新事物的胜利才会到来。

——恩格斯

妇女，是家庭未来的主宰；用真理的乳汁哺育后代的妇女，是人类的希望。

——爱情与性——

爱情待在高山之巅，在理智的谷地之上，爱情是生活的升华，人生的绝顶，它难得出现。

——[美] 杰克·伦敦

女人拒绝异性的追求，是先天性的特权，即使拒绝了一个最热烈的爱情也不会被认为残酷，但是，如果命运女神错乱了安排，让女人打破了羞怯的本性，不顾一切地向一个并无把握的异性献出她的热爱，而对方表示着冷淡和拒绝时，那结果就不堪设想了。男人拒绝女人的追求，等于损伤她的最高贵的自尊。

——[奥] 茨威格

爱情是生命的火花；友谊的升华；心灵的吻合。如果说人类的感情能区分等级，那么爱情是属于最高的一级。

—— [英] 莎士比亚

爱情，不是一颗心去敲打另一颗心，而是两颗心共同撞击的火花。

—— [苏] 伊萨科夫斯基

爱情是一块砺石，可以用它精细“研磨”人的性格。

—— [苏] 苏霍姆林斯基

对于没有爱情就会失去活动力的人，爱情会赐给他活动力。对于有活动力的人。爱情赐给他以运用这活动力的力量。

——[俄] 车尔尼雪夫斯基

谁一辈子看不见美好的爱情，
谁一线阳光都不曾为之照明，
谁面前一生永远是漫漫黑夜。

——马克思

爱情，人生永恒的太阳；她照亮黑夜，催人奋发，创造奇迹。

爱能联合一切。
别无它物，别无所求，
爱情闭锁在心间，魔力则向人敞开。
爱是生活深处的一朵炽热的火花。

——马克思

爱，是不计得失的；她虽深藏心底，却能沟通人们的心灵，架起友谊的天桥。

时间之于我的爱情正如阳光雨露之于植物——使其滋长。

——马克思

时间，是爱情的阳光和雨水。真挚的爱情，像野草在阳光照耀下长青；违心的结合，像泥墙在雨水冲刷下坍塌……

现代的性爱，同单纯的性欲，同古代的爱，是根本不同的。第一，它是以所爱者的互爱为前提的；……第二，……仅仅为了能彼此结合，双方甘冒很大的危险，直至拿生命作孤注，而这种事情在古代充其量只是在通奸的场合才会发生。最后，对于性交关系的评价，产生了一种新的道德标准，不仅要问：它是结婚的还是私通，而且要问：是不是由于爱情，由于相互的爱而发生的？

——恩格斯

超越了单纯的性欲，性爱便升华为爱情。她以生命为代价，冲破了一切传统的桎梏，为自己树立起新的道德标准——这就是互爱与真情。

吃、喝、性行为等等，固然也是真正的人的机能。但是，如果使这些机能脱离了人的其他活动，并使它们成为最后的唯一的终极目的，那么，在这种抽象中，它们就是动物的机能。

——马克思

崇高的理想和甜美的爱情，是人类永远高居于有同样生理机能的其他所有动物之上的奥秘。

根本无法判明：性爱的欢娱，是来自差异中的同一呢，还是来自同一中的差异？

——恩格斯

性爱依爱情而升华，她既因同一中的差异而结合，也因差异中的同一而欢娱。

拿妇女当作共同淫乐的牺牲品和婢女来对待，这表现了人在对待自身方面的无限的退化，……男女之间的关系是人和人之间最自然的关系。因此，这种关系表明人的自然的行为在何种程度上成了人的行为，……

——马克思

为爱情献身，还是为口腹卖身？归根结底是由女人和男人自己所造成的这种抉择，是检验人类是进化还是退化的试金石。

我并不是一个抽象的道德家，我厌恶一切禁欲主义的反常现象，我永远不会遣责抛弃的爱情；可是，使我感到痛心的是，严肃的道德正濒临消失的危险，而肉欲却妄图把自己捧得高于一切。

——恩格斯

爱情，若不是有道德的利己利人的奉献与享有，那与粗俗的肉欲又有何区别呢？

第二十一个问题：共产主义制度对家庭将产生什么影响？

答：两性间的关系将成为仅仅和当事人有关而社会勿需干涉的私事。

——恩格斯

这里阐明的，是未来高度文明社会的性道德标准——以爱情为原则的标准。

——科学与真理——

我们自己获得的一半真理也比从别人那儿学来的、像鹦鹉学舌那样背出来的全部真理有价值得多。

——［法］罗曼·罗兰

如果你想独占真理，真理就要嘲笑你了。

——［法］罗曼·罗兰

科学史就是把这种谬论逐渐消除或是更换为新、但终归是比较不荒诞的谬论的历史。

——恩格斯

万不可将科学史上的“真理”绝对化，它很可能只不过是尚待修正的谬论而已。

关于万物都会是清楚明确的以及没有什么东西是隐而不露的规律，是一切存在的最高规律。

——恩格斯

人，是运用辩证法猜破伟大之谜的圣者。

任何一种社会哲学，只要它还把某几个论点奉为最后结论，还在开莫里逊氏丸的药方，它就远不是完备的；我们最需要的不是干巴巴的几条结论，而是研究。

——恩格斯

把结论视为定论的理论，是不完备的理论；敢于重新研究和不断发展结论的理论，才可能是逐步完备的理论。

万事开头难，每门科学都是如此。

——马克思

要想进入科学的殿堂，欣赏知识的宝藏，就不要怕推开沉重的铁门。

真理像光一样；它很难谦逊；而且要它对谁谦逊呢？对它本身？真理是它自己和虚伪的试金石。

——马克思

真理是科学的结晶和勇气的化身，她有胆量剖析自我，而不需要用谦逊来遮羞。

“人类理性不创造真理”。真理蕴藏在绝对的永恒的理性的深处。它只能发现真理。

社会天才的任务是发现完备的真理、完整无缺的概念、排除二律背反的综合公式。

——马克思

真理不是创造出来的，而是用理性挖掘出来的，谁能以不屈不挠的科学精神去发现真理，谁就是社会的天才。

我们不是以空论家的姿态，手中拿了一套现成的新原理向世界喝道：真理在这里，向它跪拜吧！我们是从世界本身的原理中为世界阐发新原理。

——马克思

不要相信空论家的真理，要敢于从世界本身的原理中为世界阐发新原理。

对于反动势力来说，旧世界就是新世界观的真理。

——马克思

改革是新世界观的真理，保守是新世界观的反动。

新思潮的优点就恰恰在于我们不想教条式地预料未来，而只是希望在批判旧世界中发现新世界。

——马克思

借新思潮的优点去发现新世界，而不要用旧教条的框子去预料未来。

普天下没有什么新东西！这是一条走运的伪真理。……真正的真理却很难这样走运；它们必须奋斗，必须忍耐，它们受到残酷折磨，被活活埋葬，而且每一个人都按照自己的心意塑造它们。

——恩格斯

真理的曙光，终将冲破黑暗的乌云，把伪真理的蝙蝠，驱进不见天日的岩洞。

推其因果，我们应当说，不是原理属于世纪，而是世纪属于原理。

——马克思

历史创造原理，原理推动历史。

现代历史著述方面的一切真正进步，都是当历史学家从政治形式的外表深入到社会生活的深处时才取得的。

——马克思

科学，如果不深入社会生活的内核，就只能是浮光掠影的臆说。

——实践与理论——

只有理性才能教导我们认识善和恶。使我们喜善恨恶的良心，尽管它不依存于理性，但没有理性，良心就不到得到发展。

——［法］卢梭

唯有遵循理性的指导而生活，人们的本性才会必然地永远地相结合。

——［荷］斯宾诺莎

人类的心灵需要理想远甚于物质。

——［法］雨果

任何真正的哲学都是自己时代精神的精华，……

——马克思

真正的哲学和杰出的哲学家，从来是时代的骄傲和人民的福祉之所在。

实践胜于一切理论，……

——马克思

实践不说空话，它默默检验着理论的正误，去伪而存真，所以它胜过一切理论。

一步实际运动要比一打纲领更为重要。

——马克思

再好的纲领，如果不能和实际运动相结合，则只能是一纸空文。

暂时处于少数——在组织上——而有正确的纲领，总比没有纲领而只是表面上拥有一大批虚假的拥护者要强得多。

——恩格斯

纲领，当它已成为人们能否走上正确道路的指路明灯的时候，是至关重要的。

批判的武器当然不能代替武器的批判，物质力量只能用物质力量来摧毁；但是理论一经掌握群众，也会变成物质力量。理论只要说服人，就能掌握群众；而理论只要彻底，就能说服人。所谓彻底，就是抓住事物的根本。但人的根本就是人本身。

——马克思

抓住了人这个根本，彻底的理论就能成为改造世界的物质力量。

一种理论体系的标记不同于其他商品的标记的地方，也在于它不仅欺骗买者，而且也往往欺骗卖者。

——马克思

对一切售卖伪科学的理论体系的思想贩子来说，自欺欺人是第一原则。

辩证法不崇拜任何东西，按其本质来说，它是批判的和革命的。

——马克思

辩证法对任何事物肯定的同时也包含着对它的否定。

直线远不是在所有场合都像数学家所设想的那样是最短的。

——马克思

当直线通过需要无谓冒险时，绕道而行反而可以更迅捷更安全地到达目的地。

人的思想跟不上事变的进程。

——马克思

历史进程快和流星赶月，只有加紧学习努力实践勤于思索的人，才不敢于被历史所抛弃。

当一种历史因素一旦被其他的、归根到底是经济的原因造成的时候，它也能对周围环境甚至对产生它的原因发生反作用。

——恩格斯

当理论口号，政治体制，法规律令，文学艺术等等这些历史因素由于经济的原因而形成以后，必将以巨大的反作用力于经济。

问题就是公开的、无畏的、左右一切个人的时代声音。问题就是时代的口号，是它表现自己精神状态的最实际的呼声。

——马克思

谁能提出人民最关心的社会问题，谁就表现了最强烈的时代精神！问题剧、问题小说、问题报告的思想意义，即在于此。

人要是没有他所信赖的坚强的原则，没有他所坚持的立场，他又怎么能辨明自己人民的需要、使命和将来呢？他又怎么能够知道他自己应该做些什么呢？

——［俄］屠格涅夫

法律只能是现实在观念和意识上的反映，只能是实际生命力在理论上的自我独立的表现。

——马克思

法律，是现实中掌握了经济命脉的有生命力的统治阶段的意志的表现。

许多理论都像一扇窗户，我们通过它看到真理，但是它也把我们同真理隔开。

——［黎］纪伯伦

一个人不能骑两匹马，骑上这匹，就要丢掉那匹。聪明人会把凡是分散精力的要求置之度外，只专心致志地去学一门，学一门就要把它学好。

——［德］歌德

青年是学习智慧的时期，老年是付诸实践的时期。

——［法］卢梭

实践的青年因好学而聪明，智慧的老人因实践而永生。

人类进步须克服迷信、偏见和物质的三种形式的阻碍。三种沉重的枷锁套在我们的脖子上，那便是教条、法律和自然的桎梏。

——［法］雨果

——革命与主义——

革命不是由偶然事件产生的，而是由需要产生的。革命是去伪存真。它是因为不得不发生而发生的。

——［法］雨果

社会就跟海洋一样，经过一场大灾大难之后会恢复原来的水平，而且会用难以满足的私欲的一消一长来消灭灾难的痕迹。

——［法］巴尔扎克

最完善而持久的改革，应当是由于风气的改良而来。

——［俄］普希金

最迅雷不及掩耳的革命，只会触犯物质利益；而激情则会使人的情感来个天翻地覆。

——［法］巴尔扎克

革命不能预先随心所欲地制造，革命在任何地方都是完全不以个别政党和整个阶级的意志和领导为转移的各种情况的必然情况。

——恩格斯

革命，是如箭在弦，蓄势必发的社会改革。如果不具备历史的必然性，革命的向外输出或在内引爆，都只能是人为的历史悲剧。

对革命的恐惧只是人们的利益互相对立的结果，只要大家的利益一致，就不会有这样的恐惧。

——恩格斯

有的人对改革的疑惧，可能正是怕触犯自己的与众不同的特殊利益的表现。

一个社会建立在强权之上，建立在连野蛮人都想象不出的残酷之上，建立在罪恶和疯狂的放荡之上，是不能够持久的。

——［波］显克微支

行政官的数目越多，政府愈没有力量。

——［法］卢梭

起义也正如战争或其他各种艺术一样，是一种艺术，它要遵守一定的规则，……

——恩格斯

不论以激进或是平和的形式出现，改革都是一门艺术，违背其规则必将受惩。

关于这种马克思主义，马克思曾经说过："我只知道我自己不是马克思主义者。"马克思大概会把海涅对自己的模仿者说的话传送给这些先生们："我播下的是龙种，而收获的却是跳蚤。"

——恩格斯

跳蚤式的社会主义，与龙种式的社会主义，相差何止十万八千里?!

共产主义是私有财产即人的自我异化的积极的扬弃，因而是通过人并且为了人而对人的本质的真正占有；因此，它是人向自身、向社会的（即人的）人的复归，这种复归是完全的、自觉的而且保存了以往发展的全部财富的。

——马克思

否定人的个性，是私有财产的彻底表现；积极的扬弃私有财产的共产主义，是继承了人类以往的全部财富从而极大地丰富了人的个性的人道主义。

代别人去做个理想主义者是最容易不过的事情。肚子胀得饱饱的人很容易嘲笑饿着肚子的人们不要崇高思想而要普通面包的实际主义。

——马克思

饿汉受臭骂的实际主义，并不比饱汉所炫耀的理想主义低贱。

追求幸福的欲望只有极微小的一部分可以靠理想的权力来满足，绝大部分却要靠物质的手段来实现，……

——恩格斯

幸福，不能用改革的空话来追求，而只能用改革的成果来充实。

共产党人不提出任何新的所有制理论。他们只是肯定事实。

——马克思

事实是，任何有利于国计民生的所有制，在社会主义初级阶段的多元化经济生活中，都应占有一席合法地位。

信仰不是别的，只不过是理性在人身中活跃的表现，……

——恩格斯

如果将膜拜教条也当作信仰，那它就成了理性在人身中僵化的表现了。

让我们不要过分看重爱情、利益、财富，高高兴兴地把它们奉献给观念吧，——它会给我们以百倍的报答！

——恩格斯

为了科学的观念——真理——而奉献出一切，这是最幸福的了。

革命尚未成功，同志仍须努力。

——孙中山

以吾人数十年必死之生命，立国家亿万年不死之根基，其价值之重可知。

——孙中山

凡百事业，收效愈速，利益愈小；收效愈迟，利益愈大。

——孙中山

——民族与独立——

艺术的民族同时也是彻底的民族。爱美就是要求光明。

——［法］雨果

民族内部的阶级对抗、消失，民族之间的敌对关系就会随之消失。

——马克思　恩格斯

当各民族都成为文明的民族，世界就将成为文明的世界——各民族的乐园。

无知和虚荣心在编造英雄事迹和民族战功方面是同样起作用的。

——恩格斯

掩盖历史真相，谎造赫赫战功——这只能磨蚀民族自省力，而决不能增强民族自尊心。

任何东西，甚至是强施于人的善行，都不能补偿民族的独立的丧失。

——恩格斯

不论出于真诚的善意或是险恶的用心，用“输出资本”或“输出革命”的方式去剥夺它民族的独立，都会造成一场民族的灾难。

谁也不能奴役一个民族而不受惩罚。

——恩格斯

奴役者终归要受到被奴役者的惩罚。剥夺它民族自由的民族，自己也得不到自由。

伟大的阶段，正如伟大的民族一样，无论从哪方面学习都不如从自己所犯的错误的后果中学习来得快。

——恩格斯

对布丁的检验在于吃。品尝了苦果，也就更爱甜食的美味了。

——恩格斯

一个大民族，只要还没有民族独立，历史地看，就甚至不能比较严肃地讨论任何内政问题。

——恩格斯

一个仰人鼻息的民族是不可能自主地处理其内政问题的，因为这些内政问题必然与其宗主国的利益息息相关。

资产阶级既然把一切生产工具迅速改进，并且使交通工具极其便利，于是就把一切民族甚至最野蛮的都卷入文明的漩涡里了。它那商品的低廉价格，就是它用来摧毁一切万里长城、征服野蛮人最顽强的仇外心理的重炮。

——马克思　恩格斯

商品的世界，使各民族公平地互享自己创造的劳动果实成为可能。而只有非掠夺的自愿而互惠的商品交换，才是人类的福音。

——空虚与欺骗——

空虚和软弱当然要加以适当的掩饰，要用各种饰品、华丽的礼服和箍骨给它们打扮一个强壮的外表！

——恩格斯

掩饰可罩上强壮的外表，却不能撑起空虚的躯体。

高尚意识要用别人的倨傲来证明自己的谦虚。

——马克思

打击别人，是卑鄙小人妄图抬高自己的手段。

撒谎和空虚的世界对人的看法也是虚伪而表面的。

——马克思

撒谎和空虚的世界，是小人之心度君子之腹的可怕世界。

世界一切的诺言都是相对的。

——马克思

勿轻信诺言——它是因人因事因时因地而变的东西。

混淆事实也许是热情狂发时干的事，但篡改事实似乎只有冷静的头脑才能做到。

——马克思

撒谎者无论是狂热或是冷静，都不会尊重铁的事实。

刻薄在于事实本身，而不在于表明事实的字句！

——马克思

受舆论谴责的小人，总喜欢用挑剔批评字句的办法，来洗刷自己的劣迹。

骗子越是心黑无耻，就越以为别人诚实可欺，因此到头来还是毁掉自己。

——恩格思

玩火自焚，害人害己，是所有骗子的共同下场。

只有空话有用，空话会带来不少好处时，利益才会编造空话。

——马克思

连空话的支出，也要据获利多少而定，利益，也真吝啬到家了。

字面上的伪装，只有当它是现实的伪装的自觉或不自觉的表现时，才有意义。

——马克思 恩格斯

捕风捉影的诬告信、恶毒攻击的诽谤信、不守信义的假条约和假合同……这些字面上的伪装，都是现实的损人利己的功利关系的表现。

伪造得最符合资产阶级利益的历史著作，所获得的报酬也最多。

——恩格斯

只要欺骗能获暴利，真理也可出卖。

我们评价一个人从来不是根据他的自我介绍，而是根据他的真实情况，……

——恩格斯

察其言，观其行，是识破口蜜腹剑者、了解忠直可靠者的办法。

多情和吹牛的统一就是暴动。当暴动是对外即针对别人时，它就是吹牛；当它是对内即自鸣不平时，它就是多情。

——马克思 恩格斯

“暴动”——情绪的狂暴或激动——往往是自欺欺人者外强中干的表现。

——贪欲与良心——

对真接生产者的剥夺，是在最无耻的动机，最卑鄙而又可憎的下流的贪欲驱使下使用最残酷无情的野蛮手段完成的。

——马克思

社会主义社会的初级阶段，要避免这种贪欲造成的悲剧重演，就必须健全税收制度，慈善制度、保险制度，保护生产者和企业家的生产积极性和合法权益。

货币崇拜产生禁欲主义，节欲，自我牺牲——节俭和整吝，蔑视世俗的、一时的、短暂的享受，追求永恒的财富。

——马克思

为了金钱的贪欲，而放弃一切人的必需的享受，再没有比这种吝啬鬼更可悲的了。

在资本家的胸中积累欲和消费欲并存。……如果积累欲压倒了消费欲，这时就会出现生产过剩。如果消费欲压倒了积累欲，这时资本主义生产的精神和火焰就会熄灭。

——马克思

社会的消费欲和积累欲应取得适度的平衡，两者的过度膨胀都是有害的。社会扩大再生产的精神和不灭火焰，是人类发展永不停止的需求。

资本家只是作为人格化的资本才受到尊敬。

——马克思

当资本被用来投资建厂，发展经济，利国利民的时候，它的人格化代表便成为受到尊敬的爱国实业家，而不只是“贪欲”的代名词了。

金融贵族，不论就其发财致富的方式来说，或就其享乐情形来说，都只不过是流氓无产阶级的资产阶级社会上层的再生罢了。

——马克思

对那些巧取豪夺，贪得无厌，无所事事的食利阶级的废物来说，这确是一针见血的批评。

如果一个囊空如洗的人一夜之间变成了百万富翁，那必然要有一千个拥有一千元的人在一日之间沧为乞丐。

——马克思

妄图以剥夺小户成为百万富翁，其欲望实现之日也正是破灭之时。

有教养的资产者及其代言人非常愚蠢，竟用对钱袋的影响来衡量每一种活动的意义。

——马克思

把对钱袋的影响当作衡量一切社会活动意义的最高标准，必然导致良心的泯灭和愚蠢的行为。

良心是由人的知识和全部生活方式来决定的。……特权者的“良心”也就是特权化了的良心。

——马克思

良心，是道德的核心；没有良心则无道德，良心发出便寻求道德。然而，良心，却因人的知识、思想、地位、财富的不同而有所不同，决不是千人一样的。

把世界范围的剥削美其名曰普遍的友爱，这种观念只资产阶级才想得出来。

——马克思

贪欲换不来友爱。友爱，总是遵循着平等互利的原则并一经济利益的一致联系在一起的。

恶是历史发展的动力借以表现出来的形式。这里有双重的意思，一方面，每一种新的进步都必然表现为对某一神圣事物的亵渎，……另一方面，自从阶级对立产生以来，正是人的恶劣的情欲——贪欲和权势欲成了历史发展的杠杆，……

——恩格斯

“恶有两面性——主观上的情欲（历史的发展的杠杆）与客观上的亵渎（旧制度的摧毁）。

贪图尘世间宝贵功名的卑鄙企图排挤着求知的欲望，对真理的渴望被虚伪的甜言蜜语所熄灭，可见，人是自然界唯一达到自己目的的存在物，……

——马克思

人能否成为自然界主宰自己命运的伟大存在物，关键是看他渴望真理还是贪图宝贵。

二、激赏与嘲讽

白尔尼是新时代的施洗者约翰，他向自满的德意志人宣扬忏悔，并向他们说，斧头已经落到树根上，一个最强大的人即将出现；这个人要用火来施行洗礼，并把一切莠草无情地铲掉。

——恩格斯·1：526

白尔尼是德国激进的小资产阶级反对派的卓越代表人物之一，恩格斯曾称赞他是“德国自由的旗手”，是“德国当代唯一的伟人”。他的作品在当时已成为深刻影响了德意志民族的“圣典”。他的美学论述也极富魅力，妙语浩如烟海，坚定而犀利的自由思想像礁石一样比比皆是。

根据基督教的传说，约翰是耶稣基督最喜爱的门徒，是启示录、约翰福音的作者。恩格斯以其喻指白尔尼，含有称赞白尔尼的激进革命言论的巨大震撼力之意，在这里，恩格斯以生动形象的暗喻及气势磅礴的伟大预言的方式，雄辩地赞扬了白尔尼在批判旧世界时所显示的无畏勇气和英雄气概。

请允许我提一下优秀的德国画家许布纳尔的一幅画；从宣传社会主义这个角度来看，这幅画所起的作用要比一百本小册子大得多。它画的是一群向厂主交亚麻布的西里西亚织工，画面异常有力地把冷酷的富有和绝望的穷困作了鲜明的对比。

——恩格斯·2：589

恩格斯对文艺的巨大感染力一贯高度重视，这点完全可以从他对画家许布纳尔的一幅力作的审美评价中看出来。恩格斯以高度的鉴赏力将画面作了精彩描摹。在这幅画里，“厂主胖得像一只猪，红铜色的脸上露出一副冷酷相，他轻蔑地把一个妇人的一块麻布抛在一边，那妇人眼看出售无望，便昏倒了；她旁边围着两个小孩，一个老头吃力地扶着她；管事的在检验另一块麻布，这块布的主人正在焦灼地等候检验的结果；一个青年正在把自己劳动换来的可怜的收入给失望的母亲看；在石头的长凳上坐着一个老头、一个姑娘和一个男孩，他们正等着轮到自己；两个男人，一个人背着一块没有验上的麻布，正从房里出来，其中一个怒气冲冲地摇晃着拳头，另一个把手搁在他的同伴的肩上，指着天，好像在说：“别生气，自有天老爷来惩罚他……”

恩格斯细致入微地揭示出这幅现实主义力作的诗意内涵，雄辩地证实了：它是一篇与海涅著名的战斗诗篇《西里西亚织工之歌》这一“诗中画”齐名的“画中诗”，在向人民灌输社会主义思想方面，它远超一百本小册子。

只有在我国的文学中才能看出美好的未来。这个时代在政治和社会方面是可耻的，但是在德国文学方面却是伟大的。1750年左右，德国所有的伟大思想家——诗人歌德和席勒、哲学家康德和费希特都诞生了；过了不到二十年，最近的一个伟大的德国形而上学家黑格尔诞生了。这个时代的每一部杰作都渗透了反抗当时整个德国社会的叛逆的精神。

——恩格斯·2：634

“只有在我国的文学中才能看出美好的未来”，与“这个时代的每一部杰作都充满了叛逆精神”，是恩格斯这段引文中两个互为论据的分论点，也是他对当时德国进步思想家的理论建树、文学实绩的高度评价。

从内在逻辑十分严密的这段引文中可以看出，恩格斯是将伟大思想家的诞生和德国文学的成就紧紧联系在一起的，而且他还将伟大文学家与伟大哲学家都划入伟大思想家之列。其根据，正是他们的每一部杰作都闪射出理性之光，渗透了叛逆精神。

以社会的黑暗对比杰作的美好，以伟大思想家的出现证实该时代的文学实绩，使我们从恩格斯这段话里，看到了伟大思想家对社会不可磨灭的贡献。

对德国来说，拿破仑并不像他的敌人所说的那样是一个专横跋扈的暴君。他在德国是革命的代表，是革命原理的传播者，是旧的封建社会的摧毁人。诚然，他的行动表现出来的是暴虐的，但是他的暴虐甚至不及公会的代表们可能表现出来并且实际上已经到处表现出来的一半，不及被他打倒的王公贵族所惯于表现出来的一半。

——恩格斯·2：636

对大名鼎鼎的法国皇帝拿破仑这个“寡头的民主”如何评价，可以直接检验出雄辩家的是非观念和才华高低。在《德国状况》一文里，恩格斯列举了拿破仑摧毁神圣罗马帝国、颁布承认平等的拿破仑法典，从封建压迫下解放农民、促进德国工业的发展、使德国人得以为伟大理想和公共利益服务等历史功绩，热情赞扬其为“革命的代表”、“革命原理的传播者”、“旧的封建社会的摧毁人”。

从引文本身看，恩格斯的激赏艺术相当高明，他首先驳斥了论敌对拿破仑的恶毒攻击，开门见山地提出了自己的鲜明观点，正面赞扬了拿破仑的伟大；然后以退为进，先承认拿破仑专政确实暴虐，继则以两个“一半”为革命暴力与反革命暴力的暴虐程度作定量分析，从而再度强化了自己的论点。行文不长，却有驳有立，有理有据，跌宕起伏，雄辩有力。

在大熊的庇护之下，放出了旋转焰火，就是在罗马复活节也看不到比这更明亮的焰火。所有社会主义诗人都自愿地或者被迫地供应了几把必不可少的焰火。这些焰火状如麦束，嗞嗞作响，闪闪发光，升到天上，噼啪地散在空中，化作亿万颗星星，把我们黑夜般的四周照耀得如同白昼。但是，可惜好景不长，不消片刻焰火就熄灭了，剩下只是浓烟一片，使夜色比实际上更加漆黑。只有海涅的七首诗，像一颗颗永远闪烁的明星，透过这片浓烟射出光芒，这七首诗出现在这伙人中间，使我们非常惊讶，也使大熊狼狈不堪。

——恩格斯·3：683

“大熊”，是恩格斯赐予德国“真正的社会主义”的诗人海尔曼的绰号，他在1847年编印的《诗册》里，汇编了包括海涅在内的“所有社会主义诗人”的代表作。当读者翻开它时，看到了怎样的一幅荒诞景观啊：从玫瑰、爱情、春天到幽灵、怪影和鬣狗；从诱奸、妊娠、分娩到痛哭、杀婴和自戕……一束束焰火争放，一阵阵浓烟弥漫，曾几何时，都化为过眼烟云消散了。

只有七篇充满了战斗精神的光辉诗篇，像灿烂群星一样，在这漆黑一团的夜空闪射着夺目的光芒，令大熊们羞愧惶恐。这，就是恩格斯称之为“德国当代最杰出的诗人亨利希·海涅”的诗篇。以漆黑夜空来衬托明星闪烁，可以看出恩格斯对海涅是多么的推崇。他还亲自将其《西里西亚织工之歌》译介给英国工人，并赞扬“这首歌的德文原文是我所知道的最有力的诗歌之一”。（E·2：592）

由此可知，恩格斯对革命诗人及其诗作是多么热爱和赏识啊！而他所运用的欲擒故纵、似褒实贬，以反托正的雄辩术，又是多么的娴熟老练。

只有法国才有巴黎，在这个城市里，欧洲的文明达到了登峰造极的地步，在这里汇集了整个欧洲历史的神经纤维，每隔一定的时间，从这里发出震动全世界的电击，这个城市的居民和任何地方的人民不同，他们把追求享乐的热情同从事历史行动的热情结合起来了，这里的居民善于像最讲究的雅典享乐主义者那样地生活，也善于像最勇敢的斯巴达人那样地死去，在他们身上既体现了阿基比阿德，又体现了勒奥尼达斯；这个城市就像路易·勃朗所说的那样，它真的是世界的心脏和头脑。

——恩格斯·5：550

恩格斯的这段话可视为对“革命圣城”巴黎的崇高礼赞！由于地理位置的重要和优越，更由于巴黎人具有公元前雅典政治活动家阿基比阿德那样的胆略才干和率兵抗击波斯人的斯巴达国王勃奥尼斯那样的英勇顽强精神，使得它成为世界的心脏和头脑，成为每隔一定时间便发出革命电击的欧洲神经中枢。

仅就世界近代史而言，巴黎的震源就发出过如下几次强烈电击：1789年巴黎人民攻占象征封建拉治的堡垒——巴士底狱，揭开了法国资产阶级革命的序幕；1830年巴黎人民举行7月革命，推翻了腐朽反动的波旁王朝；1848年巴黎爆发2月革命，推翻了七月王朝，成立了法国历史上的第二共和国，同年6月，开始了法国历史上著名的巴黎工人6月起义，“这是现代社会中两大对立阶级间的第一次大交锋。”（M·7：34）其影响之大可想而知。

当恩格斯撰写这篇“巴黎颂”的时候，震撼世界的巴黎公社起义尚未爆发，否则，他一定会与马克思一道热烈称颂那“刚毅的、坚定的、战斗

着、劳动着、思想着的巴黎！雄伟豁达的巴黎！”（M·17：611）

整段引文以古代名人为喻，以名言为论据，以条件句和联合句为骨架，以大量史实为背景，雄辩地证实了巴黎的伟大！

第一眼看到他，我们并没有料想到，这个外表并不出众的人，竟是一个十分难得的人物。没过几天，我们就同这位新的流亡伙伴建立了诚挚的友谊，而且我们相信，我们交结的不是一个平凡的人。他在古典学校里受到良好培养的才智，他那丰富的幽默，他对艰深理论问题的清楚理解，他对人民群众的一切压迫者的强烈憎恨，他那刚毅而又沉着的气质，很快就展现了出来。但是，只有在斗争中，在胜利和失败的时候，在顺利和不利的时候，经过多年的共同活动和友好交往，我们才能充分认识到他那坚韧不拔的性格，他那无可怀疑的绝对忠诚，他那对敌、对友。对己都同样严格的、始终如一的责任感。

——恩格斯·19：63

路遥知马力，日久见人心。这是中国的一句格言。从马克思、恩格斯与沃尔弗从相识到建立起诚挚友谊的交往过程里，这句格言的深刻意蕴被充分揭示出来。

沃尔弗是西里西亚农奴的儿子，德国无产阶级革命家，曾因参加革命活动被普鲁士监狱囚禁。当他初次与马克思、恩格斯结识时，就以他的修养、才智、情感和气质给他们留下了良好的印象。

然而，只有经过了长期革命实践的考验，只有经受了失败的挫折而依然矢志不移，只有在胜利的时刻不被胜利冲昏头脑的战士，才能显示出他那绝对的忠诚、不屈不挠的斗志和谦虚正直的品格。沃尔弗正是这样一个十分难得的平凡的伟人。

全段以“很快展现”与“长期考验”相互映照，以“充分认识”和“没有料到”前后呼应，雄辩地褒奖了一位机敏干练、忠实可靠的革命家——沃尔弗。

这是一次人类从来没有经历过的最伟大的、进步的变革，是一个需要巨人而且产生了巨人——在思维能力、热情和性格方面，在多才多艺和学识渊博方面的巨人的时代。给现代资产阶级统治打下基础的人物，决不受资产阶级的局限。

——恩格斯·20：361

16世纪欧洲文艺复兴时期，是人类历史上的一个辉煌时期，是一个需要巨人而且产生了巨人的时期；这些巨人不是分工的奴隶，而是多才多艺的专家；不是唯恐烧着手指的谨小慎微的庸人，而是用笔用舌用剑向旧世界挑战的英雄！

在他们中间，有达·芬奇、阿尔勃莱希特·丢勒、路德、塞尔维特、哥白尼、平顿，等等。他们在学术成就、艺术创作方面，对人类作出了如此巨大的不朽贡献，以致于大大超出了他们的阶级局限，成为人类思想大解放的先驱。

抓住了巨人的特点，也就抓住了时代的特点；阐明了巨人的贡献，也就有力论证了文艺复兴是人类最伟大的进步的观点。提纲挈领，要言不繁，论据充分，是恩格斯激赏性论一述充满雄辩光彩的原因。

维尔特所擅长的地方，他超过海涅（因为他更健康和真诚），并且在德国文学中仅仅被歌德超过的地方，就在于表现自然的、健康的肉感和肉欲。

——恩格斯·21：9

恩格斯说，维尔特，“我称他为德国无产阶级第一个和最重要的诗人。的确，他的社会主义的和政治的诗作，在独创性、俏皮方面，尤其在火一般的热情方面，都大大超过弗莱里格拉特的诗作。他常常利用海涅的形式，但仅仅是为了以完全独创的、别具只眼的内容来充实这个形式。同时，他不同于大多数诗人的地方，就是他把诗写好之后，就对之完全漠不关心了。”（E·21：7-8）

对名利的淡薄，只是维尔特在道德上超过弗莱里格拉特的方面；而使他在诗作上超过弗莱里格拉特和海涅而仅次于歌德的，则是他在“表现自然的健康的肉感和肉欲”方面显示的杰出才华。而“一读弗莱里格拉持的诗，的确就会想到，人们是完全没有生殖器官的。但是，再也没有谁像这位在诗中道貌岸然的弗莱里格拉特那样喜欢偷听猥亵的小故事了。”（E·21：9）这正是健康的坦诚与虚伪的羞怯的区别。

恩格斯之所以肯定维尔特在审美的表现健康的性爱方面的艺术特长，是因为他鄙薄德国市侩的偏见和小市民的虚伪的羞怯心，其实这种羞怯心不过是用来掩盖秘密的猥亵言谈而已。到了文明时代，“性爱”将不再成为科学和艺术的禁区，而像维尔特这样品德高尚才华出众的作家，将得到人民的普遍接受和由衷喜爱。

恩格斯的言论，是建立在维尔特与歌德、海涅和弗莱里格拉特的比较之上的，因而具有无可辩驳的逻辑力量。

他是一个温和、精细、高尚的人，坚定、才干和外表的美异常和谐地在他身上融为一体，当我在科伦人中间看见丹尼尔斯的时候，他总是使我感到他是一尊被任意丢在一群霍屯督人中间的希腊神像。

——马克思·28：627

这位像希腊神像一样，把心灵美与外表美和谐地融为一体的高尚而坚定的革命者，便是德国医生、科伦共产主义同盟中央委员会的委员丹尼尔斯医生。

在科伦反动当局一手炮制的臭名昭著的“科伦共产党人案件”里，丹尼尔斯曾是被告。在敌人的摧残下，他英年早逝，年仅36岁。噩耗传来，马克思不胜悲痛。他在致丹尼尔斯妻子的信中高度赞扬了丹尼尔斯的优秀品质，并且“希望有一天会出现一种情况，使那些缩短了他的寿命的人受到比这个讣告所给予他们的更为严重的惩罚。”（M·28：627）这就是一个革命者向为革命献身的战友及其死敌所表示的最鲜明的爱与憎。

以人类艺术难以企及的典范——希腊神像来喻指具有心灵外表和谐美的同志，这是多么鲜活大胆的想象！

我现在正在读达尔文的著作，写得简直好极了。目的论过去有一个方面还没有被驳倒，而现在被驳倒了。此外，至今还从来没有过这样大规模的证明自然界的历史发展的尝试，而且还做得这样成功。

——恩格斯·29：503

目的论，是一种认为世界的一切都为某种目的所决定的唯心主义学说。根据这一谬说，人间的一切似乎都是上帝早就有目的地安排好了的，正如恩格斯所辛辣地讽刺的那样：“猫被创造出来是为了吃老鼠，老鼠被创造出来是为了给猫吃，而整个自然界被创造出来是为了证明造物主的智慧。”（E·20：365）

进化论的奠基人，英国生物学家达尔文，经过环球旅行和大量观察及综合研究之后，发表了轰动一时的学术名著《物种起源》，以大量事实证实了物种通过自然选择、适者生存而发生变化的进化论，轰毁了各种唯心的神造论、目的论和物种不变论。

恩格斯在致马克思的信中（参见引文），表达了自己对达尔文的钦敬和阅读他的名著《物种起源》时喜不自胜的心情。18 年后，恩格斯在《反杜林论》中再次称赞道，证实自然界中的有机体的“人口规律”，决定性的推动了物种进化理论的，“不是别人，正是达尔文。”（E·20：75）

没有你，我永远不能完成这部著作。坦白地向你说，我的良心经常像被梦魇压着一样感到沉重，因为你的卓越才能主要是为了我才浪费在经商上面，才让它们荒废，而且还要分担我的一切琐碎的忧患。

——马克思·31：301

为了创立科学社会主义学说并为它奠定坚实的理论基础，马克思勤奋著述《资本论》，耗尽了晚年的全部心血。他承认自己的拼命写作就像在坟墓边徘徊那样充满了危险：“我不得不利用我还能工作的每时每刻来完成我的著作，为了它，我已经牺牲了我的健康、幸福和家庭”。（M·31：543）

实际上，最为关心《资本论》的命运并为它的全部出版作出了重要贡献的，除了著者大概就要数恩格斯了。只有恩格斯才充分地认识到它对科学社会主义的伟大意义，才会放下手头心爱的工作，违心地经商，竭尽所能地资助马克思的写作。再也没有谁能比马克思本人更深切地理解恩格斯的苦心和无私奉献了。在去世前，他委托恩格斯及女儿为遗稿处理人，而恩格斯则以出色的工作回报了他的信任。在马克思逝世后毅然担负起《资本论》二、三卷编辑出版的繁重工作，将这部辉煌巨著完整地奉献于世人手上。《资本论》，将永远成为这两位革命导师肝胆相照的伟大友谊的纪念碑！

单是《风流娘儿们》的第一幕就比全部德国文学包含着更多的生活气息和现实性。单是那个兰斯和他的狗克莱勃就比全部德国喜剧加在一起更具有价值。莎士比亚往往采取大刀阔斧的手法来急速收场，从而减少实际上相当无聊但又不可避免的废话，但是笨拙的大屁股罗·贝奈狄克斯对此竟一本正经而又毫无价值地议论不休。去他的吧！

——恩格斯·33：108

“德国戏剧具有的较大思想深度和意识到的历史内容，同莎士比亚剧作的情节的生动性和丰富性的完美融合”（E·29：583），是恩格斯所期待的体现了他美学理想的“戏剧的未来”。

众所周知，莎士比亚是英国的伟大现实主义剧作家，他的戏剧创作是人类宝贵的文化财富。马克思曾极力主张戏剧创作要“更加莎士比亚化”（M·

29：574），他痛斥贬损莎士比亚的卢格是“畜牲”！（M·29：356）热情地赞扬“莎士比亚塑造的典型在19世纪下半叶开出灿烂的花朵。”（M·10：659）恩格斯则对莎士比亚在《温莎的风流娘儿们》、《亨利四世》诸剧中所提供的真实而生动的“福斯泰夫式的背景”赞不绝口，在他阐述革命现实主义的创作原则时，一再提醒人们要“多注意莎士比亚在戏剧发展史上的意义。”（E·29：583）事实上，马克思和恩格斯不仅充分肯定了莎士比亚在艺术发展史上的杰出地位，而且在写作中也经常从他的不朽剧作里寻珠觅宝，增添论著的趣味性和雄辩色彩。也正因为如此，当恩格斯看到贝奈狄克斯大肆攻击莎士比亚的时候，会如此义愤填膺，要在致马克思的信中将这个小丑尽情地奚落一番了。

谷兹科夫的文学创作和抱负具有鲜明地表现个性的特征。他的为数众多的作品中，只有极少数给人留下满意的印象，但终究不能否认，这些作品属于自从1830年以来德国文学中最杰出的作品。……谷兹科夫具有巨大的理性力量；他作出自己的判断从不感到困难；他的眼光毫不费力地洞察着种种极为错综复杂的现象。在他身上，除了这种理性，还有如此强烈的激情；这种激情在他的作品中表现为灵感，并且把他的想象力引入一种几乎可说是兴奋的状态，只有在这种状态下才能从事精神创作。谷兹科夫的作品，即便是长期构思的作品，都是一挥而就的。

——恩格斯·41：77－78

谷兹科夫算不上世界一流作家，却是19世纪30年代风靡一时的“青年德意志”文学流派的台柱。谷兹科夫在敏锐地刻画内心世界方面，在心理因素的形成方面是出类拔萃的，在戏剧创作上也有成就，善于运用对白的技巧，使对白洗练、优美，妙趣横生。从一定时期一定国度的特定作家群的相互比较中，恩格斯给予他很高评价。

从恩格斯对谷兹科夫的好评里，可以总结出某些艺术规律的问题。即一个作家的成功，要有鲜明的个性、巨大的理性、强烈的激情和亢奋的创作心态；倘若反其道而行之，以平庸的个性、盲目的理性、冷漠的感情和麻木的创作心态去创作，那是注定要失败的。

“为数众多”与“极少数”的比较，“1830年以来的德国文学”与“最杰出的作品”的比较，以总体的数量之比和特定时空概念下的质量之比的综合判断，恰如其分地评说了谷兹科夫在文学史上的地位，使激赏的雄辩性大为增强。

谢谢您寄来的关于巴尔扎克的小书，我将欣然拜读。在我看来，巴尔扎克是塞万提斯之后的一切时代的最伟大的小说家，同时也是从1815年到1848年法国社会的最直言不讳的史料研究家。我喜欢巴尔扎克的一切作品。

——恩格斯·50：484

恩格斯从巴尔扎克以伟大的批判现实主义精神写成的具有编年史价值的小说中吸取了丰富的历史知识并得到了极惬意的艺术享受。病榻月余，除了巴尔扎克小说，他别的几乎什么也没读。他认为这些小说所形象概括的法国历史，比他从法国历史学家那里了解到的要多得多。他称赞巴尔扎克有“多么了不起的勇气！在他的富有诗意的裁判中有多么了不起的革命辩证法！”（E·36：77）

当然，最能代表恩格斯对巴尔扎克的全面评价的，是他写给玛格丽特·哈克奈斯的那封著名的信。他在信中再次赞扬了巴尔扎克那种以空前尖刻的嘲笑、空前辛辣的讽刺去批判那个注定灭亡阶级的勇气，认为巴尔扎克是比过去、现在和未来的一切左拉都要伟大得多的现实主义大师，他在《人间喜剧》里给我们提供了一部法国“社会”特别是巴黎“上流社会”的卓越的现实主义历史。恩格斯的回简，寥寥数语，如拉家常，但却绝非泛泛议词，而是以其高度的审美鉴赏力和丰富的文学知识作出的结论，因而具有精当史评特有的雄辩力量。

当整个德国都响起了战斗的号角的时候，……荣克先生却坐在自己的屋子里啃笔杆，反复咀嚼“现代事物”这个概念。他什么也听不见，什么也看不见，因为他把头埋到现在已经全然无人问津的书堆里了，并一心一意、有条有理地把个别事物归入黑格尔学说的范畴。

——恩格斯·1：521

恩格斯指出：“在任何一种运动、任何一种思想斗争中间，总有一些只有滚在污水里才会感到非常舒服的糊涂虫。在原则本身还没有确定以前，人们对这种人还可以容忍；……但是当各种成分分离开来、各种原则相互对立起来的时候，抛弃这些废物、清算他们的时机就到来了，因为这时他们的空虚已经骇人听闻地暴露了出来。”（E·1：519）

荣克正是这样的糊涂虫，响彻德国的激越高亢的战斗号角，却似乎与这个书厨无缘，他啃着笔杆，咀嚼着脱离实际的模糊不清的概念，干着将过去的过渡时期与繁荣时期混为一谈的荒诞无稽的勾当，成为“德国最无气节、最软弱、最糊涂的作家。”（E·1：534）一这就是恩格斯对这位不谙世事的寻章摘句的老雕虫的辛辣嘲讽和深刻的批判。

在我们这个被自私自利的蛆虫所彻底啮蚀了的、腐朽透顶的时代里，有着（唉！）这样一些个人，他们胸中缺乏一颗火热的心，……啊，读者！如果你看到这样的人，让他读一读大熊的“伪善”这首诗，他一定会痛哭，痛哭，再痛哭！他一定会发现，他是多么可怜、渺小和赤身裸体，……如果这不足以使他仔悔、改过，那末他决不配生在大熊的时代。

——恩格斯·3：658

大家都知道贪婪凶残的“俄国熊”，“然而熊按其本性是真正德国的动物。”（E·3：657－658）它悠然自得，温柔博爱，诚实勇敢，“他不耐烦四只脚立在天国之上，因此他终于用两只后足竖立，并且武装起来，果真是：穿上了人的制服，挂上了信念的饰带，佩起了夸耀的肩章，戴上了鼓舞的三角帽，在雄伟的胸膛上挂满了三级自我牺牲勋章，并插上了憎恨暴君的利刃，准备以尽可能小的生产费用去进行宣传。”（E·3：657）于是，它炮制了（伪善）一诗，署名：海尔曼。

从恩格斯上述对“大熊”——诗人海尔曼的极其诙谐、充满挖苦和调侃语调的嘲笑里，可以看出，他对这些丝毫也不惊扰富人的好梦的伪善诗人是多么憎恶！“‘真正的社会主义’的真理，实际上是一切温情之中的温情！”它一语道破了这些伪善诗的真谛！

出色的尖刻辛辣的反语，使恩格斯的雄辩语言具有了摧枯拉朽的魔力。

这家报纸实实在在是一条温柔、慈悲、博爱的银河，只有在异常稀有的情况下它才变成酸牛奶。但愿它像真正的银河那样，沿着自己的河床，安安静静地流着，继续以仁慈心肠的奶油和小市民的干酪供应正直的德国市民们；它丝毫用不着担心有人来揩它的油，因为像它那样一碗清汤，哪里还有什么油水。

——恩格斯·3：683

可怜织女星，化为马郎妇。

乌鹊疑不来，迢迢牛奶路。

鲁迅曾以上面这首杂咏诗跟赵景深教授开了个玩笑，他不知道外文“银河”一词的译法，照字面直译为“牛奶路”，闹了大笑话，以至于连给织女牛郎驾“鹊桥”的鸟儿都让这条怪河给吓飞了。在引文中，恩格斯则有意利用“银河”一词的双关语来做文章，把德国一家为“真正的社会主义”献媚卖力的报纸讥称为“酸奶河”。它像银河一样环绕太空，拱卫着大大小小的“真正的社会主义”诗人的星座……这就是19世纪的《特利尔日报》——一家清淡士。汤空话连篇的庸人报纸。恩格斯籍双关语作奇特的想象，让银河变为酸奶河，再变为清汤水，大大增添了文章的讽刺色彩。

臣民分为特权者和非特权者，特权者不但看不出政治等级是降低人格的阶梯，却反而认为它是飞黄腾达的途径，……

——马克思·4：845

臣民分为特权者和非特权者，是剥削阶级强化其统治的需要，古今中外，同此一理。按中国古代的等级制排列，就是“王巨公，公臣大失，大夫臣士，士臣卑，卑臣舆，舆臣隶，隶臣僚，僚臣仆，仆臣台。”级级相属，不得逾越。除了天子外，真正有特权的是王、公和大夫，即所谓“刑不上大夫。”鲁迅曾在《灯下漫笔》里慨叹道：“对国民如何专横，向外人士如何柔媚，不犹是差等的遗风么?”这种差等遗风对特权者的诱惑，就是企盼政治的投机和攀附，对非特权者的腐化，就是连上压下，自惭形秽……

马克思主义者把政治等级的划分视为降低人格的阶梯，反对将人分为特权者和非特权者，鄙视把“当官”作为飞黄腾达的途径的小人，主张革命者要当人民公仆。

用力拔千钧的转折句式来揭露和嘲讽小人，具有入木三分的深刻的批判力量。

同样不容争辩的是，在歼灭南德的葡萄酒、肉、苹果酒等等方面，普鲁士的名字也无疑获得了光荣。瘦骨嶙峋的勃兰登堡人、波美拉尼亚人等等养肥了他们的爱国的肚子，酒徒过了酒瘾，他们在留驻南德期间，以及其英勇的精神消灭了房东供给他们的一切，以至普鲁士的名字在这里家喻户晓。可惜的是他们还没有偿付膳食宿费，不然的话名声一定会更响亮。

——马克思·6：190－191

马克思是德国人，这也许正是他对“丑陋的德意志人”看得格外深透，嘲讽得分外刻薄的原因吧；但这绝不是他对将他野蛮驱逐出境，连遇到大赦也不准他返国的普鲁士政府存有芥蒂所致，而是出于他对德意志民族深沉真挚的爱和坚定不移的无产阶级国际主义立场。

针对普鲁士国王发布的、吹捧他的反动军队的赫赫武功的“新年贺词”，马克思也在《新莱茵报》上发表了一篇《新年贺词》，它揭穿了普鲁士军队的三顶光荣桂冠到底是什么货色：那就是入侵丹麦、入侵波兰和镇压南德起义。上述的引文为“丑陋的德意志人”留下了历史剪影，表彰了他们在消灭房东的所有食品并拒不付帐时所表现的极其英勇的精神！

反语，是马克思嘲讽敌人的重炮。

这个法兰克福蛤蟆坑总该相信，厄运马上就要临到它的头上。它要自食恶果了。在它进行卑鄙勾当的地方将树起一块墓碑，行人可以在上面读到：“由于胆怯畏缩、学究式的愚钝和懦弱成性，在人民的幸灾乐祸的嘲笑或完全冷漠轻视的氛围中，自己作孽而死。”

——马克思、恩格斯·6：398－399

“法兰克福蛤蟆坑”，是马克思和恩格斯对法兰克福国民议会的鄙称，那里聚积的一群右派议员活像噪噪不休的令人讨嫌的癞蛤蟆，对一切营私舞弊的卑鄙行为都称颂不已，对受难的革命者则幸灾乐祸，表示满意。

用“墓碑”作为嘲讽敌人的武器，它的妙处就在于：利用墓碑所提供的狭小面积，以精练而如镌如刻的文字，针针见血地揭露敌人的胆怯、愚蠢和自食恶果；同时，以墓碑这一尽人皆知的死亡标志，宣告敌人的末日已经到来，增强人民的胜利信心并鼓舞革命者的士气。

在六月事变中，为拯救财产和恢复信用而斗争得最热狂的，莫过于巴黎的小资产阶级——咖啡店和餐馆的主人、酒商、小商人、小店主、小手工作坊主等等。小店铺奋然而起，向街垒进攻，以求恢复从街头到店里去的通路。但是，街垒后面站的是小店主们的顾客和债务人，街垒前面站的是他们的债权人。当街垒被击毁，工人被击溃，而小店主们在胜利陶醉中奔回到自己店里去的时候，他们忽然发觉店门已被财产的救主即信用的官方代理人堵住了，他拿着威胁的通知单迎接了他们。期票过期了！房租过期了！债票过期了！小店铺垮了！小店主垮了！

——马克思·7：42

这段引文多像一出充满了戏剧性的讽刺小品剧：剧的主角，是鼠目寸光、精明过头、狂热亢奋的小店主！戏剧的冲突，是一场激烈的巷战；戏的高潮，是凯旋者成了阶下囚！

很难断言，这是一场喜剧拟或是悲剧，抱着“拯救财产”的狂热信念向巴黎公社的起义者们扑去的小资产者，却不知他们的最大危险，恰恰来自拖着他们与无产者战斗，却又虎视眈眈盯着他们那一点可怜财产的大资产者！“恢复了元气的信用已表明出自己是一个活生生和满怀复仇心情的凶神，这首先就表现于它把那无力支付的债务人连同其妻室儿女一起逐出了住屋，把他的虚幻的财产交给了资本，而把他本人则抛进了那在六月起义者尸体上重又赫然耸立起来的债务监狱。”（M·7：43）这个“信用”，就是屠杀了巴黎6月起义工人的大资产者所建立起来的法律秩序。

喜剧式的嘲讽，是马克思用以增强其论战文章的雄辩力量的高招！

当资产阶级毫不违反法国演剧格式的迂腐规则，十分严肃地表演最纯粹的喜剧时，当它一半被骗一半信服自己表演得庄严堂皇时，一个把喜剧仅仅看作喜剧的冒险家当然是要获得胜利的。只有当他战胜了盛装的敌人，并且认真演起自己的皇帝角色，在拿破仑的假面具下装作真正的拿破仑以后，他才会成为他自己的世界观的牺牲品，成为一个再不把世界历史看作喜剧而是把自己的喜剧看作世界历史的认真的丑角。

——马克思·8：174－175

马克思这段话深刻地揭露了冒充拿破仑的波拿巴的反动本质以及他蒙骗法国民众得以黄袍加身的丑恶史。

波拿巴是凭着自己那点与拿破仑的血缘关系登台复辟的。他随驾陪行的得力干将都是纠集在“十二月十日会”里的社会渣滓，从囚犯、骗子、娼妓、游民、扒手、赌棍，到叫化子、退伍兵、磨刀匠、堕落文人、捡破烂的，应有尽有。而这些浪荡游民就是他绝对能够依靠的唯一阶级！这难道不是把法国革命看作是一场最鄙俗的化装舞会了吗？

当历史上那些曾代表过人民利益的资产阶级革命的英雄（如拿破仑）相继去世以后，维护旧制度的好汉们大多不过是波拿巴那样的小丑而已。在这里，马克思借戏论人，把一个世界喜剧的丑角——波拿巴——嘲讽得无地自容。

这种“正直意识”把庸人的一切卑鄙奸诈的癖性和习惯都掩藏在硬装出来的诚实后面。它可以允许自己做出各种卑鄙的事情，因为它知道，它是由于正直才卑鄙的。愚蠢本身变成了优点，因为愚蠢是信仰坚定的确实证据。

——马克思、恩格斯·8：309

一切主观唯心主义者都喜欢吹嘘自己的超凡的本领和美德，并以此掩盖自己的浅薄无知和卑鄙无耻。青年黑格尔分子卢格便是如此。他把“诚实”当画皮，自封为“正直意识”的化身。而“正直意识”愈是想进行某种欺骗或干卑鄙的勾当，它就愈能够表现得纯朴和可信。小市民的一切卑鄙习性蒙上一层正直的意图的光彩，就变成了他的美德，丑恶的利己主义装扮成好像是自我牺牲的样子而出现，怯懦被描绘成最大的勇敢，卑鄙变成了高尚，“诚实”的后面掩盖着一切不可告人的思想。

通过对所谓的“正直意识”的深刻解剖和无情嘲讽，卢格便再也无法遁其形，被批得体无完肤了。

对于一个来说是无法解释的失败的结果，对于另一个来说则是无法解释的幸运的结果。对一个来说，他所信赖的福星是他自己的天才，对另一个来说，却不得不以对自己的福星的信赖来代替天才。一个赢得了真正的革命，因为他是能够实现这个革命的唯一人物；另一个则赢得了重新唤起的对过去革命时代的回忆，因为他承袭了这个唯一人物的名字，因而他本身就是一种回忆。

——马克思、恩格斯・11：149

对比论证与类比论证不同，它不是将两个相似的人物或事物进行比较论证，而是将两个性质相反的人物或事物进行比较论证，从而达到正反映衬、妍媸分明、褒贬得当的论证效果，增强雄辩性论战文章的说服力和感染力。

在他们合写的评论欧洲战事的《法国作战方法的批判》一文里，成功地运用了“对比论证”的方法，将英雄拿破仑和草包波拿巴正反对比，以前者善于集中优势兵力打击敌人的心脏，后者却分散兵力攻击敌人的偏远地区的事实，树立了前者的天才军事家的形象，嘲笑了后者仅凭运气和奇迹获胜的愚蠢。

自从“法兰西内战”这篇宣言发表以后，布莱德洛先生的声音就同诬蔑国际和我个人的全世界大合唱融成一气了。我对他就像对其他诽谤者一样，只有鄙夷地报以沉默。这是这个极端自尊的人的可笑虚荣心所不能忍受的。

——马克思・17：514

马克思在其光辉一生中遇到的各类心怀叵测的论敌可谓多矣！布莱德洛

就是其中之一。他居然造谣诬蔑马克思是“俾斯麦的警探”和“波拿巴分子”，威胁说要揪马克思上“公意法庭”上受审！对于这类狂妄自大的以向名人挑战来抬高自己声威的小丑，马克思洞若观火，不屑一顾，采取了沉默的战术，只是在最必要的关键时刻才予以致命的一击。

鲁迅说得好，最高的轻蔑是无言，连眼珠子也不转过去。这正是聪明人对待虚荣心极强的沽名钓誉之徒的最好战术。马克思对布莱德洛之流的卑鄙诽谤的最好回答，正是沉默与轻蔑。它也启示我们，雄辩式的论战，并不非要口若悬河、滔滔不绝；恰恰相反，适当的沉默，是最大的轻蔑，它能使急不可耐、喋喋不休的论敌暴露出更多的丑态，从而更好地选准战机。

我愈是深入地研究战争，就愈是鄙视那种英雄气概；英雄气概只是一句无聊的空话，一个普通士兵是根本不放在嘴上的。拿破仑只要不是发表宣言和长篇演说，而是冷静地说话，他就从来不说什么“光荣的”、“不屈不挠的勇气”等等，至多不过说：“他打得好”。

——恩格斯·27：250

那些成天把“英雄气概”挂在嘴上的人，往往是发动侵略战争的战争狂，或者是不义战争的吹鼓手。

拿破仑在恩格斯笔下是正面的论据，他在冷静的时候很少表现出“英雄气概”，尽管他很可以自己的几乎征服了欧洲的战功来夸耀世人。鲁迅则将拿破仑作反面论据来表达与恩格斯相仿的观点。他说，拿破仑在率军翻越阿尔卑斯山的时候，曾气焰万丈地用鞭子指着起伏的山脉说，我比山还要高！鲁迅戏谑地问道，如果拿破仑没有身后的那支大军，说这话岂非发昏?!

总之，说大话，唱高调的“英雄气概”，只不过是井底之蛙的狂妄自大罢了。在这段引文里，恩格斯以杰出统帅和普通士兵为例，对所谓的英雄气概作了雄辩而全面的论证和嘲讽。

我嘲笑那些所谓“实际的”人和他们的聪明。如果一个人愿意变成一头牛，那他当然可以不管人类的痛苦，而只顾自己身上的皮。

——马克思·31：544

在给未来女婿拉法格的信中，马克思坦诚地说：“我已经把我的全部财产献给了革命斗争。我对此一点不感到懊悔。相反地，要是我重新开始生命的历程，我仍然会这样做”。（M·31：521）在讲求“实际的”市侩看来，这是不可理喻的。一个人的著述不但不能添财进宝，反而使他受到政府的迫害，岂不是自寻烦恼吗？

但是，马克思却嘲笑那些把自己的人格降低为“牛”的只知道关心身上那张皮的市侩们，他对自己为之献身的伟大事业充满了自豪。早在青年时代，他对如何选择职业便有了明确认识。他说：“在选择职业时，我们应该遵循的主要指针是人类的幸福和我们自身的完美。”（M·40：7）这正是马克思为了人类解放事业九死不悔的思想基础，也是他所嘲笑的聪明的“牛”们所永远无法比拟的伟大人格。

“对小小的刺激，根本用不着管它。这是斗争的第一条规则，并且要记住：

从来没有这样快活过，
刺痛敌人乐呵呵，
单拿蠢货来开心，
单拿傻瓜来奚落。”

——恩格斯·36：174－175

只有温和的庸人，才喜欢四平八稳、不痛不痒的文章，才害怕尖锐的讽刺和刻薄的嘲弄；而对于所有有胆魄有头脑的革命者来说，用无情的讽刺去刺痛愚蠢的敌人，却是一件令人开心的事，正如格·维尔特在《从来没有这样快活过》一诗中所形容的那样。

马克思和恩格斯是一对善于以辛辣的嘲讽刺得论敌暴跳如雷的革命战友。恩格斯认为，在敌人采用的手段越来越卑鄙无耻的时候，用最厉害的字眼来评论它们也显得太软弱，只有用讽刺、讥笑、挖苦的手法作战才能更有力和更富于表达力，“这要比最粗暴的愤怒语言更能刺痛敌人。”（E·35：336）他在回忆自己与马克思所写的讽刺文章时不说：“我们那时都是大胆的小伙子，海涅的诗篇同我们的散文相比，不过是天真的儿戏而已。”（E·36：33）

以胜于著名讽刺诗人海涅的尖锐泼辣的战斗风格去刺痛敌人，正是马克思与恩格斯对敌斗争所遵循的“第一条规则”——一条使他们的伟大论著具有雄沉犀利风格的不朽原则。

把人贬低为一种创造财富的“力量”，这就是对人的绝妙的赞扬！资产者把无产者不是看作人，而是看作创造财富的力量。资产者还可以把这种力量同其他的生产力——牲畜、机器——进行比较。如果经过比较，说明人是不适宜的，那么以人为承担者的力量必然被以牲畜或机器为承担者的力量所代替，尽管在这种情况下人仍然享有（具有）“生产力”这一角色的荣誉。

——马克思·42：262

在资产阶级经济学家看来，人不是真正的主体，而只不过是创造物质财富这一结果的原因。原因不能高于结果。于是人变成了“物”，变成了只是作为财富的原因而存在的“生产力”。

而这些解释却正对资产者的胃口。如何使工人像人一样从事活动并发展人的本性，他们是不屑一顾的；他们考虑的只是如何片面、畸形的发展工人的“生产力”，而根本不管这样做是否会损害工人的身心健康。正如马克思所尖锐抨击的那样，在现代制度下，如果弯腰驼背、四肢畸形、精神空虚、职业单调使你更有生产能力，那么它们就是一种生产力。

把将人等同于畜牲的“贬低”，视为人所享有的“荣誉”和“赞扬”，这真是极具嘲谑意味的反语！所有不把人当人看的剥削者，都将在它的镜前，照出自己的贪婪和冷酷。

伊万·卡利塔这个蒙古人的奴才，是靠运用他的最大敌人即那个鞑靼人的威力来反对他的次要敌人俄罗斯的王公们，从而获得他的权威的。……为了解决他的问题，他就得把最卑贱的奴才的全部阴谋诡计整理成一套体系，并且以奴才的那种耐心的辛勤去实现这套体系。

——马克思·44：319

在《十八世纪外交史内幕》这部著作里，马克思深刻剖析了伊万·卡利塔窃取权力的全过程：他在竞争“全俄罗斯大公”这一尊荣称号的卑鄙角逐中，以恶毒的诽谤和厚颜无耻的奉承击败了竞争者，讨得了主子的欢心，充当起全俄征税人的角色。他对下狐假虎威，对上甜言蜜语，暗中积聚力量，靠着一个鞑靼人制服了另一个鞑靼人，并以阴谋手段搞垮了一个个共和国，建立起自己的君主专制。

马克思指出，伊万·卡利塔的这一套由统治种族和被奴役种族二者的特性所激发出来的阴谋诡计的体系，正是后来的彼得大帝一以贯之的把莫斯科公国变成了富于略侵性的沙皇俄国的政策。对卡利塔诡计的洞察、对其为人的鄙夷和冷嘲，以及与逻辑严密的论证的有机结合，使马克思的论点具有坚不可摧的雄辩力量。

三、忠告与辩驳

自由的出版物是人民精神的慧眼，是人民自我信任的体现，是把个人同国家和整个世界联系起来的有声的纽带；自由的出版物是变物质斗争为精神斗争，而且是把斗争的粗糙物质形式理想化的获得体现的文化。

——马克思·1：74

从广义上来说，“自由的出版物”，应包括一切不违背人民利益的坚持学术自由的社会科学和自然科学著作，以及文学艺术著作和音像制品等。有人担心，自由的出版物会产生异端、亮出“家丑”，有副作用，这是多虑了。因为自由的出版物是人民用来观察自己的一面精神上的镜子，而自我认识又是聪明的首要条件。有无这面镜子，有无这双慧眼，有无这条人际与国际关系间的纽带，对每一个民族来说，都是生死攸关的。

马克思的这段话连用五个判断句，联贯紧密，气势雄伟，具有“一山飞峙大江边”般难以易移的逻辑力量，表现出他热情讴歌和勇敢捍卫自由出版物的坚定立场。

官僚政治是一个谁也跳不出的圈子。它的等级制是知识的等级制。上层在各种细小问题的知识方面依靠下层，下层则在有关普遍物的理解方面信赖上层，结果彼此都使对方陷入迷途。

——马克思·1：302

马克思认为，官僚政治实质上是国家的唯灵论。对于官僚来说，科学是没有内容的，他只相信虚假的知识，他唯上是从，把唯灵论变成了粗劣的唯物主义，变成了盲目服从、崇拜权威、例行公事、墨守成规的机械唯物主义。而为了维护官僚界内部的特殊利益，保密、严格的等级制也就必不可少了。

今天，要治愈马克思早已挖出了病根的这种官僚政治的遗传病，就应该加强民主和法制建设，提高并保证政治决策的科学性；就应该为政清廉，反对不正之风；就应该增加政治的透明度，唤起人民的参政意识，更好地同心同德地建设有中国特色的政治文明。剖析官僚政治的唯灵论，抓住事物的症结，是马克思使论断具有雄辩性的关键。

可是我认为耻辱本身已经是一种革命；耻辱实际上就是法国革命对1813年曾战胜过它的德国爱国主义的胜利，耻辱就是一种内向的愤怒。如果整个国家真正感到了耻辱，那它就会像一只蜷伏下来的狮子，准备向前扑去。

——马克思·1：407

耻辱就是一种内向的愤怒，这气势如虹的雄辩语言，具有何等锐不可当的力量！

谁不学习历史，谁就不会为民族蒙受的深重苦难而感到耻辱；谁不怀有因这种耻辱所激发的内向的愤怒，谁就成了一具没有历史责任感和民族自尊心的木偶。“东方的睡狮”，在先行者的召唤下，从千百年的酣睡中苏醒，又在窃国小丑令其昏昏欲睡的催眠曲里打鼾……如今，它终于在“改革开放”的惊雷声中睁开亮眼，为近百年来的落后挨打的困境而深感耻辱；它蜷伏雄躯，积蓄着内向的愤怒，作着向前猛扑的准备……

耻辱，是黑夜将尽的黎明的曙光，是磨励战士刚强意志的岩石。

任何一个民族都不会陷于绝望的境地，即使它只是由于愚蠢而长期地期望着某种东西，然而在很多年后，总有一天它会突然变得聪明起来，实现它的所有的良好愿望。

——马克思·1：408

中华民族，正是如此。

当人民在“文革”中受到愚弄，愚蠢而长期地期望着“四人帮”从他们的“宁要社会主义的草，不要资本主义的苗”的戏法中给他们变出什么而终于一无所获时，他们是多么失望啊！然而，绝望之为虚妄，正与希望一样。中华民族在10年浩劫之后，终于变得聪明起来了；他赶超着世界前进的潮流，迈开了巨人般步伐，在太平洋西岸迅跑。

马克思的预言，似乎成了正在改革的伟大民族的祝福。“最先朝气蓬勃地投入新生活的人，他们的命运是令人羡慕的。”（M·1：408）让我们铭记马克思的这又一忠告吧。

意识改革不是靠教条，而是靠分析那神秘的连自已都不清楚的意识，不管这种意识是以宗教的形式或是以政治的形式出现。

——马克思·1：418

意识改革，并不是经济改革、政治改革的消极产物，在特定的历史条件下，它将成为政治改革、经济改革的先声和理论基础。没有这一改革，不但经济改革、政治改革会步履维艰，踟蹰不前，其成果也会得而复失。

意识改革，不论是政治意识、宗教意识、道德意识或是审美意识的改革，都不能靠搬用教条来进行，而只能在历史的、科学的、全面的分析这些神秘的意识现象的本身的基础上进行。即以审美意识而论，迄今为止，有谁能最确切最能说服人地证明“美”是什么吗？而要说明它，要说明审美意识的改革的必要性和具体内涵，除了联系目前市场经济和商品意识的实际去分析那神秘的审美意识本身，是别无它径的。

资本来到世间，从头到脚，每个毛孔都滴着血和肮脏的东西。

——马克思·23：829

历史的“有神性”越大，它的非人性和牲畜性也就越大；不管怎么说，“有神的”中世纪确实使人彻底兽化，产生农奴制和初夜权等。

——恩格斯·1：651

从无神论的观点看，所谓“神”，只不过是人不能理解的和不能驾驭的自然力量和社会力量以人格化方式在人们头脑中的虚幻的反映。正如马克思很早就指出的那样，“神”不是人类理性迷误的原因，而是人类理性迷误的结果。不是“神”先于人而存在，更不是神创造了人，而是人的理性迷误造就了“神”。

有神论则认为，人是神造的，并把所谓的“神性”与“人性”对立起来，用崇仰神性来压抑人性，扼杀人性，其结果，却恰恰导致了人的兽性。在宗教的“有神论”占了统治地位的中世纪，恰恰是人类历史上最愚昧、最黑暗、最残酷的时期。火烧布鲁诺，囚禁伽里略，都是这种仇视科学、敌视文明的中世纪有神论思想流毒的表现。

恩格斯关于“神性”与“人性”相对立，“有神性”与“牲畜性”相适应的雄辩论断，论据充分，观点鲜明，有力揭露了“神化”使人“兽化”的罪恶实质。

人只须要了解自己本身，使自己成为衡量一切生活关系的尺度，按照自己的本质去估价这些关系，真正依照人的方式，根据自己本性的需要，来安排世界，这样的话，他就会猜中现代的谜了。

——恩格斯·1：651

恩格斯称人为斯芬克斯之谜的猜谜者。斯芬克斯这头怪物向人提出了一个难解之谜：一个早上用四肢行走，中午用两腿行走，晚上用三只脚行走的东西是什么？人按照人的形象和本质回答：是人！斯芬克斯的谜语被猜破了。

要猜中现代之谜的今人，也只有一法可想，那就是按人的本质、人的需要、人的方式去解释一切、解决一切，到那个时候，斯芬克斯幽灵刁难人类的千古之谜将被破译，人类的新纪元就将要到来！

严格限制的前提，层层深入并推导出雄辩的令人深受鼓舞的结论，它仿佛只是个预言，但又因其科学性而命中鹄的，无可辩驳。

如果卡莱尔所了解的人是真正的人，具有无限性的人，他就不会再把人分成两类——山羊和绵羊，统治者和被统治者，贵族和平民，老爷和百姓；他就会发现天才的真正社会使命并不是用暴力去统治别人，而是去唤醒别人，带动别人。

——恩格斯·1：652－653

历史学家卡莱尔是当时“有教养”的英国人中唯一了解英国现状的人。恩格斯为他的一本专著写了书评《英国状说》，将其介绍给德国读者。在书评中，恩格斯委婉地批评了卡莱尔的唯心主义英雄史观，说明了天才与群众的正确关系。恩格斯对卡莱尔内心深处的思想矛盾——既承认现状，又坚持唯心史观——可谓洞若观火，一语中的。

遗憾的是，卡莱尔并未听取恩格斯的劝谏，而是继续沿着唯心主义的斜坡堕落下去，“他不再向庸人们发出正义的愤怒，却对那把他抛到岸上的历史巨浪发出狠毒的庸俗的怨言。”（E·1：735）终于蜕变为工人运动的露骨敌人。

天才应当说服群众，而不应成为傲视绵羊的山羊。恩格斯的忠告，确乃深中肯綮之言！

人在金钱统治下的完全异化，必然要过渡到如今已经逼近的时刻，那时，人将重新掌握自己。

——恩格斯·1：664

马克思所说的“异化”，包括人的劳动的异化和人的本质的异化。前者表现在，只要强制一停止，人们就会像避鼠疫那样逃避劳动；后者表现在，在生产行为中，工人的生命就是反对他自身的活动。

人在金钱下的这种异化，是资本主义社会固有的现象，其恶果是：“劳动为富人生产了奇迹般的东西，但是为工人生产了赤贫。劳动创造了宫殿，但是给工人创造了贫民窟。劳动创造了美，但是使工人变成畸形。劳动用机器代替了手工劳动，但是使一部分工人回到野蛮的劳动，并使另一部分工人变成机器。劳动生产了智慧，但是给工人生产了愚钝和痴呆。”（M·42：93）

所有这些反常现象，将由社会伟大变革来消除，这一社会发展规律的发现，使马克思的雄辩论断立于不败之地，并激励着人类去铲除腐败的“异化”现象，主宰自身的命运。

古往今来每个民族都在某些方面优越于其他民族。

——恩格斯 · 2：194

“神圣家族”（青年黑格尔分子）的成员认为：“古往今来还没有一个民族在某些方面优越于其他民族，……假如有一个能够在精神上优越于其他民族的民族，那末这只是那个能够批判自己和其他民族并能认识普遍颓废的原因的民族。”而恩格斯则提出了针锋相对的观点。恩格斯指出，硬说精神的活动（批判）可以提供精神的优势，使各民族匍匐于德意志民族脚下乞求指点迷津的青年黑格尔分子，实际上是陷入了民族沙文主义泥坑。

无数史实都雄辩地证实了恩格斯观点的正确：民族无论大小，历史无论长短，都会在某些方面优于其他民族；善于发现世界上每一个民族的优点并虚心学习之，是一个智慧成熟的民族具有蓬勃生命力和民族自信心的表现。

跟基督教的忏悔相反，对于自己的过去，她[1]提出了这样一条斯多葛派的同时也是伊壁鸠鲁派的人性原则，这是自由而坚强的人的原则：

“到头来，做过的事情就让它过去吧！”

——马克思·2：216

斯多葛派是公元前4至2世纪创立于雅典的具有朴素唯物主义倾向的学派，伊壁鸠鲁是古希腊的唯物主义哲学家，在伦理观上，主张人生的目的是避免苦痛，使身心安宁，怡然自得，这才是人生最高的幸福。

玛丽花（即引文中的“她”①）是法国作家欧仁苏小说中的人物。她虽沦为娼妓，处于极端屈辱的境地，但仍然保持着人类高尚的心灵，人性的落拓不羁和女性的优美。从引文转述的她的话看，她本来是有重新开始新生活的勇气的。

马克思将玛丽花的“做过的事情就让它过去吧！”这句话，称之为斯多葛派和伊壁鸠鲁派所主张的人性原则，而且是自由而坚强的人的原则，对所有不甘沉湎于痛苦的往事而想有所作为的失策者、失足者来说，不啻是一贴清神醒脑的良药。

博爱只有在资产阶级利益还和无产阶级利益结合在一起的时候才继续存在。

——马克思·5：154

博爱，总是与经济利益的一致相联系的。当资产阶级站在革命的前列，向封建主义的城堡发起猛攻的时候，它的“自由、平等、博爱”的口号是颇有号召力的。然而，当起义工人受到无情镇压，“当资产阶级的巴黎张灯结彩，而无产阶级的巴黎在燃烧、呻吟、流血的时候，这个博爱便在巴黎所有的窗户前面烧毁了。”（M·5：154）

一言以蔽之，当博爱只是一种口惠实不至的宣传，甚至只是血腥镇压的一块遮羞布时，它是虚伪的。只有到了全人类利益完全一致的大同世界，博爱才会变成现实。

不是简单地否定一种事物，而是在科学分析的基础上，指出其存在的必要前提，这正是马克思的雄辩式忠告历久弥新、颠扑不破的原因。

与外界完全隔绝曾是保存旧中国的首要条件，而当这种隔绝状态在英国的努力之下被暴力所打破的时候，接踵而来的必然是解体的过程，正如小心保存在密闭棺木里的木乃伊一接触新鲜空气便必然要解体一样。

——马克思·9：111-112

再也没有谁能比马克思更早、更清楚、更形象地指出旧中国长期闭关锁国、固步自封、妄自尊大所造成的必然危害了。不论这个泱泱帝国的幅员多么辽阔，人口多么众多，资源多么丰富，文化多么灿烂；也不论它的永世长安的迷信多么虔诚，制度多么等级森严，臣民多么恭顺驯良，都只不过是一具躺在密封棺木里的木乃伊而已！

历史的悲剧不应该再重演。伟大的中华民族正在滤出血液中陈陈相因的文化毒素，成为雄立万国之林的开放型强国。

用对“木乃伊”的精心保存来讽刺中国封建社会的闭关锁国，用新鲜空气和木乃伊解体来比喻西方文明的活力和东方帝国的腐朽，马克思的忠告是多么生动、形象和深刻啊。

这些田园风味的农村公社不管初看起来怎样无害于人，却始终是东方专制制度的牢固基础；它使人的头脑局限在极小的范围内，成为迷信的驯服工具，成为传统规则的奴隶，表现不出任何伟大和任何历史首创精神。

——马克思·9：148

马克思是西方人，但他对“田园风味的农村公社”弊病的了解和分析，却远远胜过许多没有掌握历史唯物主义的东方人。

在中国漫长的历史上，一次次农民起义不是失败了，就是成了统治阶级改朝换代的工具，这正是农民头脑受狭小的“农村公社”所限，跳不出东方专制制度的迷信圈子所致。

使印度达到比从前在大莫卧儿统治下更加牢固和占地更广的政治统一，是使印度复兴的首要前提。英国人用宝剑实现的这种统一，现在将被电报巩固起来，永远地存在下去。

——马克思·9：247

国家的统一，人民的团结，是民族强盛和幸福的基本前提；而现代科技的成果和广泛运用，则是这一基本前提得以实现的物质条件；它的巨大作用，足以使印度或中国这样人多地广的大国巩固起来，存在下去。

恩格斯曾表达过与马克思相同的思想观点，他写道：“在这个时代里，蒸汽和风力、电力和印刷机、大炮和金矿的联合作用在一年当中引起的变化和革命要多过以往整整一个世纪。”（E·9：37）

在这里，恩格斯与马克思一样，都运用了“借代”的修辞方法，即以“电报”、“大炮”和“印刷机”等具体事物，象征现代科技（包括现代通讯技术、文化产业、能源利用、矿产开发和军事技术，等等）的蓬勃发展和伟大力量，把加快历史进程步伐的现代科技、文化产业的重要作用表述得生动明白，具有气势磅礴的雄辩力。

技术的胜利，似乎是以道德的败坏为代价换来的。随着人类愈益控制自然，个人却似乎愈益成为别人的奴隶或自身的卑劣行为的奴隶。甚至科学的纯洁光辉仿佛也只能在愚昧无知的黑暗背景上闪耀。我们的一切发现和进步，似乎结果是使物质力量具有理智生命，而人的生命则化为愚钝的物质力量。

——马克思·12：4

科学的光辉——在愚昧无知和道德败坏的黑暗背景上闪光，这是多么可怕的情景！马克思的忠告绝非危言耸听，他所指的正是这样一种社会现象："机器具有减少人类劳动和使劳动更有成效的神奇力量，然而却引起了饥饿和过度的疲劳。新发现的财富的源泉，由于某种奇怪的、不可思议的魔力而变成贫困的根源。"（M·12：4）

遗憾的是，一个多世纪以来，这种文明世界的不文明现象仍未绝迹。火箭、飞船、电脑、电视、机器人的发明，似乎使物质力量更具有理智生命了，然而人的生命，反而成为争夺霸权填埋战壕的愚钝的物质力量；而利用核能杀人，利用电脑犯罪的道德败坏的悲剧，也远未演完！看来，只有人类精神文明的火红朝霞，才是新世纪科学光辉的理想背景。

如果我们两个人都认识到，我们都按各自的方式抛开一切个人利益，并且从最纯正的动机出发，在许多年中间打起"最勤劳和最不幸的阶级"的旗帜，把它举到庸夫俗子所不可企及的高度，那末我认为，我们若是由于归根到底不过是出于误会的小事情而分手，就是对历史犯下了不应犯的罪过。

——马克思·30：452

从这封马克思致诗人弗莱里格拉特的言辞恳切的忠告信里，我们可以见到他对所有革命文艺工作者的重视，以及他交友的原则和豁达大度的无产阶级革命家的胸怀。

由于弗莱里格拉特的过份高傲而受到同志们的批评，加上小人挑拨，使他与马克思的关系出现了裂痕。对此，马克思是极为痛心的。这不仅是由于他历来择友很严，因而格外珍惜同志间多年建立起来的友谊，而且因为他是站在党性高度的立场来考虑是否应该继续保持与任何人的友谊的。

像马克思这样不计较个人恩怨，以在党性原则上建立起来的同志式珍贵友谊为重的作法，是令人肃然起敬的。

我们两人都把声望看得一钱不值。举一个例子就可证明：由于厌恶一切个人迷信，在国际存在的时候，我从来都不让公布那许许多多来自各国的、我厌烦的歌功颂德的东西；……恩格斯和我最初参加产主义者秘密团体时的必要条件是：摒弃章程中一切助长迷信权威的东西。

——马克思·34：286－289

由个人迷信而助长的歌功颂德、报喜不报忧乃至阿谀奉承，谄媚吹捧，是危害革命事业的腐蚀剂。马克思对个人迷信的反感，是对热衷此道者的最好忠告。因为，对一般领导人而言，个人迷信会使他自以为是，独断专行；对革命领袖而言，个人迷信会使他闭目塞听，判断失误，甚至被野心家所利用，铸成终生大错。

马克思很厌恶在革命阵营里搞个人崇拜、个人迷信、歌功颂德那一套，甚至连用“登广告”方式来刊登自己著作的书评的作法，他也不以为然。有位出版者写信要他的传记，他不仅没有给，而且连信都没有回。由此可见，马克思对个人迷信的反感决不仅仅是口头上的。

像您这样的年青人，在自己的工作中成长得如此之快，而且又如此适合这一工作，当然应该继续做这个工作。……英国人常说：let well alone——一动不如一静。老实说，我对任何变动都是不信任和不满意的。

——恩格斯·35：207

好高骛远、见异思迁，常常是一些青年人在选择职业时的通病。恩格斯反对青年人无原则地频繁变动职业，尤其是已经干得相当出色了的职业，这就是他所说的“一动不如一静”的意思。

总之，青年人在选定了最能发挥自己的聪明才智的理想职业后，就应当持之以恒地干下去，直至做出应有的贡献。

利用谚语忠告读者，往往有事半功倍的神效。这是因为谚语乃人民深思熟虑后的智慧结晶，意近而旨远之故。

必须有很大的智慧和精力才能超出身边的事物而看得更远一些，才能看见世界大事的巨大联系，才不致于陷入自满自足的“客观性”。这种“客观性”不能看得比自己的鼻子更远，因此恰恰是最狭隘的主观性，……

——恩格斯·35：256

恩格斯将让庸人自得其乐的德国称之为“大幼儿园”。遗憾的是，至今仍有一些人把自己的所在单位视为这样的“大幼儿园”，他们以各种各样的“客观性”为借口来反对改革，他们宁可躲在“大幼儿园”里过一辈子风平浪静的安稳生活，也不愿去了解世界和顺应历史潮流。

这种保守的、反改革的“客观性”，恰恰是恩格斯所指斥的“最狭隘的主观性”！而根治这种短视病的良方。就是花费很大精力去研究理论和现状，“超出身边的事物而看得更远一些”

“一叶障目，不见泰山。”倘若有人因一片叶子遮住了眼睛而否定泰山的存在，他的“客观性”也就成了最狭隘的主观性。善于从辩证的观点看待事物的本质，是恩格斯使其论断具有雄辩性而立足坚牢的奥秘之一。

当我们老战友之中哪一个遇到这种喜庆的日子时，都会情不自禁地引起对旧日的回忆，想起以往的战斗和风暴，……我们还将经历一次虽然不能给我们带来最终胜利但是毕竟能最终保证这一胜利的风暴。好在我们两人都还能挺胸昂首，我们的精力对我们的年龄来说也还是充沛的，既然如此，为什么不会发生上述情况呢？

——恩格斯·39：106

人们常常称赞老年人的世事洞达，经验丰富、超脱达观，但也慨叹其暮气横秋，衰颓消沉；血气方刚的梁启超，更是责备老年人是常思既往、惟知照例、如夕阳瘠牛、如秋后之柳、如死海之潴为泽的老朽之辈。

但这种人世通例对于永葆青春的彻底唯物主义者却并不通用。在写给战友的信中，73岁高龄的恩格斯借向李卜克内西夫妇祝贺银婚之喜的机会，回忆了共同经历的战斗岁月，展望美好未来，表现出昂扬的斗志和乐观主义精神。已入古稀之年的恩格斯老人，尚且忠告老战友勇敢地迎接革命风暴的胜利降临，面临21世纪人类新选择的严峻考验的青年们，不是更应该鼓起胜利的勇气义无反顾地投入时代激流之中吗？

在这些条件下劳动会成为吸引人的劳动，成为个人的自我实现，但这决不是说，劳动不过是一种娱乐，一种消遣，就像傅立叶完全以一个浪漫女郎的方式极其天真地理解的那样。真正自由的劳动，例如作曲，同时也是非常严肃，极其紧张的事情。

——马克思·46（2）：113

马克思的这段名言可视为他对人们应有的劳动态度的忠告。它有三层意思；一，在主、客观条件都具备的条件下，劳动将成为人的自我实现的自由劳动；二，即使在这种情况下，劳动也并不是一件勿须劳心劳力的娱乐，而是需要以严肃认真态度来从事的紧张工作。值得注意的还有第三层意思，那就是马克思在其论据中所蕴含的深刻思想：即把艺术创作活动看作是“真正自由的劳动”。

承认艺术家的劳动是一种“非常严肃，极其紧张的事情”，这无疑是对一切真正的艺术家的辛勤劳动和献身精神的深刻理解和板高的评价。这对于一些以为艺术只是一种随心所欲的儿戏的人来说，也是虽然逆耳却极为恳切的忠告。

自然界没有制造出任何机器，没有制造出机车、铁路、电报、走锭精纺机等等。它们是人类劳动的产物，是变成了人类意志驾驭自然的器官或人类在自然界活动的器官的自然物质。它们是人类的手创造出来的人类头脑的器官；是物化的知识力量。固定资本的发展表明，一般社会知识，已经在多么大的程度上变成了直接的生产力，从而社会生活过程的条件本身在多么大的程度上受到一般智力的控制并按照这种智力得到改造。它表明，社会生产力已经在多么大的程度上，不仅以知识的形式，而且作为社会实践的直接器官，作为实际生活过程的直接器官被生产出来。

——马克思·46（2）：219－220

如果说，铁制的火车头，是人类意志驾驭自然的器官，是人类的手造出来的人类头脑的器官；那么，智力和知识，就是人类的大脑创造出来的人类行动的指示器。

马克思发现，在现代社会里，科学知识已成为改造证会，人化自然的强大无比的“物化的知识力量”。这种力量在越来越大的程度上控制着社会生活的进程和社会生产力的发展，成为人类改造社会和自然的实践的“直接器官”。

随着马克思的发现被越来越多的人所确认，尊重科学、尊重知识、尊重人才、尊重自然科学和社会科学对社会发展的巨大推动力量的观点，已逐步为全社会所接受。

用严格的限制词赋予“器官”以精确的科学意义，是马克思将抽象理论具像化，从而增强其说服力和雄辩性的方法。

你们赞美大自然悦人心目的千变万化和无穷无尽的丰富宝藏，你们并不要求玫瑰花和紫罗兰散发出同样的芳香，但你们为什么却要求世界上最丰富的东西——精神只能有一种存在形式呢？

——马克思·1：7

思接千载，视通万里的精神活动，是最为自由和复杂的；其形式也常因人、因事、因时而异，是极丰富的，硬要用统一的模式去限制它，只能扼杀人类自由的精神和无限的创造力。

但是，马克思所猛烈抨击的普鲁士书报检查法却硬要精神用同一种形式去活动，否则便要向它开刀。把社会主义文化的百花园砍得枝残叶败的“四人帮”，与马克思当年所挖苦的“乡下郎中”——普鲁士书报检查官是一丘之貉，他们“治疗一切病症都用那唯一的万能工具——刀子。”（M·1：73）只有在真正实行“百家争鸣、百花齐放”的方针，才会有许多发散着玫瑰香、紫罗兰香、梅花香、桂花香、茉莉香的艳丽花朵，在社会主义精神文明的百花园里竞相开放，把幸福和欢乐洒满人间。

恰到好处的类比，是驳斥论敌的好方法，它的雄辩伟力，源于类比事物的惊人相似。

残酷是怯懦所制定的法律的特征，因为怯懦只有变成残酷时才能有所作为。

——马克思·17：149

枯枝落叶，是脱离了树木的东西，穷孩子拾取它们并不危害树木这一有机体的生命；然而，莱茵省的林木占有者竟企图以法律形式规定，捡枯枝就等于犯了“林木盗窃罪”，要判以监禁、苦役和重罚，这是何等的残酷。

马克思一针见血地指出了这些残酷的立法者灵魂深处的怯懦：他们把那些身外之物当作心和灵魂，对每一个“侵犯者”都恨之入骨，这就像一个可怕的粗人，他仅因为别人踩了他的鸡眼，就把这个人看作世界上最可恶最卑鄙的坏蛋，这是何等的荒唐。

将“怯懦”拟人化，使它成为森林占有者的绰号和生动写照，是马克思善于抓住论敌的要害并予以致命一击的表现。

它们创造了马尔萨斯人口论来对抗这种伪善的博爱，这种学说是过去一切学说中最粗暴最野蛮的一种学说，一种绝望的学说，它玷污了关于仁爱和世界公民的一切美妙的言词，……

——恩格斯·1：598

根据马尔萨斯的理论，人口按几何级数增长，生产力按算术级数增长，人口增长是一切贫穷和罪恶的原因，因此，必须将千百万多余的人无情地消灭。这种掩盖剥削制度吃人本质的反动学说，理所当然地受到恩格斯的怒斥。

在辩驳中使用感情色彩强烈的贬义词，如“粗暴”、“野蛮”“绝望”、“玷污”等等，是既能表明论者的鲜明立场，又可揭露论敌本质的有效手段，亦是成功的雄辩术所必不可少的修辞基本功。

商业的第一条原则就是对一切可能降低该商品的价格的东西都绝口不谈，秘而不宣。由此可见，在商业中是允许利用对方的无知和轻信来取得最大利益的，并且也同样允许给自己的商品添上一些它本来没有的特点。总而言之，商业就是一种合法的欺诈。

——恩格斯·1：600－601

商业，是从事商品流通属于第三产业的重要部门。商业的性质和作用取决于社会生产方式。在资本主义国家中，商业是实现剩余价值的过程，是商业资本的投资领域。迎合和刺激消费需要，夸大商品的使用价值，掩饰商品的固有缺陷，千方百计地从顾客口袋中诱取黄金鸟，以取得最高的利润，正是资本主义商业奉行“合法的欺诈”的信条的原因。

在社会主义市场经济国家中，商业是城乡之间、工农业之间、生产与消费之间必不可少的联结的纽带。在法制的规范下，“合法的欺诈”被合法的交易所取代，危害消费者利益的非法商业活动受到法律制裁。货真价实，买卖公平则成为社会主义商业的准则。

抓住事物（商业）的本质特征（保密），加以充分的论证（两个允许），然后作出科学的结论（商业是合法的欺诈），这是雄辩术的一般辩驳方式。

宗教按其本质来说就是剥夺人和大自然的全部内容，把它转给彼岸之神的幻影，然而彼岸之神大发慈悲，把一部分恩典还给人和大自然。只要对彼岸幻影的信仰还很强烈很狂热，人就只能用这种迂回的办法取得一些内容。

——恩格斯·1：647

“宗教就是人的自我空虚的行为”，人把自我的本质神化，把大自然和社会的力量神化，臆造出无所不能的神……向它们顶礼膜拜，乞求赐福。

然而，人用宗教这种迂回的办法所取得的内容是可怜而有限的，正如恩格斯所说，为了认识人类本质的伟大，了解人类在历史上的发展，了解人类同个人的非理性与大自然进行的胜利的斗争，了解人自由地独力地创造建立在纯人类道德生活关系基础上的新世界，我们没有必要把一切美好的、伟大的、人的事物归在神的名下。总之，“没有必要给真正的人的事物打上‘神’的烙印”。（E·1：650）所有希冀通过宗教的迂回方法取得某种实质内容的善良人们，若能仔细品味恩格斯的这番话，必将获益非浅。

“法律压迫穷人，富人管理法律”和“对于穷人是一条法律，对于富人是另一条法律”——这是两句早已家喻户晓的至理名言。

——恩格斯·1：703

恩格斯巧妙引用的这两句在民众间流传甚广的名言，就像旧中国无人不晓的俗谚“衙门八字朝南开，有理无钱莫过来”一样言简意深，它有力驳斥了掩盖法律为统治阶级利益服务的真相的谬论，成为恩格斯论证英国法律只保障富人自由的论点的有力论据，使议论充满了雄辩色彩。

英国的法律有习惯法和成文法两类。习惯法的主要条文模糊不清语义含混，而成文法也是五百年来搜集的各种互相矛盾、错漏百出的法令条例的大杂烩。这就是狡猾的律师有许多空子可钻的“法治状态”！这样一来，请得起名律师的富翁就可以在“法”的庇护下，千方百计地逃脱正义的惩罚，最多也只不过是以无关痛痒的轻微罚款了事。而广大贫苦无告、饱受欺凌的民众，则只能默默承受最重的野蛮刑罚，成为“法律”祭坛上的牺牲品。

这种使男人不成其为男人，女人不成其为女人、而又既不能使男人真正成为女人、也不能使女人真正成为男人的情况，这种最可耻地侮辱两性和两性都具有的人类尊严的情况，正是我们所赞美的文明的最终结果，正是几百代人为了改善自己和自己子孙的状况而做的一切努力的最终结果。

——恩格斯·2：432

男女两性都有权拒绝从事不符合各自的生理和心理素质的条件的工作，以保持男女两性都具有的人类尊严，这是文明社会应该遵循的社会准则。

当年恩格斯在考察英国工人生活状况时所披露的情况：资本家为了赚取

利润，压低工资，强迫娇弱的女工、童工从事繁重劳动，反而让强壮的男工失业在家看孩子、补衣服、做饭……今天已不多见了。然而，那种令男人不成其为男人，女人不成其为女人的有损两性都享有的人类尊严的丑恶现象，仍然存在：做鸡、做鸭、做人妖……等等；如果人类不希望对自己的命运感到失望，就迟早会根除这种腐败现象。

在这里，恩格斯以两性都具有的人类的尊严的名义指控旧制度，使辩驳具有了排山倒海般的雄辩气势。

其实，当不能让公众蔑视理应受到公众蔑视的东西的时候，究竟还有什么出版自由呢？

——马克思 · 5：272

出版自由，当然不只是歌功颂德的自由；针砭时弊的出版自由，是人民所珍惜的自由。然而，在“四人帮”猖獗的年代，报刊失去了“人民的喉舌”的功能，报喜不报忧，对社会的阴暗面视若无睹，置若罔闻，一味唱着“形势大好，越来越好”的高调，成了千篇一律的官样文章。

改革、开放以来，国内报刊真实报导改革进程的艰难，大胆抨击不正之风，倡导时尚，移风易俗，使那些躲在阴暗角落里的理应受到公众蔑视的肮脏东西暴露于光天化日之下，受到了正义的蔑视，真是人心大快！

反问，据理力争、拍案而起的反问，具有一种使辩驳充满了阳刚美的雄伟气势的功能，从马克思的这段引文看，的确如此。

1848 年 12 月 10 日是农民起义的日子。只是从这一天起，才开始了法国农民方面的二月革命。这种表示他们投入革命运动的象征反映出笨拙的狡猾，反映出奸诈的天真，反映出矫揉造作的高尚，是一种深思熟虑的迷信，是一种令人伤心的滑稽剧，是一种荒诞绝顶的颠倒时代现象，是世界历史中的玩笑，是文明头脑难以了解的象形文字，——这一象征显然带有代表着文明内部野蛮风气的那个阶级的印记。

——马克思 ·7：49

法国的农民阶级，在六月革命后犯了比他们的难兄难弟——巴黎小店主更为严重的错误，他们竟然抬出了皇帝来对抗资产阶级的共和国，逆时代潮流而动，给世界历史开了个滑天下之大稽的玩笑。

狡猾是滑头的，然而他们是笨拙的；天真是纯朴的，然而他们是奸诈的；高尚是自然大方的，然而他们是矫揉造作的；迷信是头脑简单的，然而他们是深思熟虑的；滑稽剧是引人发噱的，然而他们是令人伤心的……这样的拉历史车轮倒转的乖戾行为，怎能不是文明头脑所无法了解的象形文字呢？

马克思对法国农民拥戴皇帝这一错误行为的批评，用了多组矛盾的概念，充满了历史辩证法，其结论是无可辩驳、雄沉而坚实的。

如果说以前的阶级，例如骑士阶级的没落能够为悲剧艺术的巨著提供材料，那末小市民阶级当然就只能表现出穷凶极恶的软弱态度和提供一些桑科·判扎式的格言和谚语的集录。道梅尔先生是枯燥乏味的失去了一切幽默的汉斯·萨克斯的后继。德国哲学痛心疾首地恸哭在它的养父——德国小市民阶级——的灵床前，这就是新时代的宗教在我们面前展示的动人情景。

——马克思、恩格斯·7：242

痛哭于德国小市民阶级这位“养父”的灵床前，是对“新宗教高僧”道梅尔思想渊源的揭露；充当萨克斯·汉斯——德国手工业者、宗教改革时期的诗人、路德的拥护者的后继，是对道梅尔毫无艺术才华的嘲讽。

马克思和恩格斯所说的“骑士阶级的没落能够为悲剧艺术的巨著提供材料”，似指西班牙作家塞万提斯的不朽名著《堂吉诃德》。堂吉何德是个读骑士传奇入了迷的喜剧人物，但他又有不少好品质，是个维护正义、学问渊博、善良可亲、锄强扶弱而奋不顾身的游侠骑士，他在黑暗的社会里碰得头破血流，也多少有些悲剧意味。至于小市民阶级只能表现出软弱态度和提供桑科·判扎式的格言和谚语的集录的说法，则有一个现成的实例——道梅尔炮制的《新时代的宗教》。里面搜集的“格言”，都是他心目中的“新宗教庙堂的柱石”们对革命运动的咒骂。

马克思和恩格斯用简练、经济的文字，描绘了一幅多么出色的德国小市民风情画！而辩驳的生动和成功，便也寓于其中了。

它因偏爱自己的钱袋而反对自己的政治家和作家，结果是它的政治家和作家被排除了，但是它的钱袋也在它的口被封死和笔被折断后被抢劫了。

——马克思·8：213

在这里，马克思把一个阶级的政治家、作家——即它的知识分子，比作这个阶级的“口”和“笔”。

“口”是要说话，要吃饭的；“笔”是要写字，要灌墨水的。于是，为了保住自己的钱袋的主人便狠心地将“口”封死，将“笔”折断了——就像它在查封报刊、箝制言论剥削作家，排斥政治家时所做的那样。结果呢，他们犯了法国资产阶级那样的错误，把政权送给了皇帝，自己的钱袋却被抢劫了。

今天，任何一个统治阶级都不会再为了偏爱自己的钱袋而封住自己的口，折断自己的笔了。至于“四人帮”之所以要封住人民的口，折断人民的笔，是因为他们害怕人民的“口”与“笔”会揭露他们的罪恶的缘故。

用人的器官（口）和常用物品（笔与钱袋），表现社会职业的分工和人际复杂的经济关系，用简单动作（封、折、抢）表现阶级斗争的复杂因果关系，是马克思使自己的辩驳清晰明白、通俗易懂、印象深刻的好方法。

波拿巴王朝所代表的不是农民的开化，而是农民的迷信；不是农民的理智，而是农民的偏见；不是农民的未来，而是农民的过去；不是农民的现代的塞文，而是农民的现代的万第。

——马克思·8：218

从马克思对波拿巴王朝统治下的法国农民的迷信所作的辨析，可以使我们进一步领会到他主张的“用历史来说明迷信”（M·1：425）的正确性和必要性。

“塞文”是法国朗基多克省的山区，1702—1705 年这个地区爆发了具有鲜明反封建性质的起义，史称“穿衬衫的人”起义。“万第”是法国西部的一个省，18 世纪末法国资产阶级革命时期，该省曾发生贵族和僧侣领导的农民反革命暴动。马克思用历史上的“塞文起义”和“万第暴动”为借鉴，说明法国农民拥护波拿巴王朝复辟是拉历史车轮后转的蠢举，其深刻的思想根源就在于：“历史传统在法国农民中间造成了一种迷信，以为一个名叫拿破仑的人将会把一切失去的福利送还他们。”（M·8：218）这正是波拿巴骗术得逞，历史出现曲折发展阶段的根本原因。

这段引文用了三组反义词（开化——迷信，理智——偏见，未来——过去）和一组具有历史象征意义的地名（塞文——万第）作了强烈对比，结构严谨，旗帜鲜明，表现了马克思的渊博的历史知识、清醒的现实头脑和雄辩家的风采。

所有这些论文通篇都是经济学上的老生常谈；而且他们也知道，这些东西已经使读者十分腻味，因而竭力用假哲学或假科学的行话来点缀自己的胡诌。这种假科学性决不会使内容（它本身等于零）更为明白易懂。正好相反。它妙就妙在使读者莫测高深，使读者绞尽脑汁，最后才得出一个使人放心的结论：这些吓人的话所包成的不过是一些口头样而已。

——马克思·32：90

内容决定形式，是人们熟知的道理。把陈旧的内容包裹上时髦的装磺，“新瓶装旧酒”，并无甚么新鲜货色，却偏要大大炫耀一番东摘西抄而来的新名词、新术语、新概念等等一大套“假哲学或假科学的行话”，结果是文章形式虽新，内容却不过是几句口头禅，害人误己！

反对把老生常谈裹上“行话”的新包装来兜售，从不滥用行话术语，是马克思主义经典作家的雄辩术原则之一。

社会主义的宗派主义的发展和真正工人运动的发展总是成反比。只要工人阶级还没有成熟到可以进行独立的历史运动，宗派是有其（历史的）理由的。一旦工人阶级成熟到这种程度，一切宗派实质上就都是反动的了。可是，在国际的历史上还是重复了历史上到处出现的东西。陈旧的东西总是力图在新生的形式中得到恢复和巩固。

——马克思·33：332

共产国际是精诚团结的真正的工人阶级战斗组织的新生形式，然而，宗派主义这种封建意识浓厚的陈旧东西竟也想在它的内部抬头，这怎能不引起马克思的极大愤慨和高度警惕呢！

所谓宗派主义，不外是利用人们在地域上、隶属上、资历上、能力上、志趣上或其他特殊关系上形成的小集团利益，闹独立性或作无原则的派系斗争的思想倾向和组织表现。正如共产国际的创始人马克思所指出，宗派主义是与工人运动的发展、与历史前进的方向成反比的。

全段引文结构严密：它在首句提出论点；二、三句分析了宗派主义存在的历史条件；第四句结合现实，最末一句把 问题提到哲学高度，且与首句相呼应；显示出一个伟大革命家和伟大哲学家特有的睿智、成熟。历史眼光和雄辩才能。

大自然是宏伟壮观的，为了从历史的运动中脱身休息一下，我总是满心爱慕地奔向大自然。但是我觉得，历史比起大自然来甚至更加宏伟壮观。自然界用了亿万年的时间才产生了具有意识的生物，而现在这些具有意识的生物只用几千年的时间就能够有意识地组织共同的活动：不仅意识到自己作为个体的行动，而且也意识到自己作为群众的行动，共同活动，一起去争取实现预定的共同目标。

——恩格斯·39：63

在无始无终、无际无涯的宏伟壮观的大自然面前，人类历史不过是白驹过隙，弹指一挥间而已！

然而，在另一种意义上，人类几千年的历史，却实现了自然界用了亿万年时间所不曾实现的伟大变化，它不仅产生了有独立意识的个体，而且产生了有集体意识的按既定目标奋进的创业者。近百年来，人类历史的突飞猛进更是日新月异，令过去数千年历史所不及。

恩格斯是热爱大自然的，但对他这样一位自觉负起历史使命的伟人来说，投奔大自然又只是为了更加精力充沛地创造人类新历史的必要休息而已。这正是他在心中以自我辩驳的方式讴歌历史运动的原因。整段引文先以“总是”、“爱慕”等词表现出大自然的美好和壮观，和一代伟人热爱大自然，但更热爱人类的博大胸怀。

对于那些以为哲学在社会中的地位似乎已经恶化因而感到欢欣鼓舞的懦夫们，哲学再度以普罗米修斯对众神的侍者海尔梅斯所说的话来回答他们；

你好好听着，我绝不会用自己的痛苦

去换取奴隶的服役：

我宁肯被缚在崖石上，

也不愿做宙斯的忠顺奴仆。

普罗米修斯是哲学日历中最高尚的圣者和殉道者。

——马克思·40：190

马克思以称颂普罗米修斯为哲学日历中的圣者的巧妙方式，驳斥了那些害怕哲学的圣火会点燃人类的智光的懦夫们。

早在当年刚刚跨入哲学神圣殿堂的时候，青年马克思便在其博士论文里，宣布了哲学应当积极地对待现实的原则，而这一原则是和禁烟思想和自由的有神论格格不入的。因此，马克思借普罗米修斯之。庄严宣告道：“老实说，我痛恨所有的神。”（M·40：189）

从青年时代便形成的这种只相信科学真理，不屈从暴君奴役（肉体的或精神的）的普罗米修斯式的坚强性格，以及对仇视真理的懦夫的蔑视，正是马克思自觉地以哲学武器去批判旧世界的思想根源，也是他的雄辩风格具有一往无前的勇毅和战斗锋芒的内在原因。

劳动资料和劳动材料——其中一部分已经是过去劳动的产品——在任何时间、任何情况下的任何劳动过程中都发挥着自己的作用。所以，如果我相信“总有些东西会留下来”这种说法，给劳动资料和劳动材料挂上资本的名称，那么我就已经证明：资本存在是人类生产的永恒自然规律，用从俄国人那里偷来的刀割席草并且用这种席草编成自己的船的吉尔吉斯人，是同路特希尔德先生一模一样的资本家。我同样也可以证明：由于希腊人与罗马人喝酒和吃面包，他们就是参加了圣餐；由于土耳其人天天洗澡，他们就是每天都在洒天主教的圣水。

——马克思·49：57

资本，是带来剩余价值的价值。只有在一定历史条件下，即当它们为资本家占有，并用作剥削手段时，才成为资本。所以，资本不是一般的货币和生产资料，而是通过物来表现的资本家对工人的剥削关系。

在引文中，马克思对拉丁文的名言“大胆诽谤吧，总有些东西会留下来!”表示了怀疑，并从四个实例中用归谬法驳斥了资产阶级经济学家关于生产资料就是资本并以此证明资本存在的永恒性的谬论。

资本的存在只是特定历史条件下的产物，而非永恒的自然规律。大银行家路特希尔德靠救债贷款生息的金融资本，当然不能与落后愚昧的吉尔吉斯人偷来的席单相提并论；不知基督教为何物的古希腊人和古罗马人，自然不会想到吃圣餐；而大多数只信奉伊斯兰教的土耳其信徒，也自然不会将他们的沐浴与天主教的洒圣水混为一谈。

荒谬的事实、严密的推论，把资本主义剥削制度的辩护士驳得哑口无言。它也显示出：一个博学而雄辩的政治经济学家，是完全可以将深奥抽象的经济问题，叙述得生动有趣的。

四、幽默与博引

自私自利用两种尺度和两种天平来评价人，它具有两种世界观和两副眼镜，一副把一切都染成黑色，另一副把一切都染成粉红色。

——马克思·1：156

粉红色的眼镜，是轻信而温柔的眼镜，它闪射着非凡的色彩，带着渺茫、甜蜜的幻想，架在资产者的每一条皱纹都堆满善良的微笑的胖脸的高鼻上，是那么的协调和美妙！突然，当资产者不再把你当作可资利用的工具，而是从切身利益出发来考虑你的实际价值时，他便换上了一副疑虑重重而深谋远虑的黑色眼镜，像老练的马贩子一样把你从头到脚打量一番，认定你是一个像他一样渺小、卑鄙和肮脏的无赖！

马克思独出心裁地将资产者的本性“自私自利”拟人化，将其可笑可鄙的两副嘴脸拟物化（眼镜），编导了一幕绝妙的讽刺小品剧！

整段话文字不多，却用黑红两色区别了“自私自利”的四个“两种”，幽默风趣，简洁有力。

古巴野人认为黄金是西班牙人的崇拜物。他们祝贺黄金，围着黄金转圈歌唱，然后把它扔到大海里。假若古巴野人出席了莱茵省议会的会议，难道他们不会认为树木是莱茵省居民的崇拜物吗？然而下一次会议将会向他们表明；人们的拜物教就是动物崇拜。那时，为了拯救人，古巴野人将把兔子丢到大海里去。

——马克思·1：180－181

古巴野人虽然愚昧，却知道珍惜人的自由。他们宁可放弃诱人的闪光黄金，也不愿意因保留它而被白人殖民主义者套上沉重的枷锁！这种抛金入海的天真举止虽可能为文明人所嗤笑，但其在道德天平上的重量却大大超过了千万个金钱拜物教的庸人。与对第六届莱茵省议会讨论中的《关于狩猎违禁法草案》（该法案甚至把贫苦农民猎取野兔的权利也剥夺了）的极大义情形成鲜明对照的，是马克思对那些酷爱自由主持正义的古巴野人的极为赞赏，他们一定会宁可让兔子见鬼，也不愿意让人成为荒唐法案的囚徒的。

引文突发奇想，让美洲古巴野人大闹欧洲文明人议会，把不同社会的人的价值观作了强烈对比，于诙谐幽默中透出严肃的谴责。

弗里德里希·路德维希·乌尔芬，这才是乌培河谷真正伟大的诗人；他是巴门人，一个无可否认的天才。细长的身材，四十五岁左右，穿着一件只有比他年轻一半的人才会穿的长长的红褐色的上衣；两个肩膀抬着一颗无法形容的脑袋，鼻子上架着一副镀金的眼镜，闪烁的目光透过镜片放射出来；头上顶着一顶绿色小帽，嘴里衔着一朵花，手里玩着一个刚从上衣上扭下来的扣子，——这就是我们巴门的贺雷西。他天天沿着哈尔得堡晃来晃去，总想碰上个好运气，找到一个新韵脚或新爱人。三十岁以前，这位不知疲倦的人曾崇拜过雅典娜·帕拉斯，后来又敬爱过阿芙罗狄蒂，后者接连送给了他九个杜钦妮娅——这也就是他的诗神。

——恩格斯 ·1：515

以西班牙大作家塞万提斯笔下的害着骑士狂热病的堂吉诃德的幻想情人——杜钦妮娅为诗神，以频繁地更替情侣作为创作激情的不竭源泉；不去学习名彪史册的杰出诗人及其诗作，而是虔诚膜拜那虚无空幻的希腊女神；不是扎扎实实地深入生活，而是躲在僻静之处做蜡烛、炮制歌颂诗神克丽娥那双在臭水滩的草地上染污了的长袜的一类歪诗……

伟大的乌尔芬啊，难怪连恩格斯也禁不住要夸奖你：

“他的讽刺诗是真正民间粗野语言的杰作。”（E·1：515）

全段引文只不过是恩格斯幽默地称颂这位“我们巴门的贺雷西”——乌尔芬的妙语的一小段，但其妙不堪言的描绘，已足以令人喷饭。

“她不是降生在山谷里，
谁都不知道她来自何方；
她匆匆地辞别而去，
连踪影也随之消失。”①

在抽象的眼里，爱情是“来自异乡的少女”，她没有携带辩证的护照，一因而被批判的警察驱逐出境。

——马克思·2：26

埃德加尔，是“神圣家族”中的一员批判的警察。他操着令人费解的思辨的用语，挥舞颠倒黑白的警棍，瞪大抽象的宁静的牛眼，气势汹汹地拷问忘了携带辩证护照的爱情少女，毫不留情地把她驱逐到异邦它乡……

在埃德加尔先生的眼中，爱情是妖魔，“因为爱情第一次真正地教人相信自己身外的实物世界，它不仅把人变成对象，甚至把对象变成了人！”（M·2：24）这怎能不叫坚持唯心主义立场的青年黑格尔分子们对它恨之入骨呢？

马克思摘取了德国伟大作家席勒诗歌《来自异乡的少女》（见①）中的一段，跟“神圣家族”的批判警察开了个幽默的玩笑，轻轻点出他们玩弄概念，抹煞抽象与具象的明确界限的愚蠢做法。

批判家摆脱了一切人间的激情，他成了一个神人，他满可以给自己唱一首修女歌："我不思恋爱情，任何男人我都不需要，我一心想念上帝，他是我唯一的依靠。"

——马克思 ·2：205

自命不凡的批判家，竟成了在修道院高墙里蒙头盖脸、清心寡欲的修女！这就是马克思在《神圣家族》一书中，借用德国民歌"修女"的歌词，对布鲁诺兄弟一伙的幽默戏谑和尖刻的讥刺。

企图嘲笑别人的批判家，却因自己自相矛盾、漏洞百出的"批判"而受到无情嘲弄，这大概是这些自以为"心地平和""坚强而又不可战胜的"君子们所哭笑不得的吧？这真是：

一曲修女歌，好笑又荒唐；可怜批判家，修道入高墙！

思维的肤浅、杂乱无章，不能掩饰的笨拙，无尽无休的重复，经常的自相矛盾，不成譬喻的譬喻，企图吓唬读者，用"你""某物""某人"这些字眼来系统地剽窃别人的思想，滥用连接词（……），愚昧无知，拙劣的断言，庄严的轻浮，革命的词藻和温和的思想，莫知所云的语言，妄自尊大的鄙陋作风和卖弄风骚，提升听差兰特为绝对概念，依赖黑格尔的传统和柏林的方言。总之，整个四百九十一页的一部书就好像是按照朗福德的方法所煮出来的一碗淡而无味的杂碎汤。

——马克思、恩格斯·3：305

朗福德伯爵在举办贫民习艺所时曾起草了一个用廉价代用品来煮淡而无味的杂碎汤的方案。马克思和恩格斯用它来讽刺施蒂纳废话连篇言之无物的论著，收到了一箭双雕的效果，既讽刺了为剥削者获得最大利润而绞尽脑汁的"慈善家"，又嘲谑了不学无术的"哲学家"。

听差兰特，是德国喜剧家弗·贝克曼在通俗滑稽戏《听差兰特在受审》中塑造的一个爱用柏林方言来说俏皮话的高谈哲理的小丑。

在马克思和恩格斯为详细说明施蒂纳"圣书"里的思维绝技而开列的清单里，"朗福德的杂碎汤"和"听差兰特"就像两面哈哈镜，让施蒂纳的丑态尽现其中。如果说，在学习雄辩术的时候，"不应该那样写"的标本，与"应该这样写"的范例，具有同等认识价值的话，那就重读一下这份熬制"淡而无味的杂碎汤"的配料单吧！

如果圣桑乔饿死了，那末并不是因为没有食物，而是因为他拥有自己的饥饿，因为他有自己的饥饿的特性。如果他从自己的窗口跌下来，跌断了自己的脖子，那末这也不是由于重力使他跌下来，而是因为没有翅膀和不会飞翔是他自己的特性。

——马克思、恩格斯·3：333

所有的主观唯心主义者，都是以其主观与客观相分裂、理论和实践相脱离为基本特征的，圣桑乔（施蒂纳）正是这样！

在他看来，为了变成世界的主人，他只要把世界变成自己的特性就行了。难怪，他会硬把因缺乏食物而挨饿和因重力而跌倒这些客观事实，通通说成是主观特性所造成的了。

主观唯心主义者对事物因果关系和“人”的特性的解释，真是大悖常理，乖戾荒谬！用肚饿和跌跤这两个浅显例子，马克思和恩格斯不仅揶揄了这个自以为是的呆鹅，而且将深奥的哲学问题阐析得清清楚楚，令人忍俊不禁而又深得启迪。

如果“施蒂纳”走过宫廷的厨房，他一定会在厨房里烤野鸡的香味上获得一份财产，可是野鸡本身，他连看也没有看见。这时他所得到的唯一可靠的财产就是他胃里的时盛时微的咕噜之声。

——马克思、恩格斯·3：334

唯心论者把自己变成“世界的主人”的聪明方法之一，就是“他把凡是作为他的一个特性的对象的事物都说成是作为他的财产的对象”，（M·E·3：334）这样他就轻而易举地将世界上的一切都据为已有了。

马克思和恩格斯对“施蒂纳”的幽默戏谑使我们联想起中国的阿凡提故事。为了偿付闻到鸡味的“欠帐”，阿凡提提着贪婪的老板的耳朵，让他把钱袋里银币的响声听了个够！

有谁会不为施蒂纳的自信而感到可笑呢，他摸着空瘪瘪的咕咕作响的肚皮，馋涎欲滴地嗅着野鸡的香味，自以为已经拥有——不，吃掉了它！从对唯心论者的蠢相的嘲谑看，马克思和恩格斯真不愧为一流的幽默大师。

已经席卷了一切文明国家的共产主义运动，据说只不过是一个没有核的空胡桃，只不过是一只巨大的世界母鸡在没有公鸡协作的情况下所生的一个世界蛋；而胡桃的真正的核和为整个鸡笼增光的真正的公鸡，就是霍尔施坦的格奥尔格·库尔曼博士！

——马克思、恩格斯·3：629

一切唯心主义者都相信灵感、启示、救世主、奇迹创造者，库尔曼博士自然也不例外。这位奥地利政府的密探，一这位用宗教的语言对瑞士的德国魏特林派手工业者宣传“真正的社会主义”思想的“预言者”，其实不过是一个骂信宗教的唯灵论的江湖骗子，一个神秘主义的滑头，一座诱骗相信奇迹的信徒们从思想王国走向实践王国的驴桥而已。

马克思和恩格斯用幽默的语调嘲弄了库尔曼这只高视阔步，自命不凡的“世界公鸡”，它只不过是一只无育种能力的受人喂养的普通闭鸡罢了，无论它如何以宗教的高歌。或是文明哲学的长啼来诽谤蓬勃开展的共产主义运动，都是难逃其最后的厄运——被抛进历史批判的油锅里的。

怯懦和愚蠢、妇人般的多情善感、可鄙的小资产阶级的庸俗气，这就是拨动诗人心弦的缪斯，她们竭力使自己显得威严可怕，然而却徒劳无益，只是显得可笑而已。她们压低嗓子唱出来的男低音经常嘶裂成可笑的尖声怪叫；在她们的戏剧性的描绘下恩泽拉德的伟大斗争变成了滑稽小丑的翻跟斗。

“黄金按照你的脾气统治
啊，但愿你的工作是这样美！但愿
你的心像你的权力这样伟大！”

——恩格斯·4：224

卡尔·倍克是德国信奉“真正的社会主义”的小资产阶级诗人，他天真地认为，凭着他半是责难半是梦幻的诗句，就能让金融世家——在欧洲各国拥有许多银行的路特希尔德家族改邪归正，立地成佛，为他的“社会主义”事业做出伟大贡献；引文中摘录的他的诗句，便是他这种心情的流露。

恩格斯把倍克的这种幻想比作他的诗神（即缪斯）——在她们的尖声怪叫声里，古希腊神话中跟奥林帕斯山上诸神战斗的巨人恩泽拉德（喻叱咤风云的无产者与资产者的伟大斗争），竟成了滑稽小丑的翻跟斗！经恩格斯生动谐趣的妙笔一点，倍克的颂诗，确实比最蠢的教士的唠叨还滑稽。

愿望多好，文风就多糟。高尚的品德在这个倒霉领域里的下场就是这样。

受了当代精神的腐蚀，

成了愚昧的长裤汉。

舞跳得虽然不好，

但毛茸茸的胸膛里却充满了豪迈；

………………

虽不是个天才，也是一条好汉。

——恩格斯·4：314

这位坦露毛茸茸的胸膛，得意洋洋地扭动熊腰，笨拙地跳着舞的“长裤汉”，就是德国小资产阶级激进派理论家海因岑先生。

他把剽窃来的共产主义原理臆造成纯粹的空中楼阁后才加以接受，他把正确的革命措施视为任意编造出来的改善世界的庸俗幻想。他的美好愿望与糟糕文风成了反比，“因此他的每一句话都包含着两重废话：一种是他要说的废话，一种是他不要说但还是说出来的废话。”（E·4：314）

引用海涅的讽刺诗《阿塔·特洛尔》的诗句，为笨熊海因岑画像，可谓信手拈来，惟妙惟肖！

我们的阿基比阿德—埃歇尔又上台重复他以前讲过的那些话。而且，这次他还想卖弄演说技巧。然而，就是隔三里远也听得出，这是小学生在学习朗诵：“……”

埃歇尔先生不知疲倦的手就像抽水机一样，从这新颖而令人信服的思想中，滔滔不绝地抽出了一大堆庄严的豪言壮语。

——恩格斯·6：110

在这段引文中，恩格斯将小学生学习朗诵的笨拙，和装腔作势的“阿基比阿德”的自负作比较；把刻板机械的手势，和用反语加以嘲弄的埃歇尔的连篇废话相结合，勾勒出一幅妙不可言的幽默画：

一个妄自尊大的小丑，用他不停挥舞的机械手作杠杆，从脑袋瓜里抽出了滔滔不绝的废话，灌向目瞪口呆的听众……

当时山岳党所处的地位就像布利丹的驴子一样，不同的地方只在于不是要在两袋干草之间决定哪一方诱惑力更大，而是要在两顿棒打之间决定哪一方打得更痛。一怕尚加尔涅，二怕波拿巴：老实说，这种处境决不是英雄好汉的处境。

——马克思·8：207－208

传说 14 世纪法国经院哲学家布利丹在论述意志自由时，曾讲过一个驴子的故事：这头驴子在两堆相同的草堆之间焦急万分，不知该先吃哪一堆草好，结果活活饿死了。马克思常引用这个哲理故事，幽默地嘲笑那些无法选择自己的前途的蠢驴们。

山岳党，是小资产阶级民主共和主义的政党，曾参加 1848 年间的法国资产阶级临时政府。由于先天的软弱性和政治的盲目性，他们在法国将军、保皇派、国民自卫军司令尚加尔汎及其政敌法国总统波拿巴之间无所适从，摇摆不定，胆颤心惊地估算哪边抽来的鞭子会更狠更重？的确，这是一种比不知吃哪堆干草为好的布利丹蠢驴更难堪的可悲处境。

幽默、哲理，智慧的微笑与沉思。

虽然阿·卢格没有写出伟大的作品来给他的旅居巴黎树立纪念碑，但是海涅为他完成了这一工作，这还是应该归功于他的。为了对此表示感谢，诗人献给了他一首著名的墓志铭：

“阿塔·特洛尔，一只跳舞的熊，
作为一个丈夫，他色情、虔诚，壮实；
受到了时代精神的奸污，
这个原始森林的短裤汉；
没有天才，可是倒有性格！”

——马克思、恩格斯·8：310－311

没有多用贬词，其讽刺力却胜似重磅炮弹。这就是马克思和恩格斯这段充满幽默谐趣的妙文给予人们的印象。

卢格是青年黑格尔分子，是“一条把哲学中、民主中、首先是空话中的一切矛盾奇妙地混合在一起的阴沟，一个一身集中了一切道德上的缺陷、一切卑鄙下贱的品质、既狡猾又愚蠢、既贪婪又迟钝、既奴性十足又傲慢不逊、既虚伪又像一个被解放的农奴、像一个村夫一样地朴实的人，庸人和空想家，无神论者和空话的信仰者，绝对的不学无术者兼绝对的哲学家”，（M·E·8：310）他能成为海涅的讽刺诗中那只用来嘲笑德国哲学家的博学的熊的艺术原型之一，绝非偶然。

马克思和恩格斯把海涅的讽刺诗《阿塔·特洛尔》当作卢格盖棺论定的墓志铭和所作所为的纪念碑，显示出雄辩家的幽默天性和智慧。

“嗜血的老‘泰晤士报’”……猖狂地咆哮；它扮演莫扎特歌剧中这样

一个残暴人物，他在一段旋律极其优美的独唱中幻想着如何先把敌人绞死，然后把他放在火上烤，然后把他砍成四块，然后再把他穿在铁叉上，最后生剥他的皮；它竭力想扇起复仇的情绪，使之达到疯狂的地步，——要是在悲剧的激情后面没有明显地露出喜剧的把戏，所有这一切可能显得只是很愚蠢罢了。伦敦“泰晤士报”不仅仅是由于恐慌而把角色演得过火。它给喜剧提供了甚至连莫里哀都错过了的新题材，那就是复仇的答尔乔夫。

——马克思·12：311

嗜血的老《泰晤士报》，是代表英国大资产阶级利益的喉舌，它利用当时印度人民的起义大作文章。摇唇鼓舌，混淆视听，竭力想扇起英国人的沙文主义和复仇主义情绪，达到为其血腥的殖民主义政策辩护的目的。

马克思巧妙地引用了奥地利伟大作曲家莫扎特歌剧《后宫诱逃》里奥斯明的咏叹调，淋漓尽致地讽刺了《泰晤士报》那些把印度土著人形容得像魔鬼，必欲食肉寝皮而后快的叫嚣，并以此给喜剧家们提供了一个新题材——复仇的答尔乔夫。

答尔乔夫何许人也？此公乃法国喜剧家莫里哀的杰作《伪君予》中的主角，是一个“机关算尽太聪明，反误了卿卿性命”的大骗子。以混淆是非、践踏正义、骗人为业的“老泰晤士报”咬牙切齿，声嘶力竭地狂喊为侵略者复仇，不正是活脱脱一个“复仇的答尔乔夫”吗？

对歌剧中的残暴人物越是描写得活灵活现，就越有幽默感，越能淋漓尽致地奚落和挖苦论敌！

一位希腊的讽刺诗作者描写某一位卡斯托尔的鼻子，说这只鼻子什么都能替他干：能当铲子、喇叭、镰刀、锚等等。他用下面的诗句结束了自己的描写：

“卡斯托尔有一个万能的工具，

他的鼻子能干各种家务事。”

然而，卡斯托尔并没有猜到，勒维用自己的鼻子做什么。一位英国诗人写的这几行诗更为接近些：

“任何臭气都无损于他那灵敏的鼻子，

谁能认为这不是个奇迹。”

实际上，勒维的鼻子的大本事在于对臭气具有深情厚谊，在数百里外就能把它嗅出并吸引过来。这样一来，勒维的鼻子就作为像鼻、触手、灯塔和电讯替“每日电讯”效劳。因此，可以毫不夸张地说，勒维是用鼻子写他的报纸的。

——马克思·14：659－660

许多动物的鼻子，都具有使人吃惊的特殊功能：野猪的鼻子能铲地寻找食物，猎狗的鼻子能嗅出猎物的踪迹，大象的鼻子能搬运重物等等。可它们的鼻子若跟勒维的“鼻子”相比，可就大为逊色了。

对于创办并发行下作报纸的勒维先生来说，有这么一个万能的鼻子可是太重要了：它能像猪鼻子那样赏玩任何恶臭，它能像大象鼻子那样把臭东西卷回来，它甚至能像触手那样把臭气难闻的事件写在报纸上……

鼻子的主要功能是嗅觉，马克思用它来“指代”勒维如蝇逐臭的特殊嗜好，相当贴切生动。如果平时没有浏览大量的各国文学著作，没有惊人的记忆力、丰富的想象力和幽默的智慧，要想如此恰到好处地引用古希腊诗人和英国诗人的讽刺诗，如此生动尖刻地嘲弄堕落文人的恶癖，是难以想象的。

英国有句古语说，每个人，甚至最好的人，一生都得吃（一斗脏东西）。但是，这句话是在转义上被理解的。约翰牛想不到，在最直接的物理意义上，他天天都在吞食一种不可思议的由面粉、明矾、蜘蛛网、蟑螂和人的汗水做成的（混合物）。他熟读圣经，当然知道人是汗流满面才取得面包的；但是，人的汗水必须当做一种不可缺少的调料加在和好的面团里，这对他来说还是一件大大的新闻。

——马克思·15：588

自1712年阿伯什诺特的政治讽刺作品《约翰牛传》问世以来，“约翰牛”便成了英国资产者通常的代名词。

在《面包的制作》这篇抨击性论文里，马克思用古语作引子，以圣经为铺垫，采用了层层递进的剥笋式手法，揭穿了“约翰牛”——面包房老板用脏面包坑人的秘密。正是这些面包房老板们，强迫工人在恶劣条件下烤制面包，一干就是16个钟头；密不透风的地下室、滴脏水的破水管、臭气熏人的污浊空气、蜘蛛网、蟑螂和老鼠屎、和面工人的汗水和有害排泄物、甚至有为了掺假而加的明矾和骨粉……这一切都源源不断地掺在面粉里，烤成面包，填进了食客的肚子。

马克思的这段引文，借古语楔入正题，续用“想不到、不可思议、大大的新闻”等一系列逐级加码使人惊觉而又不失实的用词，揭露了一桩违背社会公德的骇人听闻的“约翰牛”的丑闻；其效果之佳，远胜于一般空泛乏味的抨击。

直到现在，还没有一个化学家在珍珠或金刚石中发现交换价值。可是那些自命有深刻的批判力、发现了这种化学物质的经济学家，却发现物的使用价值同它们的物质属性无关，而它们的价值倒是它们作为物所具有的。……在这里，我们不禁想起善良的道勃雷，他教导巡丁西可尔说：

“一个人长得漂亮是环境造成的，会写字念书才是天生的本领。”

——马克思·23：100－101

马克思说，“莎士比亚塑造的典型在十九世纪下半叶开出了灿烂的花朵。”（M·10：659）事实上，这些“花朵”不仅是艺术舞台上的骄傲，受到众多演员的喜爱，而且在历史舞台上，也不乏扮演者。在马克思的著作里，就常常可以找到他们的剧照，其生动诙谐，比之莎翁笔下的艺术典型，也毫不逊色。

把物的物质属性与它们的使用价值截然分开，把物的交换价值说成是先于它们的使用价值的物的属性的经济学家，就是这样的演员；他们所成功地扮演的角色，正是莎翁喜剧《无事烦恼》中那自大而愚蠢的官吏的化身——道勃雷——一个颠倒人的先天素质和后天素质关系的喜剧角色。

马克思幽默风趣的嘲笑，活画出“经济学家”的蠢相。

我们亲爱的、英勇的维利希遭到很大的不幸。布吕宁克男爵夫人每星期邀请在伦敦的普鲁士尉官们，以及诸如此类的大人物到她家里吃一顿饭，并惯于向这些风流的骑士们卖弄点风情。我们品德高尚的维利希，看来因此而头脑发热，有一次同这个年青的夫人单独在一起时，他疯狂的情欲骤然发作，完全出其不意地突然向她发动了相当粗暴的进攻。但是，这完全不合这位夫人的心意，于是她毫不客气地下令把我们的纯洁骑士赶出门外。

“谁有德行，其乐无限；

糟蹋德行，实在丢脸！

…………

哎，我这个可怜的青年，

竟被赶到门外边。”①

——恩格斯·28：534

曾任普鲁士军官的维利希，是1850年从共产主义者同盟分裂出来的冒险家。这位大名鼎鼎的“维利希军团”（昙花一现的小资产阶级流亡者团体）的总指挥，平时与当地的恶棍关系十分紧张，就像因分赃不均而时刻准备互相揪住头发厮打的骗子；自从他被布吕克宁男爵夫人赶出家门之后，“他不能再到有妇女的屋子里去了，而且他的美德的光辉现在已经完全黯然失色。”（E·28：534－535）

在引文里，恩格斯引用了德国诗人海涅的《一个古老德国青年的悲歌·罗曼采曲》中的讽刺诗句，（见①）并以“英勇的”、“高尚的”、“纯洁骑十”等一连串反语，幽默地戏弄了这位“平常喜欢年青的金发裁缝帮工比喜欢漂亮少妇要强烈得多的道德高尚的禁欲主义者”，使这位哗众取宠的假道学家原形毕露、无地自容。

显然除此以外还出现一群次要的、纠缠不休的、没有一点个性的人物。其中有些人躲在过去的某个哲学巨人的后面，——但是我们很快就可以看出那头披着狮皮的驴子，一个过去和现在的时装表演者的哭非哭的声音，对比起来非常滑稽地叫嚷着出现在一个强大的、震撼千百年的声音（如像亚里士多德的声音）之后，并把自己变成传播亚里士多德的声音的不受欢迎的器官；这就像一个哑巴，他想用一个巨大的传声筒来帮助他说话。或者像一个戴着双重眼镜的侏儒，站在巨人背后的一个极小的地方，惊奇地向世界宣告，从他这个立足点看来，呈现着多么令人惊异的新的美景，并且可笑地力图证明，不是在沸腾的心里，而是在他所站立的坚实地基上找到了阿基米得的点，也就是那个作为世界的支柱的点。于是就出现了头发哲学家，手指哲学家，足趾哲学家，粪便哲学家以及诸如此类的人物，……

——马克思·40：260

头发哲学家、手指哲学家、足趾哲学家、粪便哲学家……这些美称，原是马克思在其博士论文中，对那些介乎“自由派”与“实证哲学”两大哲学流派之间，不学无术，只知拾人牙慧、甚至捡其糟粕的哲学小丑们的讥称。

时至今日，这些头发哲学家、粪便哲学家们并未绝迹，他们把伟大哲学家（老子、孔子、亚里士多德、黑格尔、马克思……）当作狮皮被在自己的驴身上去吓唬别人；或者像马克思所嘲笑的那个哑巴和诛儒一样，不是企图借伟人巨型传声筒来发出自己的嘶哑噪音，便是动辄宣布自己在伟人的巨著的某一页寻到了什么精义，因而自己便相应成了什么“家”：卑劣阴险的

“四人帮”，不正是这类哑巴和侏儒的现代翻版吗？

奥格斯堡长舌妇当问题涉及原则性斗争、即有关实质的斗争的时候，就沉默；但她躲在暗处偷听。远远地窥伺，一旦发现她的对手在装束上有点疏忽，跳舞时跳错了一步，丢掉了手帕，——她就“做作得那么端庄贞静，就要摇头，”并以不容反驳的自恃态度，把她那压抑已久的善意的懊恼和装扮出来的一本正经的怒气统统发泄出来。她冲着德国大叫大嚷：“请看，这就是《莱茵报》的性格。这就是《莱茵报》》的思想方式，这就是《莱茵报》的一贯性！”

“那儿是地狱，那儿是黑暗，那儿是火坑，吐着熊熊的烈焰。发出熏人的恶臭，把一切烧成了友。啐！啐！啐！呸！呸！呸！好掌柜，给我称一两麝香！”

——马克思·40：524－325

“奥格斯堡长舌妇”，是马克思对奥格斯堡的一家资产阶级报纸——《总汇报》的拟人化的谑称。在引文中，马克思巧妙地借用了莎士比亚悲剧《李尔王》的同名主人公痛斥他的两个忘恩负义的淫荡的女儿的两段台词，揭穿了该报玩弄避实就虚、避重就轻，小题大作的所谓“论战术”的伎俩。

这种论战术的要义，就是当对手对它进行有关重大原则问题的抨击的时候，表面装聋作哑，暗地定测方向；而一旦抓到了什么救命稻草，就借题发挥，噪噪不休，以假象诱使公众误信，它与《莱茵报》的斗争便是这些鸡毛蒜皮的小事，从而掩盖其真正的分歧和严重性质。

捣鬼有术，然而也有限（鲁迅语）。奥格斯堡的长舌妇正是如此。君不见，在马克思雄辩而幽默的抨击之下，他们那嘁嘁嚓嚓的论战捣鬼术，不是早已变成一场无聊透顶的“跳加官”了吗？

这个夏洛克，奴仆式的夏洛克，发誓要凭他的期票、历史的期票、基督教德意志的期票来索取从人民心上剜下来的每一磅肉。

——马克思·1：454

如果说，莎士比亚喜剧《威尼斯商人》里的富商夏洛克，其执意要剜下安东尼奥胸上的一磅肉，是出于犹太民族对欺侮他们的基督徒的复仇心理的话，那么，甘当德意志君主的奴仆的御用文人，就是一伙为虎作伥的帮凶；他们的索命期票，就是写满了“吃人”二字的陈年流水簿子；其惯用的伎俩，就是“以昨天的卑鄙行为来为今天的卑鄙行为进行辩护，把农奴反抗鞭子——只要它是陈旧的、祖传的、历史性的鞭子——的每个呼声宣布为叛乱；”（M·1：454）而他们那种索取人民心头每一磅肉的贪婪，比起利欲熏心的夏洛克来，更是有过之而无不及。

巧妙的引用、排比的句子，使马克思论著的雄辩风采更为迷人，它的深意就在于，正像夏洛克遇上聪明的女法官就要触霉头一样，御用文人的贪婪，也会注定落空的。

现代的旧制度不过是真正的主角已经死去的那种世界制度的丑角。历史不断前进，经过许多阶段才把陈旧的生活形式送进坟墓。世界历史形式的最后一个阶段就是喜剧。在埃斯库罗斯的“被锁链锁住的普罗米修斯”里已经悲剧式地受到一次致命伤的希腊之神，还要在琉善的“对话”中喜剧式地重死一次。历史为什么是这样的呢？这是为了人类能够愉快地和自己的过去诀别。

——马克思·1：456－457

埃斯库罗斯是古希腊著名的悲剧家，被恩格斯称为“悲剧之父”，“有强烈倾向的诗人”。在他的杰作《被缚的普罗米修斯》里，他塑造了一个“哲学日历中最高尚的圣者和殉道者”——普罗米修斯的形象：他敢于违抗宙斯的禁令，盗取天火送给人类；他忍受酷刑，坚持正义，宁死也不泄露宙斯必将毁灭的秘密。琉善则是古希腊杰出的讽刺作家，无神论者，在他所写的《对话》里，希腊诸神成了受嘲弄的世俗之人，宣扬宗教迷信的统治阶级的种种罪恶暴露无遗，受到无情讽刺。

马克思引用的是神话题材作品，本意却在表述他独具只眼的对历史的看法：当旧制度本身还相信而且也应当相信自己的合理性的时候，它的历史是悲剧性的；但是，当旧制度由于失去了合理性（它的主角已死去——如拿破仑）而变成了倒行逆施的丑角，却依然自诩为英雄的时候，它的历史就是喜剧性的了。

施里加·维什努所体现的“批判的批判”把“巴黎的秘密”崇奉为神。欧仁·苏被誉为“批判的批判家”。要是他知道这件事，一定会像莫里哀的醉心贵族的小市民一样惊叫起来：

“天哪！我原来说了四十多年的散文，自己一点还不知道呢，您今天把这个告诉我，我对您真是万分的感激。”

——马克思·2：68

马克思所说的“醉心贵族的小市民”，是法国著名喜剧家莫里哀的散文体五幕喜剧《贵人迷》里的主人公汝尔丹，一个一心想挤进贵族阶层的暴发户。他为了显示自己的贵族“风度”，请了许多音乐、舞蹈、剑术和哲学教师来授课，以附庸风雅；他以谋取贵族身份为荣，甚至不惜改信伊斯兰教，混个外国作假贵族当当。他在引文中所说的那段台词，就是他受着破落贵族道琅特之流的欺骗和子女的捉弄而不自知，竟天真地相信自己多年来说的成篓粗话是优美的“散文”，并对欺骗者感恩不尽的丑态的大暴露。

马克思引用汝尔丹受宠若惊的台词，来嘲笑施里加给法国作家欧仁·苏戴高帽以济其“批判”之穷的喜剧行为，真是形神毕肖，入木三分！

歌德每次和历史面对面时就背弃它，历史为此而给歌德的报复，并不是门采尔的叫骂和白尔尼的狭隘的辩驳。不是的，正如：

蒂妲妮亚在仙宫，

发现自己在波顿的怀抱里，

歌德也一度发现自己在格律恩先生的怀抱里。

——恩格斯·4：275

德国反动的文学批评家门采尔和激进的小资产阶级反对派的杰出代表白尔尼都攻讦歌德，责备他不是自由主义者，做过宫臣等等；但这都无损于歌德成为德国最伟大的诗人。历史给予他的真正惩罚，却是“真正的社会主义”的主要代表格律恩之流对他的庸俗吹捧：他将歌德确实伟大的天才的地方一笔勾销，对歌德的每一句庸俗的言语却如获至宝，赞叹连声……

体会一下品性高洁、美艳动人的仙后蒂妲妮亚一觉醒来，发现自己竟躺在愚蠢的小人物波顿的怀里的那种懊恼羞情心情吧，这大概就是歌德听到格律恩先生对他的肉麻吹捧时的心情。

引号中的诗句，出自歌德的《警句集》。（蒂妲妮亚和波顿是歌德借自莎翁喜剧《仲夏夜之梦》中的人物）恩格斯妙手拈来，既温婉地批评了歌德，又幽默地嘲谑了格律恩，于诙谐滑稽之中蕴含了对一代风流歌德的深深惋惜。

塞万提斯在某处说到一个勇敢的阿尔古阿西尔和他的司书为了维护社会道德而供养了两个名声很坏的妇人。这两个殷勤的女神打扮得花枝招展，在大的集市及其他盛大场合出现，老远就可以看出是什么货色。她们一勾搭上什么外来的客人，就马上设法告诉自己的情人，她们到哪个旅馆去了。阿尔古阿西尔和他的司书便闯到那里去，使她们大受惊吓，演出吃醋的场面，只有在客人苦苦哀求并付出相当数目的赔偿费以后才把他放走。他们用这种办法把私人利益同社会道德的利益结合起来，因为上了当的人会长期警惕，不再重起邪念。

——马克思、恩格斯·6：592

阿尔古阿西尔，是塞万提斯的《惩恶扬善故事集·狗的谈话》中的一位西班牙警官，马克思以嘲谑的调侃笔调，简述了他和司书勾结荡妇用美人计敲诈钱财，却美其名曰维护社会道德的骗人勾当。但马克思与恩格斯的真意，却在揭露践踏民主的普鲁士反动军官。

正是这些维护普鲁士旧制度的英雄们，采取了“阿尔古阿西尔”式的卑鄙手段，故意派几个醉鬼到边远城市或乡村去用刀砍人，寻衅滋事；然后借口激愤的群众要闹事；立即宣布全省戒严令，把人民的民主权力剥夺个干干净净！

文学的形象与现实的五类相映成趣，无情地戳穿了这些口唱高调、居心叵测的伪君子的画皮。而这也正是雄辩术离不开“博引”的缘由。

对于社会问题，“科伦日报”以往总是抱着无神论者对待神灵所抱的那种怀疑态度。但突然它遇到了一件像“一千零一夜”中的渔夫所遇到的那种事情：正像在渔夫面前从一个由海底捞出的启封的瓶子中钻出一个巨大的妖怪一样，在发抖的“科伦日报”面前，从选票箱里也突然地、令人畏惧地钻出一个巨大的“社会问题”的幽灵。

——马克思·6：254

在御用的《科伦日报》主编勃律盖曼这些资产阶级绅士看来，小资产者、农民和无产者在搜刮民脂民膏的剥削者的压榨下的呻吟是微不足道的“社会问题”，而如何让他们的立宪派代表选举获胜，才是至关重要的。

事与愿违，对“社会问题”不闻不问、闭眼不承认其存在的立宪派诸君，却在选票箱前败下阵来，受到了占选民绝大多数的小资产者、农民和无产者的唾弃。

马克思用《一千零一夜》里从魔瓶中钻出来的力大无穷的妖怪，比喻与人民利益密切相关的“社会问题”，用惊惶失措的渔夫，比喻立宪派的代表勃律盖曼之辈，十分传神。表现了这些闭目塞听、鼠目寸光的御用文人的无知与惊恐万状，亦再次显示出“博引”的雄辩伟力。

山岳党一退出议会会场就丧失了力量，也如巨人安泰一脱离自己的母亲即大地，就丧失了力量一样。山岳党人在立法议会会场内是参孙，而在“爱好和平的民主派”厅堂里就成了普通的庸人。

——马克思·7：78

山岳党是19世纪中期代表小资产阶级利益的政治派别，它在代表资产阶级利益的秩序党进逼面前步步退却，除了空喊“宪法万岁！”的口号，它们不敢采取任何实质性行动，更不用说付诸武力了。因此，一旦它被资产阶级逐出议会，失去了仅有的一点可怜的合法权力，就一筹莫展，由圣经里的神话英雄参孙变成了懦夫，像希腊神话里的海神波塞冬与地神盖娅的儿子安泰一样，被他的敌人海格立斯高举在半空中击毙了。

对于小资产阶级这种“口头的巨人，行动的矮子”的老毛病，恩格斯与马克思一样了如指掌，在他看来，这个阶级在它还没有觉察出任何危险的时候，总是吹牛；可是一旦面临危险，它便惊恐万状、预备出卖整个运动。

以安泰喻山岳党，以大地喻议会，以两者的分离喻前者的必败，何等切题而形象！

他呼唤他的缪斯——愤慨——来反对阿利曼的这些可鄙的信徒：他咒骂，他叫喊，他自吹自擂，他教训人，他吐沫飞溅地做着简直令人啼笑皆非的空洞说教。他表明，谩骂式的文学如果被一个既不如白尔尼那样机智又缺乏白尔尼那样的文学教养的人拿来运用，会弄成什么样子。他的风格也和他的缪斯一样，永远是童话里的“袋子里的小棍子！”

——马克思、恩格斯·8：319

马克思与恩格斯在《流亡中的大人物》这部著作里，出色地运用各种政治讽刺手法嘲笑了德国小市民的丑恶行径；引文中的“他”——就是这伙人中的一个，名叫海因岑。他最喜欢挥舞棍子，把论敌当作众恶之神的化身——阿利曼的信徒来痛打。用愚蠢的信仰跟论据对抗，以愤慨作为艺术之神缪斯，缺乏机智和文学教养，却偏要东施效颦地使用白尔尼的谩骂式文学手段来攻击对手。

这段不长的文字，贴切灵活地引用了许多文学典故，除“缪斯”、“阿利曼”外，还有格林兄弟的童话《端饭的桌子，吐金的驴子和袋子里的小棍子》。而那会按主人的意旨自动跳出来打人的小棍子，竟是海因岑的风格！从此，“打棍子”便成了讽刺中外文痞在“扣帽子”之外的又一件看家本领的专用词组了。

鲁杰罗一次又一次地被阿耳契娜的假风姿迷住，其实他也知道在这种假风姿掩盖之下是一个老巫婆——“没有眼睛，没有牙齿，没有味觉，没有一切。”

这位游侠骑士虽然明明知道这个老巫婆把追求过她的人都变成了驴子和其他动物，却还是不由自主地爱上了她。英国公众是第二个鲁杰罗，帕麦斯顿是第二个阿耳契娜。

——马克思·9：389

鲁杰罗是阿里欧斯托长诗《疯狂的罗兰》中的人物，而阿耳契娜则是诗中的一个凶恶的女巫。引号中的台词，原是莎翁喜剧《皆大欢喜》里的公爵侍从杰奎斯形容人生第七时期的衰颓的一番话。

帕麦斯顿勋爵是个年逾花甲的英国国务活动家，他善于乔装打扮，见风使舵，从托利党的党棍摇身一变为辉格党的领袖，依靠该党右翼分子的势力登上政治舞台，先后担任了英国的外交大臣、内务大臣和首相。在《帕麦斯顿勋爵》这部辉煌的抨击性著作的开头，马克思借用文学形象十分生动传神地给他画了一幅肖像，揭露了这个老巫婆用假风姿来迷惑公众的丑态。于娓娓动听的故事中引出论点并详加论证，往往是比直来直去，一览无余的论述更高明的雄辩技巧。

德国作家豪弗在他的一篇故事里描写了一个喜欢说短道长、专爱无事生非的小城镇，在一天早上，突然发现它那里最时髦的人物、实际上在社交界占头把交椅的大红人，原来不过是一只化装的猴子，因而大为惊愕，失去了它平素那种安然自得的心情。现在，普鲁士人民，或者说一部分普鲁士人民，大概正由于一种更不愉快的发现而感到万分沉痛：他们竟被一个疯子统治了整整二十年。

——马克思·12：631

为了维护王室利益和封建统治制度的秩序，普鲁士国王——患有疯癫病的威廉四世在王后和亲族施用的“障眼法”保护下，竟疯疯癫癫地统治了王国二十年！

在这里，马克思引用了德国作家豪弗创作的一篇小说《一只扮成人的猴子》的情节进行类比论证，尖刻犀利地嘲弄了王后一伙，揭穿了他们精心设置的可怕骗局。正如豪弗小说中的社交界大红人，竟是一只呲牙裂嘴的猴子，令蒙在鼓里的全镇市民愕然失色那样，当普鲁士人民终于得知，那高踞王位，决定着国家前途国人命运的国王，竟是一个疯子的时候，怎能不在后怕之余深感受愚弄的愤慨呢！

福格特不得不把他的荒诞的故事写成一本“书”。因此，他详加铺叙，造谣诽谤，涂涂抹抹，乱画一顿，大肆渲染，任意涂改，胡吹乱扯，随便发挥，故意搅乱，引经据典，无中生有，把臀部也变成了喇叭。这样一来，福斯泰夫的灵魂也就透过这些虚构的事实到处显现出来，而他通过他自己的叙述，又无意识地把这些事实变成原来的一无所有了。

——马克思·14：697

“把臀部也变成了喇叭”，摘自意大利伟大作家但丁的《神曲·地狱篇》第21首歌。福斯泰夫，则是莎士比亚剧中人皆知晓的一位酒徒、诙谐者、爱吹牛的懦夫的典型。

福格特，这位路易·波拿巴雇用的密探，恶毒攻击无产阶级革命家的造谣家，正是一个“把臀部也变成了喇叭”的寡廉鲜耻的“福斯泰夫”！在他那本诽谤性的小“书”里，他摇唇鼓舌，混淆黑白，对马克思及其战友大肆攻击，极尽诬蔑之能事。

马克思借用了但丁的妙喻和莎翁笔下的人物形象，以几个“贯串动作”把福格特这位五角的可恶嘴脸暴露无遗，他编的谎话到头来竟连自己也无法证实其不是谎话了，呜呼哀哉！

虽然帮头（在某些地区被称为“赶牲口的人”）备有一根长棍子，但是他很少用它打人，极少听到有谁抱怨他虐待人。他是一个民主的皇帝，或者有些像哈默伦的捕鼠者。他需要在自己的臣民中树立威望，他用那种在他的庇护下风行一时的茨冈式的生活把他的臣民笼络住。粗野的放纵，漫无节制的寻欢作乐和极端伤风败俗的猥亵行为，使帮伙具有巨大的魔力。

——马克思·23：762

据德国民间传说，哈默伦城是个鼠满为患的城市，市政当局因而悬赏征求灭鼠良方。有个捕鼠者应召而来，他吹起魔笛，把闻声而来的鼠群引出了城外……可是，该城官员却出尔反尔，拒付赏金；为了报复，捕鼠者再次吹响魔笛，用美妙的笛声将全城儿童引诱走了。

马克思在《资本论》中引用这个故事，剖析了当年农村普遍存在的“帮伙制度”的罪恶。帮伙的核心——帮头，颇似中国的包工头，但他羁縻男女青少年帮工的办法，不是用铁的棍棒和契约，而是用纵欲和猥亵行为作诱饵，驱使童工和妇女为农场主卖命干活，从中渔利。

在揭穿帮头驾驭臣民的秘密的论证过程中，“哈默伦的捕鼠者”这一富于艺术魅力的形象，无疑大大深化了人们对“帮伙制度”这一社会丑恶现象的本质的认识。

桑格拉都学派的医生见病人没有起色，就让放血，然后再放血，直到病人的血放完了，病也就没了。我们不要以为这位还很富有诗意的侯爵是个桑格拉都学派的医生。他只是要求再放 30 多万人的血而不是大约 200 万。

——马克思 ·23：778

放血是一种有效疗法，可治脑充血、高血压、中暑等症。但是，在列萨日的小说《山悌良那的吉尔·布拉斯奇遇记》里的庸医——桑格拉都那里，这种疗法却成了送掉病人性命的蠢举：他医治一切疾病时都给病人放血和让他们喝温水！

据统计，至少要驱除 200 万爱尔兰农民，英格兰才能完成它将爱尔兰变成它的牧场国的使命，大地主达费林侯爵以为只要驱逐 30 万农民就能使爱尔兰幸福纯属梦想。更重要的是，人民是国家的主体，是国家的血液，用大放血来医治国病的侯爵，只能使国家大伤元气，使“羊吃人”的悲剧愈演愈烈，激起爱尔兰人民的强烈反抗！

放血与放逐，治人与治国，这其中的可比性，就在于特定的治者与治法。马克思把庸医跟侯爵作类比论证，抓住了二者主观臆想与客观效果的矛盾的实质，具有警世醒民的巨大雄辩力。

以对现实关系具有深刻理解而著名的巴尔扎克，在他最后的一部小说《农民》里，切当地描写了一个小农为了保持住一个高利贷者对自己的厚待，如何情愿白白地替高利贷者干各种活，……这样一来，高利贷者却可以一箭双雕。

——马克思 ·25：47

在《资本论》里，马克思称赞“巴尔扎克曾对各色各样的贪婪做了透彻的研究。在他的作品中，那个老高利贷者高布赛克在他开始为了货币贮藏而积累商品时就已经失去了理智。”（M·49：227）并。此作为自己关于“为了货币贮藏而积累商品，这只有发狂似的悭吝鬼才会这样做”（同上）的观点的有力佐证。而他所引用的巴尔扎克的《农民》——一部描写复辟王朝时期农村中农民、资产阶级和贵族之间尖锐复杂斗争的小说——里面的高利贷者对农民的盘剥的实例，也有力地证实了他关于“在资本主义生产占统治地位的社会内，非资本主义的生产者也受资本主义观念的支配”（M·25：47）的看法。

从以上事实可以得知，即使是世界上最认真最严谨的大思想家，即使是书林中最博大精深的经济学巨著，也可以从一般人视为闭书野史不屑一顾的文学作品中吸取丰富的精神养料；而这一点，正是我们在目睹马克思恩格斯在旁征博引、广采兼收一切有益的文学艺术思想资料，从而形成自己绚丽多姿、美不胜收的雄辩风格时，所深深感到的。

五、美艺与妙喻

要想逃避这个世界，没有比艺术更可靠的途径；要想同世界结合，也没有比艺术更可靠的途径。

——［德］歌德

艺术是浑然一体的，只有融合了一切种类的艺术才能臻于最完美的境界。

——［俄］列夫·托尔斯泰

在艺术家看来，一切都是美的，因为在任何人与任何事物上，他税利的眼光能够发现“性格”，换句话说，能够发现在外形下透露的内在真理；而这个真理就是美的本身。虔诚地研究罢，你们不会找不着美的，因为你们将要遇见真理。奋发地工作罢。

——罗丹

构成生活享受的最内在核心的正是艺术享受。

——恩格斯

艺术的享受，是美的享受，是人创造的生活享受的极致。

没有一种艺术会使人更难看。

——马克思

真正的艺术，从来是美的发掘。

“美”创造出来的一切，对人的心灵最亲热。

——马克思

美，从不傲物凌人。美孕育的一切，是通向人心灵深处的桥梁。

“美”总在努力地追求着“伟大”。

——马克思

美，有了伟大，会更加充实而动人；伟大，有了美，会更加真实而可亲。

艺术对象创造出懂得艺术和能够欣赏美的大众，——任何其他产品也都是这样。

——马克思

美的艺术，被美的艺术家创造出来，又被美的欣赏者所接受，从而获得了永恒的生命。

关于艺术，大家知道，它的一定的繁盛时期决不是同社会的一般发展成比例的，因而也决不是同仿佛是社会组织的骨骼的物质基础的一般发展成比例的。

——马克思

经济的发展，是艺术繁荣的土壤，但艺术之花的盛开，还有赖于种子、水份和气候。

一切神话都是在想象中和通过想象以征服自然力，支配自然力，把自然力形象化；因此，随着自然力的实际上被支配，神话也就消失了。

——马克思

驯化自然力的第一步是将其形象化，没有神话中顺风耳和千里眼的大胆想象，就没有今天的电话机和电视机。

钢琴演奏家刺激生产；部分地是由于他使我们的个性更加精力充沛，更加生气勃勃，或者在通常的意义上说，他唤起了新的需要，……

——马克思

美的艺术，是使生产者更热爱生活，激起建设美好生活的巨大热情的神奇力量。

如果音乐很好，听者也懂音乐，那末消费音乐就比消费香槟酒高尚，……

——马克思

具有审美价值的精神产品，是使人高尚的艺术消费品。

只有音乐才允许为数众多的人进行协作，从而使音乐获得相当强的表现力；音乐是唯一使享受和生活的演奏一致起来的艺术，……圆心没有圆周就不成其为圆，同样，没有愉快友好的生活，音乐就不成其为音乐了，因为愉快友好的生活构成音乐这一中心的圆周。

——恩格斯

音乐，是使美好生活更温馨更有激情的大众化艺术。

职业诗，只不过是给最干瘪的散文式的词句戴上假面具。

——马克思

阿谀奉承的职业诗，与刺耳枯燥的教条歌一样，都是令人憎厌的玩艺儿。

如果他想继续从戏剧创作活动，他总该研究一下如何选择比过去更好更非常的思想材料，并且不要从“现代事物”出发，而要从当代的真正精神出发。

——恩格斯

在创作或欣赏时，不要被眼花缭乱的“现代事物”迷住，要从思想材料的梳理中，抓住时代的真正精神——改革的精神。

如果想合理地行动，难道在确定精神作品的规模、结构和布局时就不需要考虑生产该作品所必需的时间吗?

——马克思　恩格斯

制定从德国获得全部文学资料，正如获得物质资料一样，因此丹麦文学（除了霍尔堡以外）实际上是德国文学拙劣的翻版。

——恩格斯

一个从物质到精神都完全依赖外民族的国家，是难于创造出真正的民族文化的。

对社会状况的批判性论述决不仅仅在法国的“社会主义”作家本身那里能够找到，而且在生一个文学领域特别是小说文学和回忆文学的作家那里也能够找到。

——马克思

文学，是生活的教科书，也是社会不公的起诉状。

情节大致相同的同样的题材，在海涅的笔下会变成对德国人的极辛辣的讽刺；而在倍克那里仅仅成了对于把自己和无力地沉溺于幻想的青年人看做同一个人的诗人本身的讽刺。

——恩格斯

讽刺诗人与被讽刺诗人的区别，不在于诗的题材，而在于他们的诗才。

要是你对美没有共鸣，随时随地遇见美却并不爱它，那么，就是在你的艺术里，美自然也不会来了。

——［俄］屠格涅夫

艺术是立足于一种宗教感上的。它有着既深且固的虔诚。正因为这样，艺术才乐于跟宗教携手而行。

——［德］歌德

这种狗咬狗的事件是整个现代争论中最可耻的污点。如果我们的文学家开始像野兽一样彼此相待，并且在实践中运用自然历史的规律，那么德国文学很快就会像动物园了，……

——恩格斯

以狂吠式的驳斥回敬狗叫似的讽刺文，以泼妇骂街、姑嫂斗法的谩骂取代严肃的批评，将自然历史的“弱肉强食”的规律滥用于文坛，这是令人最反感的事。

早在148年前，恩格斯就对发生于当时“青年德意志”文学团体内部的一场“文学论争”进行了具体分析，认为它的不利影响在于打破了文学的平静的发展过程，其有利的影响则在于文学超越了文学作为一派人所固有的片面性。他特别赞赏的是“‘年轻的新手’那一边也不参与，而是抓住时机摆脱各种外来影响，走上了独立发展的道路。”

只有当我熟悉了北德意志荒原，我才真正懂得了格林兄弟的《儿童和家庭童话集》。所有这此童话几乎都发生在这里：夜幕降临，人间的一切都消失了，而民间幻想中令人恐惧的、不成形的东西在大地上空一掠而过，荒凉的大地即使的居民在暴风雨之夜在自己乡土上漫步或从高塔上眺望荒凉的原野时的种种感情。于是，童年时代留下的荒原上暴风雨之夜的印象又在他的眼前重新浮现，并且形成了童话。

——恩格斯

和一般诅咒荒原，或仅将其当作讽刺的陪衬的人们相反，恩格斯主张探寻荒原上那罕见的迷人的特征，揭示它那隐蔽的诗一般的魅力，感受它那海市蜃楼般不常见的美。

在上面这段引文里，恩格斯通过对《格林童话》作者创作心态的精彩描述，雄辩地证明了地理环境对作品内容有深刻的影响的创作原理。从这段论述中我们可以知道，在欣赏和研究一国文学尤其是乡土文学与童话的时候，必须了解当地环境的特征和探寻出它的美，否则，是难以掌握其创作奥秘并获得美妙的审美享受的。

尽管人们多么抱怨歌剧的优势使得话剧无人问津，尽管上演席勒和歌德的剧本进，剧院里空空荡荡，而大家都争着去听唐尼采蒂和梅尔卡丹特的乐曲；但是，一旦话剧能通过自己的当之无愧的代表人物取得同样的胜利，到那时我们的舞台昏睡病是可以治好的。

——恩格斯

医治“舞台昏睡病”的良方，是戏剧创作的胜利，解除“戏剧危机”的救星，同样是戏剧创作的胜利。

艺术的生命在竞争。没有百家争鸣、百花齐放，就难见到艺术的繁荣。就像当年优势的歌剧、意大利的迷人乐曲，夺走了席勒、歌德的话剧观众一样，当今优势的电视艺术、风靡全球的流行歌曲，又夺走了歌剧、戏曲、乃至电影的观众。

艺术的生命在创新。创新使得艺术复活。只有伟大戏剧家出色的话剧创作和成功的演出，才能解除话剧的厄运。而要把走散了的歌剧观众、戏曲观众、电影观众再吸引回来，也只有靠这些艺术本身的创新和焕发了凤凰涅后的夺目光彩才能办到。

卡莱尔的风格也和他的思想一样，它和现代英国资产阶级的柏克司尼费式伪君子的风格是针锋相对的；后者高傲浮夸而又萎靡不振、冗长累赘、数不尽的温情劝善的忧虑；……

——马克思　恩格斯

卡莱尔用英语创造了新的表达法和文学风格，这种新风格往往夸张而乏味，但是却又往往绚烂绮丽，永远独特新颖。

柏克司尼弗是狄更斯小说《马丁·切斯维特的一生》中的伪善者，用这样的伪君子来概括当时弥漫英国文学界的资产阶级腐朽文风，确是再合适不过了。

民间故事的使命是使农民在繁重的劳动之余，傍晚疲惫地回到家里时消遣解闷，振奋精神，得到慰籍，使他忘却劳累，把他那块贫瘠的田地变成芳香馥郁的花园，它使命是把工匠的作坊和可怜的徒工的简陋阁楼变幻在诗的世界和金碧辉煌的宫殿，把他那身体粗壮的情人变成体态优美的公主。但是民间故事书还有一个使命，这就是同圣经一样使农民有明确的道德感，使他意识到自己的力量、自己的权力和自己的自由，激发他的勇气并唤起他对祖国的热爱。

——恩格斯

民间故事书，是千百年来劳动人民口头创作、口头流传，并不断集体加工、完善的艺术结晶。它往往是民间文学中最有审美趣味的一种艺术形式。常常于叙述一个美丽动人的故事时，融民族精神、美好情操、斗争智慧、地方山水或者坚贞爱情、善良品质、理想憧憬、神奇想象于一炉，予人以清新健康的审美享受和爱国教育。

悲剧之中有喜剧因素，这决不像那种立论肤浅的评论所认为的那样，是为了多们化和对化，不如说是为了提供一幅把严肃和诙谐揉合在一起的比较真实的生活画面。但是，我怀疑莎士比亚是否满足于这样一些理由。难道生活最深刻的悲剧有时不是穿着喜剧的服装出现的吗？

——恩格斯

悲剧中具有喜剧因素这一美学现象并不只是悲剧内容与喜剧因素二者之间的对立和对比，以及由于二者的结合而产生的“多样化”审美效果，这种融悲剧与喜剧于一炉的现象更符合生活原貌。因此，必须从生活中的悲剧往往穿着喜剧服装出现的历史事实出发，抉发出悲喜剧这一审美样式深刻的精神内核。

比如在《堂吉诃德》中，一个人，出于对人类的纯洁的爱，做出许多可笑的蠢事而不为同时代人所理解，——还有什么人比他更具有悲剧性呢？同样，在莎翁名剧《罗密欧与朱丽叶》那充满青春气息和爱情热浪的喜剧氛围里，不是正在酝酿着一场惨烈壮美的人间悲剧吗？人们正是从这类穿着喜剧服装出现的悲剧里，领略生活的悲凉和真谛，激发起创造美好新生活的勇气和热情的。

但愿为青年文学开辟了一条通向戏剧舞台的道路的谷兹科夫，继续以他独树一帜、充满生活气息的戏剧作品，把那些非法窃据舞台的鄙陋庸俗的货色赶下台去。无论批评有多么大的摧毁力量，我们相信，仅有批评是达不到这个目的的。

——恩格斯

创作和批评是文学的双翼。批评既包括批评家对文学家的批评，也包括文学家对文学家的批评及对批评家的反批评。正确的批评有利于创作的繁荣，无原则的批评则有碍于创作的发展。

从文学力量的崛起和创作实绩的获得这一根本目标看，对文学家来说，最重要的是创作而不是批评。这是因为：对敌手而言，批评只能刺痛他们，只有光辉的作品才能把他们逐出舞台；而对战友而言，互不尊重，互相攻讦，意气用事的批评，只会伤害感情，影响团结，妨碍创作。

一般来说，过去几次革命的诗歌（《马赛曲》）始终是例外），在以后就很少有革命的效果，因为这些诗歌为了影响群众，也必定反映出当时群众的偏见，所以，甚至在宪章派那里也有宗教的胡言乱语。

——恩格斯

一般而言，为配合一定时期的斗争任务的诗歌，是难免受到历史局限性的影响的。像被海涅称之为“宗教改革的马赛曲”的路德的赞美诗——《我们的主是坚固垒》，在今天就要大打折扣！因为它在歌中充满了宗教的胡言乱语——与英国宪章派的某些革命诗歌一样。

但也有某些革命诗歌的时效性特长，像法国的《马赛曲》便是范例。因此必须用历史唯物主义的观点审视革命诗歌的历史价值和审美时效。

如果用伦勃朗的强烈色彩把革命派的领导人……终于栩栩如生地描绘出来，那就太理想了。在现有的一切绘画中，始终没有把这些人物真实地描绘出来，而只是把他们画成一种官场人物，脚穿厚底靴，头上绕着灵光圈。在这些形象被夸张了的拉斐尔式的画像中，一切绘画的真实性都消失了。

——马克思　恩格斯

伦勃朗是17世纪荷兰的伟大画家，他将希腊神话和《圣经》故事的绘画题材加以世俗化的表现；在肖像画和人物构图中，善以概括的人物的性格特征，擅用聚光及透明阴影突出主题，运用强烈的色彩对比手法表现质感。拉斐尔是意大利文艺复兴盛期的画家，他用笔圆润柔和，参照世俗生活，用理想化的手法处理宗教题材，反映了教会上层的要求。

伦勃朗的“强烈色彩”和“生动描绘”，显然比拉斐尔式的神化人物的“灵光圈”更能真实刻划人物形象，这正如莎翁剧作的“情节的主动性和丰富性的完善的融合”，远胜席勒式地把人变成时代精神的单纯的“传声筒”一样。

艺术的规律是客观存在的。就诗歌这一语言艺术而言，就以发抒真情至性为主要特征，它是离不开燃烧着感性火焰的形象思维的。如果违背诗歌创作的这一艺术规律，硬要用理性的冰水扑灭诗情的火焰，让它发出喋喋不休的嘶哑的神学争论的空虚调子，那就非碰壁不可。

卡尔·奥古斯特·朱林克，爱北斐特的传教士，写过许多散文和诗；普拉顿的下面一句话可以用来说明这些作品；“它们是水势汹涌、谁也过不去的河流。”

——恩格斯·1：514

德国诗人普拉顿的喜剧《浪漫的伊第帕斯》的一句台词，被恩格斯妙手拈来，成了比喻和讥刺传教士多产而糟糕的歪诗的佳句。

朱林克，这位天使诗人，炮制了洪水般泛滥的诗篇，却因其东拼西凑、言不及义而令人无法理喻。“他写诗的时候，常常写到中间就忘记了是从什么地方写起的，以及下面怎样写法。他从住有传教士的太平洋上的岛屿一下子就扯到了地狱，从遭受折磨的心灵的喘息一下子就扯到北极的冰块。”(E·1：514－515)

灵魂的空虚、文思的枯竭、思路的混乱，正是朱林克戴不上诗人桂冠，反而受到恩格斯幽默的戏谑的原因。

德国市民们骂拿破仑逼得他们喝假咖啡，骂拿破仑驻兵和募兵扰乱了他们的安宁，他们把自己所有精神上的愤慨都发泄在拿破仑身上，而把自己的一切赞扬加给英国。其实，拿破仑清扫了德国的奥吉亚斯的牛圈，修筑了文明的交通大道，为他们作了极大的贡献，而英国人只是找适当机会去不择手段，千方百计剥削他们。

——马克思、恩格斯·3：214

在希腊神话里，奥吉亚斯王的大牛圈是个养有三千头牛，三十年从未打扫过的极其肮脏的地方。后来，英雄海格立斯奉欧律特斯之命去完成十二件苦差事，其中之一，就是清扫这个牛圈。他引来阿尔斐俄斯河和伯涅俄斯河的流水，好容易才将它冲洗得干干净净。

而当时的德国，正如恩格斯所说，是个臭气熏天的大粪堆，只有懒惰贪婪的剥削者才自得其乐，因为他们本身就是一堆堆臭粪。清除这堆积如山、恶臭逼人的粪堆，正是拿破仑不可抹煞的历史功绩。借助希腊神话的妙喻和历史事实的比较，恩格斯驳斥了德国小市民鼠目寸光的谰言，把他们准备泼向拿破仑的脏水倒到了英国食利者的身上，淋了个透湿！

德朗克先生的才能显示出来了；他以蛇夫，“真正的社会主义”星空里的蛇夫的姿态，高高举起德国警察法这条蟠卷着的巨蟒，把它加工制成“警察故事集”中的许多极有趣的短篇小说。

——恩格斯·3：679

稍有法学、文学常识的人都知道：“法”是体现统治阶级意志，由国家制定并强制执行的行为规则，而生活才是文艺创作的唯一源泉。

但德朗克却反其道而行之，他不是从生活中，而是从“法”中寻找他的创作素材。一部枯燥乏味的《警察法》竟成了他受用不尽的创作材料库；他从“诗的角度”对法律干巴巴的章、节、条加以改造，从大仲马、欧仁·苏等作家的小说中摘出细节添上去，拼凑了一篇篇可供法律专业大学生做为精通法律的注释的“短篇小说”。

恩格斯用“星空里的蛇夫”的谑称来喻指德朗克——这位靠几块剁碎了的法的巨蟒的碎肉来炮制小说的蹩脚作家，想象极为奇特传神。

鹅下了鸡蛋，鸡蛋也孵出了鹅。但是，人民根据拯救了卡皮托里的鹅的嘎嘎叫声很快就会知道，他们在革命时期放下的勒达的金鸡蛋被盗走了。甚至米尔德议员看来也不是勒达的儿子，不是发光的卡斯托尔。

——马克思·5：31

援引关于“鹅叫”的神话传说，旨意却是揭露在三月革命后篡夺胜利果实，奉行与反动派妥协的叛卖政策的普鲁士康普豪森内阁，这确是善于运用借喻来揭示事物真相的高招！

据传说，公元前390年，当高卢人进犯罗马城时，城中一个名叫“卡皮托里”的小丘上的守卫将士们，被附近尤塔纳教堂里的鹅叫声惊醒，打退了偷袭的敌人。希腊神话中的众神之王宙斯，变化成鹅与斯巴达女王勒达媾合后，生下了一个金鸡蛋——由它孵出了卡斯托尔，古希腊的英雄。

康普豪森不是拯救人民的英雄，当然发不出卡皮托里的鹅叫声，而在他的内阁里供职的米尔德议员——西里西亚的大厂主，当然也不是卡斯托尔式的英雄。人民根据历史的比较和实际观察，必然会很快识破和唾弃康普豪森反动内阁的。明乎此，就可晓得“鹅”“蛋”之所指了。

在沙福豪森附近的天国修道院里，有一个叫博纳维达·布兰克的牧师驯养了40只椋鸟，他割掉了椋鸟的下喙，因此它们不能再自己获取食物，而只好从牧师手中得到饲料。……给这位牧师作传记的人说：鸟儿爱他就像爱自己的恩人一样。

而这些受束缚、受摧残、受凌辱的波兰人却不愿意爱自己的普鲁士恩人！

——恩格斯·5：371－372

如果布兰克牧师活到今天，一定会受到世界野生动物保护基金会的控告，因为他用割掉下喙的残忍手段，使漂亮的红嘴鸣禽——椋鸟驯服于他，从他手中啄食。

恩格斯言此喻彼，用反语完成了自己揭露伪善者罪恶的借喻。是的，具有民族尊严，热爱自由和独立的波兰人民，是绝不会像无知的椋鸟那样，感恩戴德地从奴役自己的普鲁士侵略者的手中啄食的，因为他们深知："任何东西，甚至是强施于人的善行，都不能补偿民族独立的丧失。"（E·5：377）

从揭露牧师的残忍始，到揭发普鲁士政府的凶暴终；由借喻铺陈事实，以反语有力小结，表现了恩格斯"运用之妙，存乎一心"的雄辩技巧。

政治上的新手和自然科学中的新手一样，都像是写生画家，只知道两种颜色：白色和黑色，或者黑白色和红色。至于各种各样颜色在色调变化上的较为细微的区别，只有熟练的和有经验的人才能辨认得出来。

——马克思·5：525

政治新手的头脑很简单，他只知道黑、白两种颜色，要么就是爱，要么就是恨；但是，熟练的和有经验的人，却大不一样。如果他是一个高明的画家，那他就会善于辨认和娴熟运用各种各样有细微变化的色调，描绘出五光十色的大千世界，予人以美的享受；如果他是一个成熟的政治家，那他就会善于辨认和巧妙利用各种各样色彩的政治口号和社会力量，为既定的政治目的服务。

以绘画的色调变化为喻，阐明政治与科学研究最忌简单化、一刀切的深奥道理，精当的比喻，使论点更见精妙。

拳头是国王的最后论据，拳头也将是人民的最后论据。……让人民首先好好保护自己，不要受到贪得无厌的拳头的打击，这种拳头正从人民的口袋里掏出皇室费和……大炮。只要人民不再喂养这种耀武扬威的拳头，它马上就会干瘪。

——马克思 · 6：34

把抽象化的“暴力”，具象化为“拳头”，是马克思增强雄辩力度，变政治论辩为战斗号召的范例。

理屈辞穷、狗急跳墙的国王，必将对不甘受压迫的人民 使用其最后的论据——拳头——反动的军队和警察，以镇压人民的反抗。但这些耀武扬威的军队和警察，不正是靠它们从人民的口袋里掏走的食品和金钱喂养、装备起来的吗？只要人民觉悟到这一点，拒绝喂养这些王室的看家狗，举起密林般的拳头向国王应战，那么，历史终将证明：人民的拳头最多最有力。

这段引文立论坚实，论证清晰，逻辑严密，把政治策略、革命号召、胜利预言融为一炉，具有很强的感染力和鼓动力。

在上一世纪的喜剧中，特别是在法国的喜剧中，总有一个奴仆无时无刻不在挨耳光，在效果最好的几场戏里，甚至被拳打脚踢，好让观众开心。扮演这个奴仆角色当然是费力不讨好的，但是，和我们法兰克福帝国剧院舞台上出现的角色，和帝国外交大臣的角色比较起来，却令人羡慕不已。因为喜剧中的奴仆至少还有一种报复手段——俏皮，而帝国大臣呢？

——恩格斯 · 6：52

恩格斯首先指出了一种戏剧审美现象：即仆人往往充当受气包角色，以满足看客寻求刺激的近乎“虐待狂”的心理需求。然而，这些奴仆也并不都是些只配挨打的蠢货，他们自有其报复的利器——俏皮话。像莫里哀笔下的司卡班，博马舍笔下的费加罗，都具有这种审美功能，即以俏皮话将封建贵族的可鄙嘴脸暴露出来，从而宏扬了人民的机智、诙谐、乐观的战斗精神。

引文的讽刺意味就在于，把外强中干的法兰克福帝国喻为正在演喜剧的剧院，把声威显赫的帝国大臣比作挨打受气的奴仆，他甚至可怜到连说俏皮话的本事都没有，成了众人的出气筒，悲矣夫！

活像一个受诅咒的老头子，注定要糟踏健壮人民的最初勃发的青春热情而使其服从于自己晚年的利益，没有眼睛，没有耳朵，没有牙齿，衰颓不堪，——这就是普鲁士资产阶级在三月革命后执掌普鲁士国家政柄时的形象。

——马克思 · 6：127

1789年的法国资产阶级是生气勃勃的壮汉，他攻占了巴士底狱，把国王路易十六押上断头台，公布了自由、平等的拿破仑法典，扫清了资本主义发展的障碍。与此相反，普鲁士的资产阶级却是个萎靡畏缩的老头，丧失了起码的进取精神。

马克思是一位讽刺画大师，他在这段充满愤激之情的引文中，仅用寥寥数笔便形神兼备地勾勒出普鲁士资产阶级衰颓不堪的历史造像。妙喻的目的在批判，而“批判并不是理性的激情，而是激情的理性”。（M·1：455）可以想见，没有马克思这种对腐朽阶级糟踏人民青春热情的情激之情，就不会有如此雄辩的理性的批判！

一座小房子不管怎样小，在周围的房屋都是这样小的时候，它是能满足社会对住房的一切要求的。但是，一旦在这座小房子近旁耸立起一座宫殿，这座小房子就缩成可怜的茅舍模样了。……不管小房子的规模怎样随着文明的进步而扩大起来，但是，只要近旁的宫殿以同样的或更大的程度扩大起来，那末较小房子的居住者就会在那四壁之内越发觉得不舒适，越发不满意，越发被人轻视。

——马克思·6：492

随着资本主义生产的发展，工人的生活条件也已逐步改善，但这并不意味着剥削就不存在了。因为“工人可以得到的享受纵然增长了，但是，……比起一般社会发展水平来，工人所得到的社会满足的程度反而降低了。”（M·6：492）这就是工人在资本主义社会的绝对贫困和相对贫困的关系的原理。

马克思用小房子与大宫殿的形象比喻，进行了任何工人一听就明的深入浅出的论证，推出了无可抗辩的社会消费相对论的科学结论。这时也启迪我们，借助妙喻和事实的双翅，抽象理论的雄辩之鹰便能飞翔起来。

它们正像是一个老人，他为了要恢复自己的青春活力，居然拿出自己童年时代的衣服，妄想把他的枯萎四肢硬塞进去一样。它们的共和国只有一个功绩，就是它充当了革命的温室。

——马克思·7：110

1850年3月10日的选举，这是1848年6月事件的翻案，社会主义的候选人取得了胜利，得到了多数选民的拥护。保皇主义的秩序党惊慌失措，高叫“3月10日的投票是一场战争！”它纠集了所有的反动势力，向共和国宪法的基础——普选权扑去，把普选权当作实行资产阶级专政的障碍而摧毁之。而这样做的恶果，不仅剥夺了人民的民主权力，而且也抛弃了立宪共和国这一资产阶级统治的较完备形式，退回到较低级、较不完备的君主国去。

马克思在《1848年至1855年的法兰西阶级斗争》这篇名著中，以温室喻共和国，以老人穿童装来恢复活力的蠢举喻逆历史潮流而动的倒行逆施的可笑，极富雄辩力。

在歌剧演出结束时，一直被侧面布景掩盖着的、被布置成半圆形逐级上升的后台布景，突然被五色灯光照得通明，它的光耀夺目的轮廓展现在观众的面前；同样，在这出普鲁士警察的悲喜剧演出结束时，被掩盖着的、被布置成半圆形逐级上升的这一个伪造原本记录的小作坊也展现在观众的面前了。站在最低一个台阶上的是那个不幸的、按件取酬的警探希尔施；站在第二个台阶上的是那个资产者密探和奸细、西蒂区的商人——弗略里；站在第三个台阶上的是那个外交警监格莱夫；站在最高一个台阶上的则是格莱夫被派到那里去充当随员的那个普鲁士大使馆本身。

——马克思 ·8：516

“科伦共产党人案件”，是普鲁士国家体系通过警察局的奸细密探，使用伪造证据、凭空捏造等卑鄙手段一手策划，企图加害共产主义同盟盟员的阴谋产物。马克思的《揭露科伦共产党人案件》一文，不仅是科伦被告的辩护词，而且是揭露原告的反诉书。

马克思在论战中常用“悲剧”和“喜剧”来比喻，有时还用具体的剧目来说明论题。但他这次利用的不是戏剧的内容，而是戏剧的演出形式：悲喜剧结局的灯火通明，与科伦案件的真相大白互相映照；层层的台阶和谢幕的演员，与有上下级关系的密探们互相映照；辉煌的舞台背景，与炮制伪证的小作坊互相映照……这一切，造成了多么强烈的戏剧效果和巨大的讽刺力量啊！

而在英国，却有一个看不见、摸不着、听不到的魔王在逞凶肆虐；有时它甚至把人们判处一种最残酷的死刑，他像手执火剑的天使把亚当驱逐出天堂一样，日复一日地不声不响地把整个整个的部族和阶级驱逐出他们祖先的土地。在后一种情况下，这个无形的社会魔王的行为就叫做强迫移民，而在前一种情况下就叫做饿死。

——马克思·8：614

马克思因从事革命活动，被反动的普鲁士政府迫害和驱逐，长期流亡国外，他的小儿子，也因饥寒贫病而死去，对于“强迫移民”和“饿死”这两个无形魔王造成的悲剧，他有痛切的感受，并曾以愤慨的心情记叙了一件当时社会司空见惯的悲惨事件：

中年妇女玛丽因饥寒致死，“死者躺在一小堆干草上，身上什么也没有盖。屋子里面用的、烧的、吃的什么也没有。五个小孩子坐在靠近母亲尸体的光秃秃的地板上，由于饥寒而不住地号哭”。（M·8：615）

对旧制度豢养的吃人恶魔的恨，对贫苦无助的劳动人民的爱，就是马克思的伟大人性。懂得了这一点，我们就会明白，他为什么要将剥削者的暴行称之为逞凶肆虐的社会魔王。

从前的皇族通常都养有替挨打的孩子，这些孩子享有一种光荣的权力：每逢王孙公子违犯了某种规矩，他们就要拿出自己低贱的脊背来领取一定数量的鞭笞。欧洲现今的政治体系在某种程度上继承了这一传统，它建立了一批小小的缓冲国，这些小国在发生任何细小纠纷，足以破坏和谐的“均势”的时候，都扮演着替罪羊的角色。

——恩格斯·9：101

要想在一篇论辩式文章中吸引乃至征服读者，写好一个观点鲜明叙述生动的开头是很重要的，而这段引文恰恰摘自恩格斯的论文《瑞士共和国的政治地位》的开头。它告诉我们，一段引人入胜的借喻型开头，能勾起读者多么强烈的兴趣和同感。

瑞士，作为一个主权国家，竟任由各邻邦政府通过各自的代理人在自己领土上行使警察权力，竟屈辱地接受它们的一个接一个的指令并一一照办，竟默许任何一个蛮横和强硬的政府从瑞士人那里得到它们所想要的东西，竟把本国最强烈的抗议照会也变成了一种陈述自己如何卑屈的表演，这与王公贵族家养的专给子女当替罪羊的小奴仆，又有何两样？

阅毕全文，每个读者都会在被恩格斯文中确凿的论据和铁的逻辑所折服的同时，感到这一将“缓冲国”政治地位问题具象化的开头，是多么的鲜活和生动。

英国悲剧的特点之一就是崇高和卑贱、恐惧和滑稽、豪迈和诙谐离奇古怪地混合在一起，它使法国人的感情受到莫大的伤害，以至伏尔泰竟把莎士比亚称为喝醉了的野人。但是莎士比亚在任何地方都没有让丑角在英雄剧中担当念开场白的任务。这个发明的荣誉属于联合内阁。阿伯丁扮演的角色就算不是英国的小丑，那也是意大利的潘塔隆。

——马克思 10：188

伏尔泰是相信人类进步、历史发展的法国启蒙主义思想家，但在文艺创作问题上却向后看，把古典主义戏剧当作不可企及的典范，把莎士比亚戏剧讥评为“喝醉的野人的幻想产物”。

从伏尔泰的怨言里，马克思抓住了法国古典主义悲剧与英国莎士比亚悲剧截然不同的美学特征：前者要求严守时间、地点和剧情统一的“三一律”，要求结构严谨、人物高贵、语言典雅；而后者则场序变化无定，结构灵活，人物、情节和语言集崇高和卑贱、恐怖和滑稽、豪迈和诙谐于一体，这确实使坚持古典主义审美情趣的伏尔泰大动肝火。从马克思历来对莎氏戏剧的推崇看，他对伏尔泰的责难是不以为然的。

马克思引文中特别提到莎士比亚、伏尔泰和意大利假面喜剧里的潘塔隆——一个有钱的、吝啬的、愚蠢的老头的形象，旨在喻指和嘲弄那位在英国议会讨论对俄战争时，首先发言，语无伦次，逗得汉员们哄堂大笑的小丑阿伯丁勋爵。整段引文旁敲侧击，以退为进，藏机锋于反语，给这位现代潘塔隆以致命一击。

最近几星期内“笨拙”不止一次地把帕麦斯顿描述成傀儡戏中的彼特鲁什卡。大家知道，彼特鲁什卡是一个专门破坏社会安宁的人，是吵闹打架的爱好者，是引起有害的误会的祸首，是干丑事的能手……因此，帕麦斯顿勋爵是作为一个不安分的、不知疲倦的人物出现在我们面前的（至少在艺术形象中是如此）……

——马克思 · 11：71

彼特鲁什卡是一个不安分的、善于制造冲突的干坏事的能手，马克思对这一戏剧人物形象的美学特征的精辟概括，不仅有深刻的美学意义，而且成为鉴赏生活中同类丑角的明镜。帕麦斯顿勋爵正是现实生活中的这类丑角，“他并不是一个全能的国家活动家，但无疑是一位全能的演员；他同样能够很好地表现出英勇的气派和喜剧的作风；既能装出神气激动的样子，又能用亲昵的口吻说话；既能演悲剧，又能演滑稽剧。”（M · 11：68）称其为惯演丑角的彼特鲁什卡确是当之无愧的。

马克思对戏剧丑角形象而幽默的描述，使读者产生了丰富的联想并深化了对狡猾政客的认识，具有浓烈的雄辩色彩。

伏尔泰在他费尔涅的家中养了四只猴子，他用他的四个论敌的名字来给它们命名，……这位作家没有一天不亲手喂它们，不赏它们一顿拳脚，不拧它们的耳朵，不用针刺它们的鼻子，不踩它们的尾巴，不给它们戴神甫的高筒帽，不用最难以想象的卑劣方式对待它们。费尔涅的这位老头需要用这些批评的猴子来发泄肝火，消仇解恨并抑制他对论战武器的恐惧，就像路易·波拿巴如今在意大利需要革命的猴子一样。

——马克思·13：435

伏尔泰以虐待猴子的方式来发泄他对论敌的仇恨，但这除了能让心理得到空虚的满足外，实质上却丝毫无损论敌的半根毫毛。如果说将猴子当人耍，尚可称之为怯懦的勇敢，一那么，将人当猴耍，则是一种恶毒的玩笑了，路易·波拿巴正是如此。在这位窃据法国王位的政治流氓看来，像匈牙利民族解放运动的领袖科苏特、抗击过奥军侵犯的匈牙利流亡将军克拉普卡、德国逃亡“摄政”福格特、意大利民族解放运动的领袖加里波第这些人只不过是四只猴子；他喂养它们，只不过是将其作为人质，作为发泄自己对革命的仇恨和恐惧之情的出气筒而已！

马克思用伏尔泰耍猴的恶作剧，揭穿了路易·波拿巴假装支持民族解放运动的险恶用心。“革命的猴子”这一似乎滑稽过甚的判断，却将因其严密的类比推理和揭示历史真相的雄辩性，成为每个革命者的殷鉴。

伦敦所有厕所都通过一些隐蔽得很巧妙的管子把人体的脏物排到泰晤士河里。同样地，世界名城也通过一些鹅毛笔把它所有的社会脏物都排到一个纸制的藏垢纳污的大中心——《每日电讯》里。……掌管纸制的藏垢纳污中心的勒维，不仅对化学是内行，对炼金术也是内行。他把伦敦的社会脏物变成报上的文章，是为了随后把报上的文章变成铜，最后又把铜变成金。

——马克思·14：656

在庸俗小报的主编勒维看来，什么人类尊严，什么社会效益，全都无关紧要；他能就某一件强奸案写上三栏篇幅的社论，他能将一件诉讼案件的令人作呕的细节做成一块臭气熏天的小焖肉送给读者；他有时也登些政治报导，但这只不过是给他的粪车做压车物而已……

往河里排其会污染水源，往报上堆砌肮脏新闻会伤风败俗。这段引文的论证周密而巧妙：它先将汇集厕所粪水的泰晤士河与收集下流新闻的“每日电讯”相类比，使人得出直观的印象；然后以“炼金术内行”的讽刺性反语，揭穿了勒维钱迷心窍，嗜痴成癖，不惜以毒化人心来谋利自肥的丑恶本质。

我在布林德那里看到特利尔的西蒙写的两卷流亡者哀史。拖泥带水的胡说八道，每个字都是乏味的不成熟的劣笔，纨挎子弟的怯懦，不知天高地厚的装腔作势，加了格律思的酸浆果的施给乞丐的稀汤，又臭又长，……我宁愿喝肥皂水，或同伟大的琐罗亚斯德痛饮热牛尿教义，也不愿读这部劣作。

——马克思·29：65

阅读好书，如醍醐灌顶，令人怡情励志；阅读坏书，则会反胃恶心，数日不快。拖泥带水的胡说，乏味生涩的劣笔，装腔作势的怯懦……便是马克思在德国小资产阶级流亡者的领袖布林德处，读了特利尔的流亡小律师西蒙写的《流亡纪事》后，对它的评价。这种又酸又臭的稀汤文学，对读者所产生的不快感，甚至超过肥皂水！

至于古波斯人“老骆驼”琐罗亚斯德，则是风靡一时的“拜火教”的创始人，和他一块痛饮又臊又臭的热牛尿，讨论“光明神”与“黑暗神”如何搏斗的教义，看来也非一般人所愿。就这样，马克思以连珠妙喻生动而又雄辩地表述了他对西蒙劣作的鄙夷厌恶之情。

我亲爱的孩子，你也许会认为，我太喜欢书了，以致在这样不适当的时刻为了书的事还来打扰你。但是你大错特错了。我只不过是一架机器，注定要吞食这些书籍，然后以改变了的形式把它们抛进历史的垃圾箱。这也是一种相当枯燥的工作，但毕竟比格莱斯顿好些，他不得不日日夜夜去苦心体会一种叫做“严肃性”的“心情”。

——马克思·32：533

书，是马克思不可或缺的精神食粮，他以惊人的毅力年复一年地吞食它们，抛弃糟粕，吸取精华，让自己的知识溪流汇成巨川，奔腾不息，冲垮一切邪说谬论的思想藩篱，引导大众奔向知识的海洋和幸福的彼岸。

最能证明马克思这部“吞书机”的吞吐量之大和“改变形式”之彻底的例子，大概要数他对“蓝皮书”的“消化”了。为了写好《资本论》中关于工厂法的24页文章，他竟通读了大英博物馆中所有的英国工厂视察员写的厚厚的蓝皮书——它们的通常作用，只是让那些闲极无聊的议员们当枪靶，测试一下枪弹的穿透力有多大而已！

在这封写给正度蜜月的爱女的家信里，马克思以“吞书机”自喻，以自己的“枯燥”与英国首相的“苦心”对比，表现一种对敌人的鄙夷和对革命事业的献身精神；同时也展示出他雄辩风格的又一侧面：亲切诙谐、谦虚幽默、达观开朗。

歌德曾经说过，画家要成功地描绘出一种女性美，只能以他至少在一个活人身上曾经爱过的那种美作为典型。出版自由也有它自己的美（尽管这种美丝毫不是女性的美），要想能保护它，必须喜爱它，……

——马克思 · 1：41

歌德关于女性美的阐释揭示出，美是从生活与活人之中，而不是从抽象的概念、定理和主观的模式中产生的。但抽象的事物也有美，譬如马克思提到的“出版自由”。它的美，是智光流溢的明眸美，是真诚忏悔的心灵美，是明白良莠的魔镜美，是传播心曲的音乐美。

爱美之心人皆有之，对于女性美与出版自由的美也是如此。所不同的是，人一生中只要与一个聪慧贤良的健美女子发生爱情，共同生活，就可能感受到女性美的所有魅力；而要成为热爱和保护出版自由美的壮士，则非有广博的知识坚强的意志和热爱人类的赤子之心不可。

马克思是这样的一位为人称道的伟人：他在热爱与追求女性美方面与常人无异，但在热爱与保护出版自由美——归根结底是一种崇高的理想美——方面，却显示出他超越常人的坚强毅力、斗争精神和高尚品德。

由于胜利来得太容易，这些年轻人便骄傲自大，自命不凡。他们认为自己是具有世界历史意义的人物。只要什么地方出现一个新作家，他们就立刻把手枪对准他的胸口，要求他无条件屈服。每个人都想在文学上成为独一无二的神明。除了我，你就不应该有别的神！

——恩格斯 · 1：527

在文坛上拉帮结派、党同伐异、称王称霸，决不是一时一地的新鲜事；恩格斯对曾经战胜了老的平庸的文学的“青年德意志”作家群的严厉批评，至今仍有深刻的现实意义。

有志于文学的青年，若能像鲁迅那样针砭锢弊、激扬文字，可望磨砺思想，锐利笔锋；若能像巴金、老舍、曹禺那样潜心构置、辛勤笔耕，可望收获硕果；倘若像古今中外的文坛小丑那样不务正业、一味钻营、搬弄是非、嘁嘁嚓嚓、翻云覆雨、争名夺位、明枪暗箭、含沙射影……那么，即使出过一、两本得意之作，也必将如过眼烟云，难成气候。

“立刻把手枪对准他的胸口”，“除了我，你就不应该有别的神！”这些略带夸张而不失真实的蛮横行径及口吻被模仿得如此逼真，大大增强了雄辩的讽刺意味！

16世纪的粗俗文学是；平淡无味，废话连篇，大言不惭，像伏拉松一样夸夸其谈。攻击别人狂妄粗暴，对别人的粗暴则歇斯底里地易动感情；费力地举起大刀，吓人地一挥，后来却刀背朝下地砍去；不断宣扬仁义道德，又不断将它们破坏；把激昂之情同庸俗之气滑稽地结合一起；自称关心问题的本质，但又经常忽视问题的本质，以同样自高自大的态度把市侩式的书本上的一知半解同人民的智慧对立，把所谓“人的理智”同科学对立；轻率自满，大发空言，无边无际；给市侩的内容套上平民的外衣；反对文学的语言，给语言赋予纯粹肉体的性质（……）；喜欢在字里行间显示著者本人的形象；他磨拳擦掌，使人知道他的力气，他炫耀宽肩，向谁都摆出勇士的架子。宣扬健康的精神是寓于健康的肉体，其实已经受到16世纪极无谓的争吵和肉体的感染而不自知；为狭隘而僵化的概念所束缚并在同样的程度上诉诸极微末的实践以对抗一切理论；既不满于反动，又反对进步，无力使敌手出丑，就滑稽地对他破口大骂；索洛蒙和马科尔夫，唐·吉诃德和桑科·判扎，幻想家和庸人，两者集于一身；卤莽式的愤怒，愤怒式的卤莽；庸夫俗子以自己的道德高尚而自鸣得意，这种深信无疑的意识像大气一样飘浮在这一切之上。

——马克思·4：322－323

16世纪正处于欧洲文艺复兴时期，这一时期存在着三种文学。即为天主教会和封建贵族涂脂抹粉的文学，表达农民、城市平民思想感情的民间文学，以及成为这一时期文学主流的代表新兴资产阶级思想感情的人文主义文学。

马克思所抨击的德国16世纪粗俗文学，是与第一种文学沆瀣一气的文学。马克思认为，在革命时代的前夜，出现这种像罗马剧作家忒伦底乌斯的喜剧《太监》中的好吹牛的糊涂军人——伏拉松那样夸夸其谈的、引起人们美学上的反感的“粗俗文学”并不奇怪。这对于在当前改革时期为庸俗文学引起的美学上的反感而不快的中国读者和作者来说，不也是意味深长的吗？

这段绘声绘色、借人论文的奇文，广征博引，妙趣横生，诙谐幽默，极具讽刺意味和现实意义，实为展示马克思雄辩风格的精彩片断。

卡莱尔的风格也和他的思想一样，它和现代英国资产阶级的柏克司尼弗式伪君子的风格是针锋相对的；后者高傲浮夸而又萎靡不振、冗长累赘、数不尽的温情劝善的忧虑，……

——马克思、恩格斯·7：301

这段话反映了革命导师对资产阶级虚夸文风的尖锐抨击和对清新健康文学风格的赏识。卡莱尔是个在文学方面反对了资产阶级的人物，马克思和恩格斯在称许他的文风的时候，是有所保留的。他用英语创造了新的表达法和文学风格，这种新风格往往夸张而乏味，但是却又往往绚烂绮丽，永远独特新颖。

柏克司尼弗是狄更斯小说《马丁·切斯维特的一生》中的伪善者，用这样的伪君子来概括当时弥漫英国文学界的资产阶级腐朽文风，确是再合适不过的了。

如果用伦勃朗的强烈色彩把革命派的领导人……终于栩栩如生地描绘出来，那就太理想了。在现有的一切绘画中，始终没有把这些人物真实地描绘出来。而只是把他们画成一种官场人物，脚穿厚底靴，头上绕着灵光圈。在这些形象被夸张了的拉斐尔式的画像中，一切绘画的真实性都消失了。

——马克思、恩格斯·7：313

伦勃朗的“强烈色彩”和“生动描绘”，显然比拉斐尔式的神化人物的“灵光圈”更能真实刻划人物形象，这正如莎翁剧作的“情节的生动性和丰富性的完美的融合”，远胜席勒式地把人变成时代精神的单纯的“传声筒”一样。

伦勃朗是17世纪荷兰的伟大画家，他将希腊神话和《圣经》故事的绘画题材加以世俗化的表现；在肖像画和人物构图中，善以概括的手法表现人物的性格特征，擅用聚光及透明阴影突出主题，运用强烈的色彩对比手法表现质感。拉斐尔是意大利文艺复兴盛期的画家，他用笔圆润柔和，参照世俗生活，用理想化的手法处理宗教题材，反映了教会上层的要求。对比之下，就可明白，马克思和恩格斯为什么更希望能以前者的画风画技，来表现革命领导人的形象了。

妓女力图用来掩饰自己身体不太诱人的地方的大量胭脂香水，在文学上找到了自己类似的东西，那就是德拉奥德用来点缀他的小册子的机智俏皮。

——马克思、恩格斯·7：318

德拉奥德是个投机法国二月革命的叛徒。这个职业密谋家在出狱后写了本掩盖其罪行的小册子；“正像娼妓力图用某种类似感情的东西来为自己肮脏的勾当辩解一样，间谍力图用写作的要求来为自己辩解。”（ME·7：315）

马克思与恩格斯在行文中一贯很善于利用俏皮话，巧妙地讥刺论敌，形成了幽默机智、轻快犀利的风格。而品行恶劣的德拉奥德在其肮脏的小册子里堆砌的俏皮话却成了画虎类犬，弄巧成拙的“妓女的这五的胭脂”，这对人们在写作或欣赏时如何去追求和分辨文风的美，不是深有启迪的吗？

诗人捷尔沙文在一次诗兴勃发时（……），写了一首值得注意的二行诗，这首诗就在现在也能概括地表现出沙皇政策的傲慢和自负。他写道；

俄罗斯啊，同盟对你有什么用？

迈步前进，全世界就是你的。

假如俄罗斯果然能够迈步前进，这些话甚至在今天也可能是正确的。但是，俄国的前进却遭到极其严重的阻碍。因此，至少在目前它不得不稍微推迟一下夺取全世界的计划。

——恩格斯·10：334

诗人捷尔沙文在他臭名远扬的《占领华沙颂》里，唱出了沙皇们夺取世界霸权的共同心声：“迈步前进，全世界就是你的。”然而，“迈步前进”的结果，却是老沙皇宝座的倾覆。历史上，在封建皇朝的宫廷里，总有那么几个御用文人，他们善于揣摩主子的心情和嗜好，能不失时机的吟诗作赋，讨得主子的欢心以求赏赉；而言为心声，他们的颂诗谀词，又往往成为其主子野心、贪欲的自供状，成为后人的笑柄和抨击的黑靶。捷尔沙文的妙诗便是这类货色。

时过境迁，今非昔比。老沙皇过去得不到的，新霸权主义者同样也得不到。在做美梦之前，还是先听听恩格斯对捷尔沙文之流的尖刻嘲笑吧！

人类历史上存在着某种类似报应的东西，按照历史上报应的规律，制造报应的工具的，并不是被压迫者，而是压迫者本身。

——马克思·12：308

常常见到一些文艺评论家在指责一些作品中的类似报应的东西，甚至连在作品中写了主人公的某些报应思想的作家也被他们指斥为有落后的封建意识。像著名戏剧家曹禺，就因在《雷雨》中写了女仆的所谓报应思想，而受到诸多批评。

这是很不公平的。其实，“善恶到头终有报，只争来早与来迟”的说法，是劳动人民从历史经验中总结出来的人类“历史上报应的规律”，不可笼统贬之为消极的宿命思想。事实上，这种“善恶有报”的所谓报应思想，对正在作恶的压迫者（尤其是稍有头脑者）来说，是正义的心理威慑力；对正在受压迫的劳苦大众来说，是惩罚压迫者的感情积蓄和讨伐理由。其原因正如马克思所指出的那样——“制造报应的工具的、并不是被压迫者，而是压迫者本身。”

写一封亲切的信给弗莱里格拉特。别舍不得用恭维话，因为所有的诗人甚至最优秀的诗人多多少少都是喜欢别人奉承的，要给他们说好话，使他们赋诗吟唱。……他是一个真正的革命者，是一个十分忠诚的人——这是我只能对少数人用的赞语。但是诗人——不管他是一个怎样的人——总是需要赞扬和崇拜的。我想这是他们的天性。

——马克思·28：474

弗莱里格拉特是德国浪漫主义诗人，在马克思、恩格斯的影响下成长为革命诗人。从马克思对他的鼓励态度，可上以，看出，革命文艺及文艺家在革命导师眼中是多么的重要。至于一般诗人所具有的天性。自信、自尊、敏感、激情……只要是有助于发挥他们艺术才能的有用品质，马克思都毫无保留地予以支持，甚至写信叫其他同志也不要吝惜自己的“恭维话”，以鼓励诗人们大胆、热情、及时地创作出更多更好的诗作，实现任何思想成果均无法替代的革命文艺的巨大作用，推进革命事业的发展。

从弗莱里格拉特后来发表的许多优秀讽刺诗及其强烈的效果看，马克思关于诗人需要赞扬的意见，确实具有积极的意义。

培根说，真正杰出的人物，同自然界和世界的联系是这样多，他们感到兴趣的对象是这样广，以致他们能够轻松地经受任何损失。我不属于这样的杰出人物。我的孩子的死震动了我的心灵深处，我对这个损失的感受仍像第一天那样的强烈。

——马克思·28：626

“人所具有的我都具有。”（M· 31：589）是马克思最喜爱的格言，从他对家人的一往情深里，可以看到它是如何像血液一样，贯注于他全身心的。

“无情未必真豪杰，怜子如何不丈夫。知否兴风狂啸者，回眸时看小於菟”。鲁迅的这首诗，正能表现出伟人马克思那种不以摒弃常人之情为乐，而是以保持常人之情为荣的心境。实际上，他为爱子的早逝而痛不欲生；他把对妻子的爱提高到“使一个人成为真正意义上的人”的高度。难怪乎在燕妮去世后他会如此沉痛地说：“我已是双重残废了。精神上是由于失去了我的妻子，生理上是由于病后胸膜硬结和支气管应激性增强。”（M· 35：239）

当然，培根关于杰人兴趣广泛，因而易脱烦恼的说法，是不无根据的；但若由此而断定；凡具常人之情者均非杰人，则大谬不然了。事实上，正是那些“人所具有的我都具有”的人之常情，才使伟人成其为伟人，而不是神。

诗人为了生存需要奉承，大大的奉承，——而诗人的妻子需要得更多。不管有无竞争，诗人的妻子总是梦想人们天天把她的高尚的天才的斐迪南、她自己、她的有趣的后裔、她的猫、狗、兔子、金丝雀和其他寄生虫奉献给读者，并且这一切还要蒙上五彩焰火的光辉、温情和浪漫的谎言。而诗人的妻子想要的，诗人先生也一定想要，何况夫人对他说的正是他心灵深处的东西。

——恩格斯·29：621－622

恩格斯的“奉承”与马克思的“恭维”并不属于同一概念。马克思主张的“恭维”，是指对革命诗人的鼓励，即使略有夸大，也是从激发作家的创作热忱推进革命事业的发展的良好意愿出发的。恩格斯反对的“奉承”就不同了，它是指诗人为了满足妻子虚荣心而企盼的过分的褒扬，是脱离革命实践，从鸟兔猫狗等宠物身上寻求灵感的浪漫的谎言。

也正因如此，恩格斯才会对弗莱里格拉特的退坡大失所望，才会严厉地批评他们，千万不要脱离世事，躲进蜗庐里咀嚼小我的悲欢，把份内工作抬到过高位置，奉献甚少而奢求甚多，这正是恩格斯对堕落文人的批评所予人的深刻启示。

我正在运用我对他的一切影响，使他不致于过分迷恋写作（因为这个小伙子还没有成熟到进行写作的程度）并使他明白没有比靠美文学写作收入生活更可悲的了。我劝导他越快掌握资产阶级的散文技巧越好（因为他根本不爱学习，而不学习，他就不会有任何坚实的基础，就会完全给毁掉）。如果他这样做，获得更多的生活经验，并且不再这样束手无策，那末我不怀疑，他将会成为一个十分像样的人，在文学方面也会创作出某些有价值的东西来。

——恩格斯·29：577－578

恩格斯认为从事文学创作是一项需要丰富的社会阅历和很好的艺术鉴赏力的艰苦的工作，而像他的远余济贝耳这样初涉文坛的青年，更应该从学习艺术技巧和学习生活开始，打下创作的坚实基础，才可能取得某些成就。

遗憾的是，尽管济贝耳有些小天才而且并不狂妄，还为宣传马克思主义作过许多有益的工作，但毕竟因为没有听取恩格斯对他的谆谆教诲而长进甚微。他在诗歌创作上无大建树，在生活上也不甚检点，年仅32岁济贝耳就过早去世了，令马克思和恩格斯痛惜不已。

对于每一个有为青年，恩格斯的忠告都是应予记取的：（1）写作技巧本身并无阶级性，要继承、学习而不应拒绝人类创造的一切文化财富；（2）当个空头美文学家是最可悲的，要在实践中积累生活经验，打下写作的坚实基础。

一般说来，过去几次革命的诗歌（《马赛曲》始终是例外），在以后就很少有革命的效果，因为这些诗歌为了影响群众，也必定反映出当时群众的偏见，所以，甚至在宪章派那里也有宗教的胡言乱语。

——恩格斯·36：311

恩格斯在这里表述了关于革命诗歌的时效性的真知灼见。一般而言，为配合一定时期的斗争任务的诗歌，是难免受到历史局限性的影响的。像被海涅称之为“宗教改革的马赛曲”的路德的赞美诗，——《我们的主是坚固堡垒》，在今天就要大打折扣！因为它正如恩格斯所说的那样，在歌中充满了宗教的胡言乱语，——与英国宪章派的某些革命诗歌一样。

但也有某些革命诗歌的时效性特长，像法国的《马赛曲》便是范例。用历史唯物主义的观点审视革命诗歌的历史价值和审美时效，并佐以有力的论据证实之，是恩格斯的论点全面准确令人信服的秘密。

恰巧某个伟大人物在一定时间出现于某一国家，这当然纯粹是一种偶然现象。但是，如果我们把这个人除掉，那时就会需要有另外一个人来代替他，并且这个代替者是会出现的，——或好或坏，但是随着时间的推移总是会出现的。

——恩格斯·39：200

恩格斯这段雄辩对于肃清个人迷信和英雄史观的流毒，有看深刻的现实意义。

恩格斯认为：经济条件归根到底制约着历史的发展，它是一条贯穿于政治、法律、哲学、宗教、文学、艺术的全部发展进程的有决定意义的红线；人们在创造历史时，意向是互相交错的，所以，经济的必然性是通过各种偶然性来为历史的发展开辟道路的。伟大人物的产生正是如此。当经济的发展到了一定阶段，需要一个伟大的政治家、思想家、军事家或经济学家来为自己开辟通衢的时候，它就或迟或早，或此地或彼地的给自己造就一个。这就是人们对“伟大人物”不必特别尊崇，奉若神灵的原因。

当然，伟大文学家的出现似乎要特殊些。经济的繁荣，政治的昌明，时代的呼唤，都未必能再将一个伟大有如荷马、莎士比亚、歌德、巴尔扎克、曹雪芹那样的天才作家捧献于前。造就他们的主、客观条件，确实要微妙复杂一些。

一般说来，用诗歌来表述神学争论，是一个多么荒唐的想法！哪一个作曲家会想到要把教条谱成乐曲？

且不谈这个违反艺术规律的异端。

——马克思·40：363

马克思的这段话是对一切违反艺术规律的异端的批评。艺术的规律是客观存在的。就诗歌这一语言艺术而言，就以发抒真情至性为主要特征，它是离不开燃烧着感性火焰的形象思维的。如果违背诗歌创作的这一艺术规律，硬要用理性的冰水扑灭诗情的火焰，让它发出喋喋不休的嘶哑的神学争论的空虚调子，那就非碰壁不可。

把教条谱成乐曲，同样是违反艺术规律的异端。君不见，在“文化大革命”中，乐曲被利用来做“语录”的传播工具吗？然而，正是这种反艺术规律的异端，被历史从人们的记忆里抹去了它的印痕。

善于抓住事物的本质规律，正是马克思的雄辩战无不胜，所向披靡的原因！

民间故事书的使命是使农民在繁重的劳动之余，傍晚疲惫地回到家里时消遣解闷，振奋精神，得到慰藉，使他忘却劳累，把他那块贫瘠的田地变成芳香馥郁的花园；它的使命是把工匠的作坊和可怜的徒工的简陋阁楼变幻成诗的世界和金碧辉煌的宫殿，把他那身体粗壮的情人变成体态优美的公主。但是民间故事书还有一个使命，这就是同圣经一样使农民有明确的道德感，使他意识到自己的力量、自己的权力和自己的自由，激发他的勇气并唤起他对祖国的热爱。

——恩格斯·41：14

民间故事书，是千百年来劳动人民口头创作、口头流传，并不断集体加工、完善的艺术结晶。它往往是民间文学中最有审美趣味的一种艺术形式，常常于叙述一个美丽动人的故事时，融民族精神、美好情操、斗争智慧、地方山水或者坚贞爱情、善良品质、理想憧憬、神奇想像于一炉，予人以清新健康的审美享受和爱国教育。

恩格斯对民间故事所具有的这些审美功能和教育功能十分重视，对它的结集出版更是深寄厚望。在恩格斯妙笔生花的描述下，民间故事书的使命显得多么庄严而美好啊，也许，这正是它永存魅力之来源？

悲剧之中有喜剧因素，这决不像那种立论肤浅的评论所认为的那样，是为了多样化和对比，不如说是为了提供一幅把严肃和诙谐揉合在一起的比较真实的生活画面。但是，我怀疑莎士比亚是否满足于这样一些理由。难道生活中最深刻的悲剧有时不是穿着喜剧的服装出现的吗？

——恩格斯·41：71

恩格斯对悲剧中具有喜剧因素这一美学现象有精辟的见解，他不像肤浅的评论那样，只者到悲剧内容与喜剧因素二者之间的对立和对比，以及由于二者的结合而产生的“多样化”审美效果，也不满足于这种融悲剧与喜剧于一炉的做法更符合生活原貌的一般解释。他从生活中的悲剧往往穿着喜剧服装出现的历史事实出发，抉发出悲喜剧这一审美样式深刻的精神内核。

比如在《堂吉诃德》中，一个人，出于对人类的纯洁的爱，做出许多可笑的蠢事而不为同时代人所理解，——还有什么人比他更具有悲剧性呢？同样，在莎翁名剧《罗密欧与朱丽叶》那充满青春气息和爱情热浪的喜剧氛围里，不是正在酝酿着一场惨烈壮美的人间悲剧吗？人们正是从这类穿着喜剧服装出现的悲剧里，领略生活的悲凉和真谛，一激发起创造美好新生活的勇气和热情的。

但愿为青年文学开辟了一条通向戏剧舞台的道路的谷兹科夫，继续以他独树一帜、充满生活气息的戏剧作品，把那些非法窃据舞台的鄙陋庸俗的货色赶下台去。无论批评有多么大的摧毁力量，我们相信，仅有批评是达不到这个目的的。

——恩格斯·41：74

创作和批评是文学的双翼。批评既包括批评家对文学家的批评，也包括文学家对文学家的批评及对批评家的反批评。正确的批评有利于创作的繁荣，无原则的批评则有碍于创作的发展。

恩格斯认为，从文学力量的崛起和创作实绩的获得这一根本目标看，对文学家来说，最重要的是创作而不是批评。这是因为，对敌手而言，批评只能刺痛他们，只有光辉的作品才能把他们逐出舞台，而对战友而言，互不尊重，互相攻讦，意气用事的批评，只会伤害感情，影响团结，妨碍创作。

仅有批评，是不能将庸俗文学赶下台的！恩格斯的这一论断之所以成立，之所以能化为文学家的实际行动，唯一的原因就是：它是从人民的立场，从人民审美需要的立场而不是从文学竞争的狭隘立场提出来的。

这种狗咬狗的事件是整个现代争论中最可耻的污点。如果我们的文学家开始像野兽一样彼此相待，并且在实践中运用自然历史的规律，那么德国文学很快就会像动物园了。

——恩格斯·41：87

以狂吠式的驳斥回敬狗叫似的讽刺文。以泼妇骂街、姑嫂斗法的谩骂取代严肃的批评，将自然历史的“弱肉强食”的规律滥用于文坛，是恩格斯最为反感的事。

早在148年前，恩格斯就对发生于当时“青年德意志”文学团体内部的一场“文学论争”进行了具体分析，认为它的不利影响在于打破了文学的平静的发展过程，其有利的影响则在于文学超越了文学作为一派人所固有的片面性。他特别赞赏的是“‘年轻的新手’哪一边也不参与，而是抓住时机摆脱各种外来影响，走上了独立发展的道路。”（E· 41：77）

重温恩格斯当年对“文学论争”的评价，对预防文坛成为新的“动物园”的危险是极为有益的。

尽管人们多么抱怨歌剧的优势使得话剧无人问津，尽管上演席勒和歌德的剧本时，剧院里空空荡荡，而大家都争着去听唐尼采蒂和梅尔卡丹特的乐曲，但是，一旦话剧能通过自己的当之无愧的代表人物取得同样的胜利，到那时我们的舞台昏睡病是可以治好的。

——恩格斯·41：134

医治“舞台昏睡病”的良方，是戏剧创作的胜利，解除“戏剧危机”的救星，同样是戏剧创作的胜利。

艺术的生机在竞争。没有百家争鸣、百花齐放，就难见到艺术的繁荣。就像当年优势的歌剧、意大利的迷人乐曲，夺走了席勒、歌德的话剧观众一样，当今优势的电视艺术、风靡全球的流行歌曲，又夺走了歌剧、戏曲、乃至电影的观众。

艺术的生命在创新。创新使得艺术复活。恩格斯相信，只有伟大戏剧家出色的话剧创作和成功演出，才能解除话剧的厄运。同理，要把走散了的歌剧观众、戏曲观众、电影观众、电视观众再吸引回来，也只有靠这些艺术本身的创新和焕发出如凤凰涅槃后的夺目光彩才能办到。

恩格斯当年关于根治舞台昏睡病须靠创作胜利的论断，早已不单纯是天才的预想，而是正由广大艺术家的成功实践所证实的真理。而这一论断的强大生命力和雄辩性，也正因此而获得。

后　记

论战众英，舌辩群儒，百家争鸣，探寻真理。

大智大慧的雄辩圣哲，是雄辩术的创新者和运用者，是为捍卫真理而与诡辩家、阴谋家做无畏斗争的勇士，是推动时代进步的改革家，是为人类进步和幸福事业辛勤劳动的奉献者。

史册流芳的雄辩术，因此成为征服人心的伟大艺术。

铿锵有力的雄辩格言，因此成为雄辩家运用雄辩术的智慧珍珠。

雄辩是蕴涵真理的内容与鲜明生动的形式——无论是书面的或口头的——完美统一。

在这个意义上，我们可以说，培育新时代的出色雄辩家，是推进和谐世界与和平发展的需要，是中华民族重振雄风，自立于世界民族之林的需要。故撷英集粹，探索历史名家的雄辩术之奥秘，不仅有助于广大青年发挥口才，塑造良好的自我形象，而且能够深化对目前全球和平发展新趋势，中国改革开放、和平崛起伟大现实的认识。

笔者不揣浅陋，以书为管蠡，窥测百家争鸣时代诸子与马克思、恩格斯等古今雄辩大家之风采，探讨雄辩妙术之精华，论析雄辩家必备的雄心、雄思、雄姿、雄视、雄才、雄文、雄辩、雄风，以对青少年锻炼辩才，扩展视野，追求真理，报效祖国有所助益。然所学有限，错误难免，冀望广大读者指正。

本书在出版过程中，得到世界图书出版广东公司等有关出版社、东莞厚街圣贤学校、广州市越秀区汇泉学校的热情支持，特在此深表谢意！

作者

记于茗雅苑 2014 年 1 月 2 日